LE GUIDE DU YOGA

« Spiritualités vivantes »

SHRI AUROBINDO

Le guide du Yoga

Préfaces par
JEAN HERBERT et N. K. GUPTA

Albin Michel

Albin Michel
▪ *Spiritualités* ▪

Collection « Spiritualités vivantes » dirigée par Jean Mouttapa et Marc de Smedt

Préface

Du fond de sa retraite, dans son Ashram de Pondichéry, Shrî Aurobindo, l'homme en qui Romain Rolland a salué « le plus grand penseur de l'Inde d'aujourd'hui », dirigeait un grand nombre de disciples de toutes races, de toutes religions, de tous âges, se consacrant entièrement au développement spirituel tel que le concevait le Maître. Aux questions nombreuses et infiniment variées posées constamment par tous ces disciples, Shrî Aurobindo répondait toujours par des explications et des instructions précises, envoyées dans des lettres personnelles. Bien que toutes ces indications fussent données spécifiquement pour le disciple qui les demandait à titre individuel, beaucoup d'entre elles ont cependant une portée suffisamment générale pour qu'on ait jugé utile de les publier. C'est ainsi que quatre récents volumes de Shrî Aurobindo : « The Riddle of the World » (1933), « Lights on Yoga » (1935), « Bases of Yoga » (1936) et « More Lights on Yoga » (1948) sont des recueils d'extraits de ces lettres aux disciples. Dans chaque cas, les extraits ont été choisis et groupés par l'auteur de manière à former un ensemble.

Dans « The Bases of Yoga », dont nous donnons une traduction complète faite par La Mère et approuvée par l'auteur, sont traités plus particulièrement certains problèmes immédiats devant lesquels se trouvent un jour ou l'autre tous ceux qui veulent pratiquer un vrai yoga.

Dans « Lights on Yoga », dont nous donnons ci-après une traduction complète par Lizelle Reymond et Jean Herbert (revue et approuvée par l'auteur lui-même), Shrî Aurobindo expose les principes fondamentaux, métaphysiques et psycnologiques, du but que l'on propose et du chemin que l'on suit dans son Yoga.

« More Lights on Yoga », dont la traduction a été faite par Jean Herbert, vient compléter « Lights on Yoga ».

Il faut rapprocher du présent recueil les trois volumes de « Lettres » de Shrî Aurobindo récemment publiés [1].

Nous avons mis en tête de ce volume l'étude de Sj. Nolini Kanta Gupta qui servait d'introduction aux premières éditions françaises de « Les Bases du Yoga ». Cette étude, revue et approuvée par Shrî Aurobindo, a été traduite en français par Suryakumarî.

Comme dans l'original anglais, nous avons été obligés de conserver dans le texte un certain nombre de termes sanskrits parce qu'ils n'ont pas d'équivalents dans les langues européennes. Le lecteur se familisera sans doute facilement avec ceux qui reviennent le plus souvent, sâdhanâ *et* sâdhak, ânanda, prakriti *et* purusha, gunas.

Les deux glossaires de « Lights on Yoga » et de « The Bases of Yoga » ont été fondus en un seul. Les termes figurant dans « More Lights on Yoga » y ont été ajoutés.

Jean HERBERT.

(1) Traduction par Jean Herbert. Paris, Adyar.

Étude sur le Yoga de Shrî Aurobindo

I

On parle souvent de la conquête de la Nature. On dit même que là est la raison d'être de l'être humain. Qu'entendons-nous donc par ce terme ?

La science moderne européenne conquiert la nature d'une certaine manière. Elle a atteint quelque espèce et quelque capacité de contrôle et de conquête, et même dans certains domaines une grande capacité ; mais si grande ou frappante qu'elle puisse être sur son propre terrain, elle ne touche pas à l'homme dans sa plus profonde réalité et ne lui apporte pas de changement vrai dans sa destinée ou dans son être, car la partie la plus vitale de la nature est la région des forces de vie, les pouvoirs de maladie, de l'âge et de la mort, de lutte, d'avidité, de convoitise, tous les instincts de la brute dans l'homme, toutes les forces sombres et primitives, les forces de l'ignorance qui forment le vrai fondement de la nature et du monde et de l'homme. Ensuite, lorsque nous nous élevons dans le monde du mental, nous trouvons une région claire-obscure où le mensonge se masque en vérité, où les préjugés circulent comme des réalités, où de simples notions gouvernent comme autant d'idéals.

Telle est la nature actuelle de l'homme, avec son triple noyau du mental, de la vie et du corps, qui est là pour être combattu et conquis. C'est la nature inférieure, dont parlent les anciens, qui maintient l'homme en bas, inexorablement dans un *dharma* inférieur, un mode de vie imparfait, la vie qui est et a été l'ordre humain ordinaire jusqu'à aujourd'hui. Aucune action humaine, qu'elle soit intéressée ou désintéressée, ne peut mouvoir cette roue de la nature, même de l'épaisseur d'un cheveu, hors du sentier qui a été tracé jadis. La nature et la société humaines ont été construites et sont gouvernées par les forces de cette nature inférieure, et quels que soient les maniements et remaniements que nous puissions faire dans ces facteurs et ces éléments apparents, le schéma général et la forme fondamentale de la vie jamais ne changent. Pour déplacer la terre (et conquérir la nature ne signifie rien moins que cela) et lui donner une autre orbite, on doit trouver un point d'appui en dehors de la terre.

Shrî Aurobindo ne prêche pas la fuite de la vie et une retraite dans l'infini passif et silencieux, comme certains activistes dans l'Inde l'en accusent ; le but de la vie n'est pas, selon lui, l'extinction de la vie. Il ne se contente pas non plus d'admettre, pour cette même raison, qu'il vaut mieux vivre la vie dans la ronde ordinaire de son *dharma* non régénéré. Si la première solution est une impasse, la seconde est un cercle vicieux ; ni l'une ni l'autre ne mène nulle part.

La *sâdhanâ* de Shrî Aurobindo part de la perception d'un pouvoir qui est au-delà de la nature ordinaire et pourtant son maître inévitable, un point d'appui, ainsi que nous l'avons dit, en dehors de la terre. Car ce qui est requis d'abord est la découverte et la manifestation dans l'homme d'une nouvelle conscience qui accomplira par la pression même et l'accomplissement de sa loi un renversement absolu de la nature de l'homme. Ce sont les asuras qui, en ce moment, sont maîtres de l'humanité, car il y a bien longtemps que l'homme se laisse créer à l'image de l'asura ; pour déloger les asuras, les dieux, dans leur souveraine puissance, doivent être forgés dans l'être humain et entrer dans le jeu. C'est une tâche prodigieuse, quelques-uns diraient impossible ; mais elle est fort éloignée du quiétisme ou du passivisme. Shrî Aurobindo est dans la retraite, mais c'est une retraite seulement du champ extérieur des activités physiques présentes et de leurs actualités apparentes, non pas des forces et des actions vraies de la vie. C'est la retraite nécessaire à celui qui doit rentrer en lui-même pour conquérir un plan nouveau de pouvoir créateur, pour assurer une entrée directe dans le monde des forces de base, ou des réalités fondamentales, dans le cœur flamboyant des choses où toutes les actualités sont nées et prennent leur première forme, c'est la découverte d'une dynamo d'énergie prodigieuse et des moyens de la mettre au service de la vie terrestre.

II

Quand Shrî Aurobindo déclara : « Notre yoga n'est pas pour nous-même, mais pour l'humanité », un grand nombre de nos compatriotes — modernisés et occidentalisés — poussèrent un soupir de soulagement et pensèrent que la grande âme n'était pas, après tout, entièrement perdue pour le monde, et que son nom n'était pas un nom de plus à ajouter à la longue liste des sannyâsins que l'Inde a produits au cours des siècles. On comprit que son yoga était un yoga moderne, dédié au service de l'humanité. Et si ce service n'était pas toute la somme, toute la substance de sa spiritualité, c'en était tout au moins la fin profitable et la consommation. Son yoga était une sorte d'art destiné à explorer, à harnacher certains pouvoirs invisibles afin de rendre la vie humaine meilleure par un moyen qui réussirait mieux que ne peuvent espérer le faire les simples méthodes rationnelles et scientifiques.

Shrî Aurobindo vit que le cœur même de son enseignement était faussé par cette interprétation ordinaire de ses paroles. Aussi changea-t-il sa formule et dit-il : « Notre yoga n'est pas pour l'humanité, mais pour le Divin. » Je crains que ce changement de front, cette volte-face apparente, ne soit pas bien accueilli dans certains milieux qui croient devoir abandonner tout espoir de le voir revenir travailler pour le pays ou pour le monde et en viennent à le considérer de nouveau, irrévocablement, comme un métaphysicien rêveur, éloigné des choses physiques, et même aussi stérile que l'Absolu (Brahman) Immuable.

Afin de mieux nous approcher de l'idéal pour lequel travaille Shrî Aurobindo, nous pouvons réunir avec avantage les deux formules qu'il nous a données, et dire que sa mission est de trouver et d'exprimer le Divin dans l'humanité. Le service qu'il veut rendre à l'humanité, c'est de faire que le Divin s'y manifeste et s'y incarne. Son but n'est pas seulement une amélioration, mais un changement total, une transformation complète : la divinisation de la vie humaine.

Ici aussi l'on doit se garder de certains malentendus possibles. La transformation de la vie humaine ne signifie pas nécessairement que l'humanité entière sera changée en une race de dieux ou d'êtres divins ; cela veut dire l'évolution ou l'apparition sur terre d'un type supérieur d'humanité — de même que l'homme a évolué hors de l'animalité en un type supérieur d'animalité, sans que pour cela le règne animal tout entier ne soit transformé en humanité.

En ce qui concerne la possibilité d'une telle consommation — et Shrî Aurobindo dit qu'elle n'est pas seulement possible, mais inévitable, — on doit se souvenir que la force qui accomplira ce résultat, et qui est déjà au travail, n'est pas un pouvoir humain individuel, si grand qu'il puisse être, mais le Divin lui-même ; c'est la propre Shakti du Divin qui travaille pour le but prédéterminé.

C'est là le cœur véritable du mystère, la clé maîtresse du problème. La venue de la race supra-humaine ou divine — si prodigieux ou miraculeux que puisse paraître le phénomène — peut devenir une chose d'actualité pratique, précisément parce que ce n'est pas l'instrument humain qui l'a entreprise, mais le Divin lui-même dans sa Puissance, sa Sagesse et son Amour suprêmes. La descente du Divin dans la nature humaine ordinaire afin de la purifier, de la transformer et de s'y loger est tout le secret de la *sâdhanâ* dans le yoga de Shrî Aurobindo. Le *sâdhak* doit seulement rester tranquille et silencieux, plein d'une aspiration calme, ouvert, consentant, réceptif à la force unique ; il n'a pas besoin, et il ne doit pas essayer, de faire des choses par un effort indépendant et personnel, mais les faire faire ou les laisser faire dans la conscience consacrée, par le Divin Maître ou Guide. Tous les autres yogas ou disciplines spirituelles dans le passé envisageaient une ascension de la conscience, sa sublimation dans la conscience de l'Esprit, sa fusion et sa dissolution finales en lui. Si même on y envisageait la descente de la Conscience divine, pour préparer sa demeure définitive dans la nature humaine dynamique et pragmatique, ce n'était pas le thème principal des efforts et des réalisations. De plus, la descente dont il est parlé ici est la descente, non pas d'une conscience divine, car il y a beaucoup de variétés de consciences divines, mais de la conscience même du Divin, du Divin lui-même, avec sa Shakti, car c'est elle qui œuvre directement pour la transformation évolutive de notre époque.

Je n'ai pas dessein ici d'entrer dans les détails quant au sens exact de la descente, à son processus, aux lignes d'activité employées et aux résultats obtenus. Car il se produit vraiment une descente réelle : la Lumière divine pénètre d'abord dans le mental et commence là son travail de purification, bien que ce soit toujours le cœur intérieur qui reconnaisse le premier l'essence divine et donne son assentiment à l'action divine. Le mental, c'est-à-dire le mental supérieur, est en effet le sommet de la conscience humaine ordinaire et reçoit plus facilement et promptement les radiations qui descendent. Du mental, la Lumière filtre dans les régions plus denses des émotions et des désirs, de l'activité de la vie et du dynamisme vital — finalement elle descend dans la matière grossière elle-même, dans le roc dur et obscur du corps physique, qui lui aussi doit être illuminé et prendre les vraies formes et aspects de la lumière suprême. Le Divin dans sa grâce qui descend est le Maître Architecte, qui bâtit lentement mais sûrement l'édifice aux multiples chambres et étages qui sont la nature et la vie humaines dans le moule de la divine vérité, avec son jeu parfait et sa suprême expression. Mais cela ne peut être considéré de près que lorsqu'on est déjà bien engagé dans le mystère du sentier et qu'on a acquis les premiers éléments essentiels d'un initié.

La réalisation sur la terre d'une vie spirituelle ou divine est par-dessus tout un acte de beauté, une œuvre d'art ; car du point de vue des réalités essentielles et intérieures il apparaîtrait que la spiritualité, si elle n'est pas l'art le plus haut, est au moins la base des arts. Si art signifie exprimer l'âme des choses, puisque l'âme vraie des choses est l'élément divin en elles, il faut certainement accorder à la spiritualité, à la discipline, de se mettre en contact avec l'Esprit, le Divin, la place royale dans la hiérarchie des arts ; car c'est l'art de la vie. Faire de la vie un travail parfait de beauté pure dans ses lignes, sans défaut dans ses rythmes, rempli de force, irisé de lumière, vibrant avec délices — une incorporation du Divin, en un mot — est l'idéal le plus haut de la spiritualité. Vue ainsi, la spiritualité — celle que pratique Shrî Aurobindo — est le « nec plus ultra » de la création artistique.

III

Le yoga de Shrî Aurobindo est dans la ligne directe du yoga propre de la nature. La nature a un yoga qu'elle suit infailliblement et inévitablement, car il est la loi la plus secrète de son être. Yoga signifie essentiellement un changement ou une transformation, une élévation et un élargissement de la conscience qui sont effectués par la communion ou l'union ou l'identification avec une conscience plus haute et plus vaste.

Ce procédé d'un développement d'une conscience

dans la nature est précisément ce qu'on appelle évolution. C'est un principe de conscience de plus en plus haut, jusqu'à présent enveloppé et caché derrière le voile, qui est apporté et fixé dans la conscience terrestre comme un facteur dynamique dans le travail manifeste de la nature. Ainsi la première phase de l'évolution est l'état de la matière inconsciente, des éléments physiques sans vie. La deuxième phase est celle de la vie demi-consciente dans la plante, la troisième, celle de la vie consciente dans l'animal ; et finalement la quatrième phase, où nous sommes à présent, est celle de la vie consciente de soi incarnée dans l'homme.

Le cours de l'évolution n'est pas arrivé à un point final avec l'homme. Selon Shrî Aurobindo, la prochaine phase que la nature envisage, et qu'elle travaille à faire apparaître et à établir, est la vie, à présent supraconsciente pour nous, incarnée dans un type encore supérieur d'êtres créés, celui du surhomme ou de l'homme-dieu. Le principe de conscience qui déterminera la nature et la construction de cet être nouveau est un principe spirituel au-delà du principe mental que l'homme incarne maintenant : on peut l'appeler Supramental ou Gnose.

Car jusqu'à présent le mental a été le dernier terme de la conscience évoluante ; le mental, tel qu'il est développé dans l'homme, est l'instrument le plus haut, construit et organisé par la nature, à travers lequel l'être conscient de soi peut s'exprimer lui-même. C'est pourquoi le Bouddha a dit : le mental est le premier de tous les principes, le mental est le plus haut de tous les principes, en vérité le mental est ce qui constitue tous les principes. Le mental précède tous les dharmas (lois, principes). *Mano puvvangama dhamma.* La conscience au-delà du mental n'a pas encore été rendue un élément visible et dynamique dans la vie sur terre; les saints et les voyants en ont eu des aperçus ou y ont pénétré à des degrés différents et de façons variées; elle a jeté ses illuminations dérivées dans les activités créatrices des poètes et des artistes, dans les plus beaux et plus nobles élans des héros et des grands hommes d'action. Mais, l'extrême de ce qui a été accompli, le sommet qui ait été atteint dans cette direction, et qu'on peut donner comme exemple dans les disciplines spirituelles, oblige à un retrait hors du cycle d'évolution, à une immersion et une absorption dans l'état statique qui est entièrement au-delà de lui et qui demeure pour ainsi dire à l'extrême opposé, l'Esprit en soi, Atman, Brahman, Sachchidânanda, Nirvâna, le premier sans second, le zéro sans unité.

Le premier contact que l'on obtient avec cette super-réalité statique est à travers les plus hauts domaines du mental : une communion plus directe et intime s'établit à travers un plan qui est juste au-dessus du mental — le surmental ainsi que le nomme Shrî Aurobindo. Le surmental dissout ou surpasse la conscience de l'ego qui limite l'être à sa formation individualisée, liée par une structure ou gaine extérieure étroite du mental, de la vie et du corps ; il révèle le Soi et l'Esprit universels, la divinité cosmique et ses myriades de forces projetant des myriades de formes ; là, l'existence du monde apparaît comme un jeu de voiles toujours changeant, sur la face d'une ineffable réalité, comme un cercle mystérieux de création et de destruction perpétuelles ; c'est l'écrasante vision donnée par Shrî Krishna à Arjuna dans la Gîtâ. D'autre part l'expérience initiale et plus intense qu'apporte cette conscience cosmique est l'extrême relativité, la contingence et le transitoire de tout le flux, et il y a une nécessité qui semble logique et psychologiquement impérative, c'est celle d'échapper dans l'éternel substratum, qui est l'ineffable absolu.

Telle a été la plus haute consommation, le but suprême que la plus pure expérience spirituelle et l'aspiration la plus profonde de la conscience humaine ont généralement cherché à atteindre. Mais de cette manière, le monde ou la création ou la nature en vinrent finalement à être considérés comme fondamentalement un produit de l'ignorance ; l'ignorance, la souffrance, l'incapacité et la mort furent déclarées être l'estampille même des choses terrestres. La lumière qui demeure au-dessus et au-delà peut répandre pour un temps un certain éclat sur l'obscurité mortelle, mais jamais ne peut l'éliminer ni la changer entièrement. Vivre dans la pleine lumière, être en elle et en faire partie veut dire passer au-delà. Non qu'il n'y ait eu d'autres voies ou types d'expériences et aspirations spirituelles, mais celle que nous considérons a toujours frappé la corde majeure et dominé et noyé tout le reste.

Il n'est pas nécessaire que la conscience illusoire initiale du surmental amène à la connaissance statique brahmique ou à *shûnyam*, néant (stérile, statique) seul. A dire vrai, il y a dans ce processus particulier de conscience une lacune entre les deux, entre Mâyâ et Brahman, comme si l'on ne pouvait passer de l'un à l'autre que par un saut. Cette lacune est comblée dans le yoga de Shrî Aurobindo par le principe du supramental, non synthétique et analytique [1] dans sa connaissance comme le surmental et l'intelligence mentale la plus haute, mais inévitablement unitaire, même dans l'extrême diversité.

Le supramental est la conscience qui est la vérité, à la fois statique et dynamique, existant en soi et créative ; dans le supramental, la conscience brahmique — Sachchidânanda — est consciente de soi et toujours manifestée et incarnée dans les pouvoirs fondamentaux de vérité et dans les formes de vérité pour le jeu de la création ; le supramental est le plan où l'Unique s'épanouit dans le Multiple et où le Multiple cependant reste un, n'étant lui-même que des expressions variées du soi, de l'Unique ; — et le sachant — il développe les archétypes spirituels, les noms

(1) Le supramental n'est pas seulement synthétique. « Le supramental est synthétique dans les plus basses sphères de lui-même, où il doit préparer les principes du surmental. La synthèse est nécessaire seulement quand l'analyse a eu lieu et qu'on a disséqué, mis en pièces toutes choses (analyse) ; alors on doit regrouper. Mais le supramental est unitaire et n'a jamais divisé ; aussi n'a-t-il pas besoin de réunir les parties ou fragments épars ; il a toujours maintenu les conscients multiples ensemble dans l'unique conscient. » (Shrî Aurobindo.)

et formes divins de toutes les individualisations d'une existence qui évolue.

Les Upanishads parlent de sentiers solaire et lunaire dans la conscience spirituelle. Peut-être font-elles allusion à ces deux lignes — l'une, à travers la conscience mâyique du surmental, pénètre dans la félicité statique, dans le néant extatique, et l'autre monte encore plus loin, vers l'état solaire, qui est une masse, une mer, une infinité de cette lumière et de cette extase, mais qui, au même moment, peut s'exprimer et s'incarner dans la Vérité-Conscience créative (Sûrya savitri).

Dans le supramental les choses existent dans leur parfaite réalité spirituelle ; chacune est consciemment la réalité divine dans son essence transcendante, son extension cosmique, son individualité spirituelle ; on y trouve la diversité d'une existence manifestée, mais la séparation mutuellement exclusive n'a pas encore paru. L'ego, le nœud de la séparation, apparaît comme une phase plus tardive et plus basse de l'involution. Ce qu'il y a ici, c'est le nœud invisible de centres individualisateurs de l'éternelle vérité de l'être. Là où le supramental et le surmental se rencontrent, on peut voir les multiples divinités, chacune distincte dans ses propres vérité, beauté et pouvoir, et pourtant toutes ensemble formant l'unique conscience suprême infiniment composée et inaliénablement intégrale. Quand on remonte au Supramental on voit quelque chose de plus : l'unité amasser en elle toutes les diversités sans les détruire, mais annuler et repousser la conscience séparative qui est le commencement de l'ignorance. La première ombre de la conscience illusoire, la possibilité initiale du mouvement de l'ignorance se présente quand la lumière supramentale entre dans la pénombre de la sphère mentale. Le mouvement du Supramental est le mouvement de la lumière sans obscurité, directe, non vacillante, fixe, absolue.

La force ici contient et maintient dans leur unité de réalité les lignes nombreuses, mais non séparées, de la vérité essentielle et inaltérée ; sa marche est la progression inévitable de chacune des vérités, dont chacune pénètre et soutient toutes les autres, et pour cela sa création, son jeu ou action n'admet ni épreuve, ni faux pas, ni tâtonnement, ni déviation ; car chaque vérité repose sur toutes les autres et sur Cela qui les harmonise toutes et n'agit pas comme un pouvoir en divergence, ni même en concurrence avec les autres pouvoirs de l'être. Dans le surmental commence le jeu des possibilités divergentes, — les certitudes simples, directes, unies et absolues de la conscience supramentale se retirent, pour ainsi dire, d'un pas et commencent à se réaliser par l'interaction de forces d'abord séparément individualisées et ensuite contraires et contradictoires. Dans le surmental se trouve une unité consciente sous-jacente ; néanmoins chaque pouvoir, chaque vérité, chaque aspect de cette unité est encouragé à accomplir ses possibilités comme si c'était suffisant pour lui-même, et les autres sont employées par lui pour son propre enrichissement, jusqu'à ce que dans les régions plus denses et plus sombres au-dessous du surmental cela tourne en conflits et batailles aveugles, et semble-t-il, en sélection par le hasard. A l'origine, création ou manifestation signifie la concrétisation ou la dévolution des pouvoirs de l'Être conscient dans un jeu de diversités unies ; mais la ligne de la création qui se termine dans la matière pénètre de plus en plus des formes et des forces obscures, et finalement se produit l'éclipse virtuelle de la lumière suprême de la conscience divine.

La création descendant vers l'ignorance devient une involution de l'Esprit dans la matière, à travers le mental et la vie — l'évolution est un mouvement en arrière, un voyage de retour de la matière vers l'Esprit, elle est le déroulement, la découverte et la délivrance graduels de l'Esprit, l'ascension et la révélation de la conscience involuée à travers une série de réveils ; la matière s'éveillant à la vie, la vie s'éveillant au mental et le mental cherchant à s'éveiller à quelque chose au-dessus du mental dans un pouvoir de l'esprit conscient.

Le résultat apparent ou réel du mouvement de nescience — d'involution — a été une négation croissante de l'Esprit ; mais son but caché est finalement d'incarner l'Esprit dans la matière pour exprimer ici dans le temps et l'espace cosmiques les splendeurs de la réalité hors du temps.

Le corps matériel en apparaissant apporte avec lui, inévitablement, semble-t-il, la mortalité ; il a l'air même d'être façonné de mortalité afin que dans ce cadre et champ de la mortalité, l'Immortalité, l'éternel Esprit-Conscience qui est la vérité et la réalité secrètes, dans le Temps lui-même aussi bien que derrière lui, puisse être établie et que le Divin puisse être possédé, ou plutôt se possède lui-même, non de la façon invariable de la conscience statique, comme il le fait même maintenant derrière le jeu cosmique, mais dans le jeu lui-même et dans ses modes multiples de l'existence terrestre.

IV

Le secret de l'évolution, ai-je dit, est un élan vers la libération et l'épanouissement de la conscience hors d'une inconscience apparente. Dans les premiers degrés le mouvement est très lent et graduel, c'est le procédé primitif inconscient de la nature. Dans l'homme il acquiert la possibilité d'être conscient et par suite plus rapide et concentré. C'est en réalité la fonction du yoga même : accomplir l'évolution de la conscience en accélérant le procédé de la nature par la volonté consciente de soi de l'homme.

Un organe de l'être humain a été spécialement développé pour devenir l'instrument effectif de ce procédé accéléré yoguique. La conscience de soi, dont j'ai parlé comme étant le caractère distinctif de l'homme, est une faculté de cet organe. C'est l'âme de l'homme, son être psychique ; à l'origine, cette âme est l'étincelle de la conscience divine qui descendit et s'involua dans la matière, et qui depuis s'efforce de se libérer par la marche en avant de l'évolution ; dans l'homme elle a atteint une croissance et un pouvoir suffisants pour arriver, de derrière le voile, si près de la surface, qu'elle puisse maintenant conduire et mouler sa conscience extérieure. Elle est aussi le canal à travers lequel la conscience divine peut se déverser dans les niveaux inférieurs de la nature humaine. Elle est « l'être pas plus grand qu'un pouce, toujours assis au-dedans du cœur » dont parlent les Upanishads. Elle est aussi la base de la vraie individualité et de l'identité personnelle. Pour l'individu, elle est de plus la réflexion ou l'expression dans la nature évoluante de son soi essentiel — *jîvâtman* — qui est au-dessus, éternelle portion du Divin, un avec le Divin sans pourtant être dissous ni perdu en lui. L'être psychique est ainsi, d'une part en contact direct avec le Divin et la conscience supérieure et d'autre part le soutien secret et le contrôleur (*bhartâ, antaryâmin*) de la conscience inférieure, le noyau caché autour duquel le corps, la vie et le mental de l'individu sont construits et organisés.

Le premier pas décisif dans le yoga est franchi quand on devient conscient de l'être psychique, ou, regardé de l'autre côté, quand l'être psychique passe devant et prend possession de l'être extérieur, commence à initier et à influencer les mouvements du mental, de la vie et du corps et graduellement les libère de la ronde ordinaire de la nature ignorante. L'éveil de l'être psychique signifie, comme je l'ai dit, non seulement un approfondissement et une élévation de la conscience et sa délivrance de l'obscurité et de la limitation de la Prakriti inférieure, enfermée dans le triple état inférieur, dans ce qui est derrière et au-delà ; il signifie aussi un retour de la conscience profonde et supérieure sur l'hémisphère inférieur et en conséquence la purification, l'illumination, la régénération de ce dernier. Finalement, quand l'être psychique est en pleine possession de soi et de son pouvoir, il peut être le véhicule de la conscience supramentale directe qui pourra alors agir librement et absolument pour la transformation entière de la conscience extérieure, sa transfiguration dans un corps parfait de la Vérité-Conscience ; en un mot, sa divinisation.

Voici donc le secret : la transformation, et non l'abandon ou l'anéantissement de la nature humaine ordinaire ; d'abord et avant tout sa « psychicisation » c'est-à-dire la faire mouvoir, vivre et exister en communion et identification avec la lumière de l'être psychique, et deuxièmement, à travers l'âme, et à travers le mental, la vie et le corps, qui vivent de l'âme et dans l'âme, ouvrir le passage à la conscience supramentale et laisser celle-ci descendre ici-bas pour travailler et accomplir.

L'âme, ou être vrai, dans l'homme élevé à la conscience supramentale — et en même temps s'avançant pour posséder un mental, une vie et un corps divinisés, comme instrument et canal de l'expression de soi, et une incarnation de la volonté divine et de son dessein — tel est le but que la nature cherche à réaliser à présent par son élan d'évolution. C'est à ce travail que l'homme a été appelé afin que, en lui et à travers lui, la transcendance et la transformation décrétées puissent avoir lieu.

Il n'est pas facile néanmoins, et pas nécessaire non plus, d'envisager en détail, pour le moment, quelle apparence extérieure pourrait avoir cet homme divinisé, le mode de son être et sa vie extérieure, *kim âsîta vrajeta kim*, comme le demandait Arjuna ; ni comment la vie collective de la nouvelle humanité pourrait fonctionner ou quelle serait la composition de son édifice social. Car ce qui se déroule est un procédé vivant, une croissance organique qui s'élabore à travers les actions et réactions de multitudes de forces et d'états, connus et inconnus ; la configuration précise de ce qui adviendra finalement ne saurait être prédite avec exactitude. Mais le pouvoir qui est au travail est omniscient ; il choisit, rejette, corrige, façonne, crée, coordonne les éléments, en accord avec la loi inviolable de la vérité et de l'harmonie, et par la force de cette loi, qui règne dans la demeure même de la lumière, *sve-dame*, le Supramental.

Il faut observer que, tout comme le mental n'est pas le dernier degré dans la marche de l'évolution, de même le progrès de l'évolution ne s'arrêtera pas avec la manifestation et l'incarnation du Supramental. Il y a encore d'autres principes supérieurs qui sont au-delà, et il est à présumer qu'eux aussi attendent leur manifestation et leur incarnation sur terre. La création n'a pas commencé dans le temps (*anâdi*) et elle n'a pas non plus de fin (*ananta*). C'est un processus éternel de développement progressif des mystères de l'infini. Seulement on peut dire qu'avec le Supramental la création s'engage dans un ordre différent d'existence. Avant lui, c'était le domaine de l'ignorance, après viendra le règne de la Lumière et de la Connaissance. Jusqu'à présent la mortalité a été le principe dirigeant de la vie sur la terre ; elle sera remplacée par la conscience de l'immortalité. L'évolution s'est réalisée par des luttes et souffrances ; désormais elle sera une floraison spontanée, harmonieuse et heureuse.

Quant au temps que prendra probablement la phase actuelle d'évolution pour son accomplissement, puisque l'élan et la force spécifiques sont manifestés et arrivent à la surface, on peut présumer d'après ce fait que le problème est devenu un problème d'actualité, et même qu'il peut être abordé comme s'il devait être résolu maintenant ou jamais.

Nous avons dit que dans l'homme, avec pour instrument la conscience de soi ou la conscience de l'être psychique, l'évolution est devenue susceptible d'un procédé concentré plus prompt qui est le procédé du yoga. Plus l'instrument croît, amasse de pouvoir et est infusé de souffle divin, plus le procédé deviendra rapide et concentré. En fait, l'évolution est, depuis le commencement, l'objet d'une accélération graduelle. Les phases primitives, par exemple la phase de la matière morte, du jeu des seules forces chimiques, fut une longue, très longue phase ; il fallut des millions et des millions d'années, pour arriver au point où la manifestation de vie devint possible. Mais la période de vie élémentaire qui a suivi et s'est manifestée dans le monde des plantes, bien qu'elle ait duré plusieurs millions d'années, fut beaucoup plus courte que la précédente ; elle se termina avec la venue de la première forme animale. L'âge de la vie animale jusqu'à l'arrivée de l'homme fut beaucoup plus bref encore que celui de la vie des plantes. Et l'homme est déjà vieux de plus d'un ou deux millions d'années ; il est pleinement temps pour lui de se laisser transformer en un être d'ordre supérieur.

Et pourtant, si l'on pense à l'immensité du travail, on

peut dire avec raison que l'éternité est là devant nous, et qu'il ne faut pas marchander un siècle ou même un millénaire pour un tel labeur ; car il s'agit rien moins que de défaire d'innombrables millénaires passés et de construire un avenir qui se perd dans l'infini du temps. Cependant, nous le répétons, puisque c'est le travail du Divin lui-même et puisque le yoga propose un procédé d'action concentré et involué, effectuant en une minute ce qui aurait peut-être pris des années à accomplir dans le cours naturel des choses, on peut s'attendre à ce que le travail s'achève dans un avenir plutôt proche que lointain. En vérité, c'est un idéal immédiat, ici sur notre terre d'existence matérielle et maintenant dans cette vie, dans ce corps même, non pas dans l'au-delà ou ailleurs. Combien de temps, exactement ? Cela dépendra de beaucoup de facteurs, mais quelques dizaines d'années de plus ou de moins n'ont pas grande importance.

Quant à l'extension de la réalisation, nous dirons encore que ce n'est pas une affaire de première importance. Ce n'est pas la quantité, mais la substance qui compte. Même s'il n'existait qu'un petit noyau, ce serait suffisant, au moins pour commencer, pourvu que ce soit la chose pure et véritable.

Svalepamapyasya dharmasya trâyate mahato bhayât. « Même un tout petit peu de Cela nous délivre d'une grande terreur. »

Mais, si l'on demande la preuve de tout cela, et comment on peut être sûr de ne pas courir après un mirage, une chimère, nous pouvons seulement répondre par le sage dicton anglais : « On a la preuve du pudding quand on le mange. »

NOLINI KANTA GUPTA.

PREMIÈRE PARTIE

Les bases du Yoga

Traduction française par La Mère

Chapitre premier

Calme – Paix – Équanimité

Il n'est pas possible de construire un fondement au yoga si le mental est agité. La première chose requise est le calme dans le mental. De plus, la dissolution de la conscience personnelle n'est pas le premier but du yoga ; le premier but est d'ouvrir cette conscience à une conscience spirituelle supérieure, et pour cela aussi un mental calme est de première nécessité.

***

La première chose à faire dans la sâdhanâ est d'établir dans le mental une paix et un silence stables. Autrement vous pouvez avoir des expériences, mais rien ne sera permanent. C'est dans un mental silencieux que la vraie conscience peut s'édifier.

***

Un mental tranquille ne signifie pas qu'il n'y aura pas du tout de pensées ou de mouvements mentaux, mais que ceux-ci resteront à la surface et que vous sentirez au-dedans votre être véritable séparé d'eux, observant sans se laisser entraîner, capable de les surveiller et de les juger, de rejeter tout ce qui doit être rejeté, et d'accepter et de conserver tout ce qui est vraie conscience et expérience vraie.

La passivité mentale est bonne, mais veillez à n'être passif qu'à la vérité et à l'attouchement de la divine Shakti. Si vous êtes passif aux suggestions et aux influences de la nature inférieure, vous ne serez pas capable de progresser ou bien vous vous exposerez à des forces adverses qui peuvent vous mener très loin du vrai chemin du yoga.

Aspirez à ce que la Mère vous donne cette tranquillité et ce calme bien établis dans le mental et ce sens constant de l'être intérieur en vous, se tenant à l'écart de la nature extérieure et tourné vers la lumière et la vérité.

Les forces qui font obstacle à la sâdhanâ sont les forces de la nature inférieure, mentale, vitale et physique. Derrière elles se trouvent des pouvoirs adverses des mondes mental, vital et physique subtil. C'est seulement après que le mental et le cœur ont pris une orientation unique et se sont concentrés dans une aspiration exclusive vers le Divin que l'on peut lutter avec succès contre ces pouvoirs adverses.

***

Le silence est toujours une bonne chose ; mais par tranquillité du mental je ne veux pas dire un silence complet. Je veux dire un mental libre de trouble et d'agitation, ferme, léger et content, pour pouvoir s'ouvrir à la force qui changera la nature. L'important est de se débarrasser de l'invasion habituelle des pensées troublantes, des sentiments faux, de la confusion dans les idées et des mouvements malheureux. Tout cela trouble la nature et l'obscurcit et rend difficile la tâche de la force ; quand le mental est tranquille et en paix, la force peut agir plus facilement. Il devrait vous être possible de voir, sans en être bouleversé ni abattu, les choses qu'il faut changer en vous ; le changement en serait facilité.

***

La différence entre un mental vide et un mental calme est celle-ci : lorsque le mental est vide, il n'y a pas de pensée, pas de conception, pas d'action mentale d'aucune sorte, sauf une perception essentielle des choses sans idées formées ; dans le mental calme au contraire, c'est la substance de l'être mental qui est tranquille, si tranquille que rien ne la trouble. Si des pensées ou des activités se produisent, elles ne s'élèvent pas du tout du mental, elles viennent du dehors et traversent le mental comme un vol d'oiseaux traverse le ciel dans l'air immobile. Il passe, ne trouble rien, ne laisse aucune trace. Même si un millier d'images ou les événements les plus violents traversent le mental, sa tranquillité paisible demeure, comme si le tissu même dont il est fait était une substance de paix éternelle et indestructible. Un mental qui a acquis ce calme peut commencer à agir, même intensément et puissamment, mais il conservera sa tranquillité fondamentale, ne produisant rien de soi-même, mais donnant une forme mentale à ce qu'il reçoit d'en haut, sans y rien ajouter du sien, avec calme et impartialité, et pourtant dans la joie de la vérité, et la puissance et la lumière heureuses de la transmission.

***

Il n'est pas indésirable pour le mental de devenir silencieux, d'être libre de toute pensée et immobile, car c'est le plus souvent quand le mental tombe dans le silence que se produisent la complète descente d'une vaste paix venant d'en haut et, dans cette vaste tranquillité, la réalisation du Soi silencieux qui est au-dessus du mental partout déployé dans son immensité. Seulement, dès qu'il y a paix et silence mental, le vital du mental essaye de se précipiter pour occuper la place, ou bien le mental mécanique s'efforce, dans le même dessein, de soulever sa ronde de pensée habituelle et triviale. Le sâdhak doit avoir soin de rejeter et de faire taire ces intrus afin que, au moins pendant la méditation, la paix et la quiétude du mental et du vital soient complètes. Le meilleur moyen de le faire est de garder une volonté forte et silencieuse. Cette volonté est celle du

Purusha derrière le mental ; quand le mental est en paix, quand il est silencieux, on peut devenir conscient du Purusha, silencieux lui aussi et séparé de l'action de la nature.

Être calme, ferme, établi dans l'esprit, *dhîra sthira*, avoir cette quiétude du mental, cette séparation du Purusha intérieur et de la Prakriti extérieure, cela est très utile, presque indispensable. On ne peut pas être ainsi calme et fixé dans l'esprit tant que l'être est soumis au tourbillon des pensées ou au tumulte des mouvements vitaux. S'en détacher, s'en retirer, les sentir séparés de soi est indispensable.

Pour découvrir la vraie individualité et l'ériger dans la nature, deux choses sont nécessaires : d'abord, la conscience de son propre être psychique derrière le cœur, et ensuite, cette séparation du Purusha et de la Prakriti. Car le véritable individu est derrière, voilé par les activités de la nature extérieure.

***

Une grande vague (ou mer) de calme et la constante conscience d'une vaste et lumineuse réalité, tel est précisément le caractère de la réalisation fondamentale de la vérité suprême dans son premier contact avec le mental et l'âme. On ne peut pas demander un meilleur commencement ni un meilleur fondement ; c'est comme un roc sur lequel le reste peut être bâti. Cela signifie certainement, non seulement une présence, mais *la Présence*, et ce serait une grande erreur d'affaiblir l'expérience par un refus ou par quelque doute sur son caractère.

Il n'est pas nécessaire de définir cette Présence et l'on ne devrait même pas essayer d'en former une image, car elle est infinie dans sa nature. Quoi que ce soit d'elle-même qu'elle ait à manifester ou à extérioriser, elle le fera inévitablement par son propre pouvoir, pourvu qu'il y ait acceptation continue.

Il est tout à fait vrai que c'est une grâce qui est envoyée, et la seule manière de répondre à une telle grâce est de l'accepter avec gratitude et, en se gardant ouvert, de laisser le Pouvoir qui a touché la conscience développer dans l'être ce qui doit y être développé. La transformation totale de la nature ne peut se faire en un instant ; elle prend nécessairement longtemps et procède par étapes ; l'expérience actuelle est seulement une initiation, une base pour la nouvelle conscience dans laquelle cette transformation deviendra possible. La spontanéité automatique de l'expérience devrait d'elle-même montrer qu'il n'y a là aucune construction du mental, de la volonté ou des émotions ; elle vient d'une vérité qui est au-delà d'eux.

***

Très certainement, le reject des doutes implique la maîtrise des pensées. Mais la maîtrise de nos propres pensées est aussi nécessaire que la maîtrise de nos passions et de nos désirs vitaux ou celle des mouvements de notre corps — pour le yoga, et aussi en dehors du yoga. On n'est même pas un être mental pleinement développé si l'on ne domine par ses pensées et si l'on n'est pas leur témoin, leur juge et leur maître, le Purusha mental, *manomaya Purusha, sâkshi, anumantâ, îshvara.* Il ne sied pas davantage au mental d'être la balle de tennis de pensées déréglées et impossibles à maîtriser, que d'être un vaisseau sans gouvernail dans l'orage des désirs et des passions, ou un esclave, soit de l'inertie, soit des impulsions du corps. Je sais que c'est plus difficile, car l'homme, étant avant tout une créature de la Prakriti mentale, s'identifie avec les mouvements de son mental et ne peut pas subitement se dissocier et se tenir à l'abri des tourbillons et des remous de la tempête mentale. Il lui est relativement facile de maîtriser son corps, au moins pour une certaine partie de ses mouvements. Il est moins facile, mais encore très possible, d'acquérir par une lutte, une maîtrise mentale de ses impulsions et de ses désirs vitaux ; mais s'asseoir au-dessus du tourbillon de ses pensées, comme le yogin tantrique sur la rivière, est moins facile. Néanmoins, cela se peut. Tous les hommes mentalement développés, ceux qui sont au-dessus du commun, doivent d'une façon ou d'une autre, tout au moins pendant un certain temps et pour certains desseins, séparer les deux parties du mental, la partie active qui est une fabrique de pensées, et la partie calme et maîtresse qui est à la fois un témoin et une volonté, observant, jugeant, rejetant, éliminant ou acceptant les pensées, imposant les corrections et les changements, le maître dans la maison du mental, capable de l'empire sur soi, *sâmrâjya*.

Le yogin va encore plus loin. Dans ce domaine il n'est pas seulement le maître ; mais tout en demeurant d'une certaine manière dans le mental, il le dépasse pour ainsi dire, et se tient au-dessus, ou complètement en arrière, et libre. Pour lui l'image de la fabrique de pensées n'est plus tout à fait valable ; car il voit que les pensées nous viennent du dehors, du mental universel ou de la nature universelle, parfois formées et distinctes, parfois informes — et dans ce cas elles sont façonnées quelque part en nous. La principale occupation de notre mental consiste à répondre soit par un accueil favorable, soit par un refus à ces vagues de pensées (aussi bien qu'aux vagues vitales et aux vagues d'énergie du physique subtil), ou encore à façonner en forme mentale personnelle la substance des pensées (ou des mouvements vitaux) de la nature-force environnante.

Les possibilités de l'être mental ne sont pas limitées ; il peut être le libre témoin et le maître dans sa propre maison. La liberté progressive et l'empire sur son mental sont parfaitement dans les moyens de quiconque possède la foi et la volonté d'entreprendre cette conquête.

***

Le premier pas est d'avoir un mental tranquille. Acquérir le silence est le pas suivant ; mais la quiétude doit être là d'abord. Et par mental tranquille, j'entends une conscience mentale au-dedans qui voit les pensées venir vers elle et se mouvoir, mais qui, elle-même, ne sent pas qu'elle pense, ne s'identifie pas avec les pensées, et ne les appelle pas siennes. Des pensées et des mouvements peuvent traverser le mental comme des voyageurs apparaissent, venant d'ailleurs, et passent à travers une contrée silencieuse ; le mental tranquille les observe ou ne prend pas la peine de les observer, mais, dans l'un et l'autre cas, il ne devient pas actif et ne perd pas sa tranquillité.

Le silence est plus que la quiétude. Il peut être acquis en bannissant totalement du mental intérieur les pensées, en les gardant muettes ou complètement à l'écart. Mais il est plus facilement établi par un influx d'en haut ; on le sent descendre, pénétrer et occuper, ou entourer la conscience personnelle, qui tend alors à s'immerger dans le vaste silence impersonnel.

***

Les mots : « Paix, calme, quiétude, silence », ont chacun leur nuance de signification, mais il n'est pas facile de les définir.

La paix — *shânti.*
Le calme — *sthiratâ.*
La quiétude — *achanchalatâ.*
Le silence — *nishchala niravatâ.*

La *quiétude* est un état dans lequel il n'y a ni agitation ni trouble.

Le *calme,* lui aussi, est un état inébranlable qu'aucun trouble ne peut affecter ; c'est un état moins négatif que la quiétude.

La *paix* est un état encore plus positif ; elle porte en elle le sens d'une délivrance et d'un repos stable et harmonieux.

Le *silence* est un état dans lequel il ne se produit pas de mouvements du mental ou du vital, ou bien dans lequel règne une grande immobilité qu'aucun mouvement de surface ne peut pénétrer ou altérer.

***

Restez dans la quiétude et ne vous inquiétez pas si c'est pendant un certain temps une quiétude vide ; souvent la conscience est comme un récipient qui doit être vidé de son contenu mélangé ou indésirable ; elle doit rester vide momentanément jusqu'à ce qu'elle puisse être remplie par des choses nouvelles et vraies, droites et pures. Il faut seulement éviter de remplir le vase avec son ancien contenu bourbeux. Dans l'intervalle attendez, ouvrez-vous vers le haut, appelez très tranquillement et fermement, sans ardeur trop impatiente, pour que la paix pénètre le silence, et, lorsque la paix sera là, demandez la joie et la présence.

***

Le calme, même quand il semble au début être une chose négative, est si difficile à atteindre que d'en avoir tant soit peu doit être considéré comme un grand pas en avant.

En réalité, le calme n'est pas une chose négative ; il est la nature même du Sat-Purusha et la fondation positive de la conscience divine. Quoi qu'on cherche, quoi qu'on atteigne, il faut conserver le calme. Même la connaissance, le pouvoir, l'ânanda, s'ils viennent et ne trouvent pas ce fondement, sont incapables de rester et doivent se retirer jusqu'à ce que la pureté et la paix divines du Sat-Purusha soient établies de façon permanente.

Aspirez au reste de la divine conscience, mais d'une aspiration calme et profonde. Elle peut être ardente aussi bien que calme, mais elle ne doit pas être impatiente, agitée, ni pleine de véhémence rajasique.

C'est seulement dans un être et un mental tranquilles que la vérité supramentale peut édifier sa vraie création.

***

Dans la sâdhanâ l'expérience ne peut manquer de commencer par le plan mental ; tout ce qui est nécessaire, c'est que l'expérience soit saine et authentique. La pression de l'entendement et de la volonté dans le mental et la poussée émotionnelle dans le cœur vers Dieu sont les deux premiers agents du yoga, et la paix, la pureté et le calme (avec un assoupissement de l'agitation inférieure) sont précisément la première base qui doit être posée. Il est beaucoup plus important d'acquérir cela au début que d'entrevoir les mondes supraphysiques, d'avoir des visions, d'entendre des voix ou d'obtenir des pouvoirs. La purification et le calme sont de première nécessité dans le yoga. On peut avoir sans eux une grande richesse d'expériences de ce genre (mondes, visions, voix, etc.) ; mais ces expériences, survenant dans une conscience impure et agitée, sont le plus souvent pleines de désordre et de mélange.

Au début la paix et le calme ne sont pas continus ; ils viennent et repartent, et d'ordinaire il faut longtemps avant qu'ils ne soient établis dans la nature. Il est donc préférable d'éviter l'impatience et de poursuivre résolument ce que l'on fait. Si vous désirez avoir quelque chose en plus de la paix et du calme, que ce soit l'épanouissement complet de l'être intérieur et la perception du pouvoir divin qui est à l'œuvre en vous.

Aspirez à cela avec sincérité et une grande ardeur, mais sans impatience, et cela viendra.

***

Vous avez enfin le vrai fondement de la sâdhanâ. Ce calme, cette paix et cette soumission forment l'atmosphère appropriée pour que tout le reste arrive : connaissance, force, ânanda. Laissez cet état s'établir complètement.

Il ne persiste pas pendant que vous travaillez parce qu'il est encore confiné au mental propre qui vient seulement de recevoir le don du silence. Quand la nouvelle conscience sera formée entièrement et aura pris totalement possession de la nature vitale et de l'être physique (le vital jusqu'ici n'est que touché ou dominé par le silence, il n'est pas possédé par lui), alors ce défaut disparaîtra.

La tranquille conscience de paix que vous avez maintenant dans le mental doit être non seulement calme, mais vaste. Vous devez la sentir partout, vous sentir en elle et sentir tout en elle. Cela aidera aussi à faire du calme une base de l'action.

Plus votre conscience deviendra vaste, plus vous serez capable de recevoir d'en haut. La Shakti pourra descendre et apporter dans l'organisme la force et la lumière aussi bien que la paix. Ce que vous sentez en vous d'étroit et de limité est le mental physique ; il peut s'élargir seulement si la lumière et cette conscience plus vaste descendent et prennent possession de la nature.

L'inertie physique dont vous souffrez ne diminuera et ne disparaîtra probablement que par la descente dans l'organisme de la force d'en haut.

Restez tranquille, ouvrez-vous et demandez à la divine Shakti de confirmer le calme et la paix, d'élargir la conscience et de lui apporter autant de lumière et de pouvoir que la conscience peut à présent en recevoir et en assimiler.

Ayez soin de ne pas être trop impatient, car cela pourrait troubler de nouveau la quiétude et l'équilibre qui ont déjà pu s'établir dans la nature vitale.

Ayez confiance dans le résultat final et donnez au Pouvoir le temps de faire son œuvre.

***

Aspirez, concentrez-vous dans l'esprit qui convient et, quelles que soient vos difficultés, vous êtes certain d'atteindre le but que vous vous proposez.

C'est dans la paix intérieure et dans ce « quelque chose de plus vrai » en vous que vous devez apprendre à vivre, et c'est cela que vous devez sentir être vous-même. Il vous faut considérer le reste comme n'étant pas votre vrai moi, mais seulement un flux de mouvements superficiels, qui changent et se répètent et sont sûrs de disparaître à mesure que le vrai Soi émerge.

La paix est le véritable remède ; se distraire au moyen d'un dur travail ne donne qu'un soulagement temporaire, bien qu'une certaine somme de travail soit nécessaire pour le bon équilibre des différentes parties de l'être. Sentir la paix au-dessus et autour de votre tête est le premier pas. Il vous faut entrer en rapport avec elle, et elle doit descendre en vous, remplir votre mental, votre vie, votre corps, et vous entourer de telle sorte que vous viviez en elle ; car cette paix est le seul signe de la présence du Divin auprès de vous, et une fois que vous l'avez, tout le reste commencera de venir.

La vérité dans la parole et la pensée est très importante. Plus vous pourrez sentir que le mensonge ne fait pas partie de vous-même, mais vous vient du dehors, et plus il vous sera facile de le refuser et de le rejeter.

Persévérez, et ce qui est encore tordu sera redressé et vous connaîtrez et sentirez constamment la vérité de la présence du Divin ; ainsi votre foi sera justifiée par l'expérience directe.

***

Aspirez d'abord et priez pour que la Mère vous donne la tranquillité dans le mental, la pureté, le calme et la paix, une conscience éveillée, l'intensité de la dévotion, la force et la capacité spirituelle de faire face à toutes les difficultés intérieures ou extérieures et d'aller jusqu'au bout du yoga.

Si la conscience s'éveille et que la dévotion et l'intensité d'aspiration soient là, il sera possible au mental, pourvu qu'il apprenne la tranquillité et la paix, de croître en connaissance.

***

Ceci est dû à une conscience et une sensibilité très vives de l'être physique, spécialement du vital physique.

Il est bon pour le physique d'être de plus en plus conscient ; mais les réactions humaines ordinaires dont il prend conscience ne devraient pas le dominer, ni l'affecter grièvement, ni le bouleverser.

Il doit venir, dans les nerfs et le corps aussi bien que dans le mental, une vigoureuse égalité, une maîtrise et un détachement qui permettent au physique de connaître ces réactions et d'avoir un contact avec elles sans en éprouver aucun trouble. Le physique doit savoir et être conscient, et aussi repousser et rejeter la pression des mouvements qui se produisent dans l'atmosphère, au lieu de seulement les sentir et en souffrir.

***

Reconnaître ses faiblesses et ses faux mouvements, et s'en retirer est le chemin qui mène à la libération.

Ne juger personne que soi-même, jusqu'à ce qu'on puisse voir les choses avec un mental et un vital calmes, est une règle excellente. De plus, ne permettez pas à votre mental de former des impressions hâtives, sur la base de quelque apparence extérieure, ni à votre vital d'agir en conséquence.

Il y a un endroit dans l'être intérieur où l'on peut toujours rester calme et de là considérer avec équilibre et jugement les perturbations de la conscience de surface et agir sur elle pour la changer. Si vous pouvez apprendre à vivre dans ce calme de l'être intérieur, vous aurez trouvé votre base stable.

***

Ne vous laissez pas ébranler ni troubler par ces choses. Ce qu'il faut toujours faire, c'est rester ferme dans votre aspiration vers le Divin et affronter avec équanimité et détachement toutes les difficultés et toutes les oppositions. Pour ceux qui veulent mener la vie spirituelle, le Divin doit toujours passer d'abord ; tout le reste doit être secondaire.

Restez détaché et regardez ces choses avec la calme vision interne de celui qui est profondément consacré au Divin.

***

Pour le moment vos expériences sont sur le plan mental ; mais c'est ainsi que cela doit être. Beaucoup de sâdhaks ne peuvent progresser parce qu'ils s'ouvrent sur le plan vital avant que le mental et le psychique ne soient prêts. Après le commencement de quelques expériences spirituelles vraies sur le plan mental, il se produit alors dans le vital une descente prématurée causant beaucoup de confusion et de trouble. On doit être en garde contre cela. C'est encore pire quand l'âme vitale de désir s'ouvre aux expériences avant que le mental n'ait été touché par les choses de l'esprit.

Aspirez toujours pour que la conscience et l'expérience vraies pénètrent le mental et l'être psychique et les rendent prêts. Vous devez spécialement aspirer à la tranquillité, à la paix, à une foi calme, à un élargissement stable et croissant, à de plus en plus de connaissance, à une dévotion profonde et intense, mais tranquille.

Ne vous laissez pas déranger par votre entourage et son opposition. Ces conditions sont souvent imposées au début comme une sorte d'épreuve. Si vous pouvez demeurer tranquille et imperturbable, et continuer votre sâdhanâ sans permettre à ces circonstances de vous troubler intérieurement, cela vous aidera à acquérir une force très nécessaire ; car le chemin du yoga est toujours semé de difficultés intérieures et extérieures, et pour leur faire face le sâdhak doit développer une force tranquille, ferme et solide.

***

Le progrès spirituel interne ne dépend pas tant des conditions extérieures que de la manière dont nous réagissons du dedans à leur contact — tel a toujours été le verdict ultime de l'expérience spirituelle. C'est pourquoi nous insistons sur la nécessité de prendre la bonne attitude et de la conserver, d'obtenir un état intérieur qui ne dépende pas des circonstances extérieures, un état d'équanimité et de calme — si ce n'est tout de suite un état de bonheur intérieur —, de se retirer de plus en plus profondément pour regarder du dedans vers le dehors, au lieu de vivre dans le mental de surface qui est toujours à la merci des chocs et des coups de la vie. C'est seulement dans cet état intérieur que l'on peut être plus puissant que la vie et ses forces de bouleversement, et que l'on peut espérer vaincre.

Rester tranquille au-dedans, ferme dans sa volonté d'aller jusqu'au bout, en refusant d'être troublé ou découragé par les difficultés ou les fluctuations, c'est là une des premières choses à apprendre sur le chemin. Faire autrement, c'est encourager l'instabilité de la conscience et la difficulté, dont vous vous plaignez, de garder l'expérience. C'est seulement si au-dedans vous demeurez calme et résolu, que les lignes d'expérience peuvent se développer avec quelque régularité, quoiqu'elles ne soient jamais sans des périodes d'interruption et de fluctuation ; mais si ces périodes sont convenablement utilisées, elles peuvent devenir des périodes d'assimilation qui épuisent les difficultés, plutôt que des démentis à la sâdhanâ.

Une atmosphère spirituelle est plus importante que les conditions extérieures ; si on peut l'obtenir et aussi créer son propre air spirituel pour y respirer et y vivre, cela est la vraie condition du progrès.

***

Pour être capable de recevoir la puissance divine et de la laisser agir à travers vous sur les choses de la vie extérieure, trois conditions sont nécessaires :

1. — Le calme, l'équanimité, ne pas vous laisser troubler par quoi que ce soit qui arrive, garder le mental immobile et ferme, qui observe le jeu des forces, mais reste lui-même tranquille.

2. — Une foi absolue, la foi que c'est le meilleur qui arrivera, mais aussi que, si vous réussissez à devenir un vrai instrument, le fruit sera celui que votre volonté, guidée par la lumière divine, voit comme la chose qui doit être faite, *kartavyam karma.*

3. — La réceptivité, la capacité de recevoir la force divine et de sentir sa présence et la présence de la Mère en elle, et de lui permettre de faire son œuvre, en guidant votre vision, votre volonté et votre action. Si ce pouvoir et cette présence peuvent être perçus et que

cette plasticité devienne habituelle pour la conscience dans l'action — mais une plasticité à la force divine seule, sans admission d'aucun élément étranger — le résultat final est sûr.

***

L'équanimité est une partie très importante de notre yoga. Il est nécessaire de la conserver dans la douleur et la souffrance, et cela signifie endurer celles-ci avec fermeté et calme, ne pas être agité, troublé, déprimé ou découragé, et avancer avec une foi inébranlable dans la volonté divine. Mais l'égalité d'âme n'implique pas une acceptation inerte. Si, par exemple, vous échouez momentanément dans certaine tentative de la sâdhanâ, vous devez garder une âme égale, sans vous inquiéter ni vous décourager ; mais il ne faut pas accepter l'insuccès comme une indication de la volonté divine et abandonner la tentative. Vous devez plutôt découvrir la raison et le sens de l'insuccès et avancer plein de foi vers la victoire. Il en est de même pour la maladie : ne soyez pas inquiet, troublé ou agité ; mais n'acceptez toutefois pas la maladie comme une expression de la volonté divine ; considérez-la plutôt comme une imperfection du corps dont il faut vous débarrasser comme vous essayez de le faire des imperfections vitales et des erreurs mentales.

***

Sans l'équanimité, *samatâ*, il ne peut y avoir aucun fondement ferme pour la sâdhanâ. Quelque déplaisantes que soient les circonstances, quelque désagréable que soit la conduite d'autrui, vous devez apprendre à tout recevoir avec un calme parfait et sans réaction troublante. Ces choses servent de pierre de touche à l'égalité d'âme. Il est facile d'être calme et serein quand tout va bien et que les gens et les circonstances sont agréables ; c'est quand ils sont tout l'opposé que la plénitude du calme, de la paix et de l'égalité est éprouvée, fortifiée, perfectionnée.

***

Ce qui vous est arrivé montre quelles sont les conditions de l'état dans lequel le pouvoir divin prend la place de l'ego et dirige l'action, faisant son instrument du mental, de la vie et du corps. Un silence réceptif du mental, un effacement de l'ego mental, la réduction de l'être mental à la position de témoin, un contact intime avec le pouvoir divin et une ouverture de l'être à cette influence et à nulle autre, telles sont les conditions requises pour devenir un instrument du Divin, mû par lui et par lui seul.

Le silence mental n'amène pas de lui-même la conscience supramentale ; il y a beaucoup d'états, de plans ou de niveaux de conscience entre le mental humain et le supramental. Le silence ouvre le mental et le reste de l'être à des choses plus grandes, quelquefois à la conscience cosmique, quelquefois à l'expérience du Soi silencieux, quelquefois à celle de la présence ou de la puissance du Divin, quelquefois à une conscience plus haute que celle du mental humain ; le silence mental est la condition la plus favorable pour que se produise l'une quelconque de ces expériences. Dans notre yoga c'est la meilleure condition, mais non pas la seule, pour que le pouvoir divin descende, d'abord sur la conscience individuelle, puis en elle, afin d'y faire son œuvre pour transformer cette conscience, lui donner les expériences nécessaires, changer sa façon de voir et tous ses mouvements, et la conduire d'étape en étape jusqu'à ce qu'elle soit prête pour la dernière transformation, la supramentale.

***

L'expérience de la sensation d'un « bloc solide » indique la descente d'une force et d'une paix substantielles dans l'être extérieur, et surtout dans le vital physique. C'est toujours cela qui est le fondement, la base stable sur laquelle tout le reste, ânanda, lumière, connaissance, bhakti, peut ensuite descendre, s'appuyer ou jouer en sécurité. L'engourdissement était présent dans l'autre expérience parce que le mouvement était tourné vers le dedans ; mais ici la Yoga-Shakti se meut vers le dehors dans la nature extérieure pleinement éveillée, premier pas pour y établir le yoga et ses expériences. Aussi n'y a-t-il pas cet engourdissement qui était le signe de la conscience tendant à se retirer des parties extérieures.

***

Souvenez-vous d'abord que la première condition d'une sâdhanâ sans danger est la tranquillité intérieure résultant de la purification d'un mental et d'un vital agités. Souvenez-vous ensuite que de sentir la présence de la Mère pendant qu'on agit extérieurement est déjà un grand pas qui ne peut être fait sans un progrès intérieur considérable. Ce dont vous sentez avoir si grand besoin, mais que vous ne pouvez définir, est probablement une perception constante et nette de la force de la Mère travaillant en vous, descendant des hauteurs et prenant possession des différents plans de votre être. Cela est souvent un état préliminaire au double mouvement d'ascension et de descente ; et cela viendra sûrement en son temps. Ces choses peuvent prendre longtemps avant de commencer d'une façon visible, surtout quand le mental est très actif à l'ordinaire et n'a pas l'habitude du silence. Lorsque le voile de cette activité est là, beaucoup de travail doit se faire derrière l'écran mobile du mental, et le sâdhak croit que rien ne se passe tandis qu'en fait une grande préparation s'effectue. Si vous voulez un progrès plus rapide et plus visible, cela ne se peut qu'en amenant le psychique à la surface par un constant don de vous-même. Aspirez intensément, mais sans impatience.

***

Une vitalité, un mental et un corps forts sont nécessaires dans la sâdhanâ. On doit tout spécialement prendre des mesures pour rejeter le *tamas* et pour apporter la vigueur et la force dans le cadre de la nature.

La voie du yoga doit être une chose vivante et non un principe mental ou une méthode fixe à quoi l'on s'accroche en dépit de toutes les variations qui seraient nécessaires.

***

Ne pas être troublé, demeurer tranquille et confiant est la vraie attitude ; mais il est nécessaire aussi de recevoir l'aide de la Mère ; sous aucun prétexte il ne faut se soustraire à sa sollicitude. On ne devrait pas se complaire dans des idées d'incapacité, d'inaptitude à répondre, ni trop insister sur les défauts et les échecs, ni permettre au mental d'être à cause d'eux dans la douleur et la honte ; car ces idées et ces sentiments deviennent à la fin des sources de faiblesse. S'il y a des difficultés, des faux pas ou des insuccès, on doit les regarder tranquillement et, pour s'en défaire, appeler avec calme et persistance l'aide divine ; mais il ne faut pas se laisser aller au découragement, au bouleversement, au chagrin. Le yoga n'est pas un chemin facile, et le changement total de la nature ne peut se faire en un jour.

***

Le conflit vital et la dépression sont sans doute la conséquence d'un désir trop ardent dans votre effort précédent et d'une tension en vue du résultat. Aussi quand une chute se produit dans la conscience, c'est un vital désolé, déçu et perplexe qui vient à la surface, ouvrant largement la porte aux suggestions de doute, de désespoir et d'inertie venant du côté adverse de la nature. Vous devez vous diriger vers une base ferme de calme et d'équanimité dans le vital et le physique aussi bien que dans la conscience mentale. Que la pleine descente de pouvoir et d'ânanda s'effectue, mais dans un *âdhâra* solide, capable de les contenir ; c'est la complète équanimité qui donne cette capacité et cette robustesse.

***

Le calme et l'ampleur sont le fondement de la conscience yoguique et la meilleure condition pour la croissance et l'expérience internes. Si un vaste calme peut être établi dans la conscience physique, occupant et remplissant le corps lui-même et toutes ses cellules, cela peut devenir la base de sa transformation ; en fait, sans ce calme et cette ampleur, la transformation n'est guère possible.

***

C'est le but de la sâdhanâ que la conscience s'élève hors du corps et se fixe au-dessus, se déployant en extension partout, sans être limitée au corps. Ainsi libéré, on s'ouvre à tout ce qui est au-dessus de cette position, au-dessus du mental ordinaire, on y reçoit tout ce qui descend des hauteurs, on observe tout ce qui est au-dessous. Il est alors possible d'être, en toute liberté, le témoin de ce qui est plus bas et de le maîtriser, de recevoir et de transmettre ce qui descend et s'impose au corps, afin de préparer celui-ci à être l'instrument d'une plus haute manifestation et de le transformer en une nature et une conscience supérieures.

Ce qui vous arrive est un essai de la conscience de se fixer dans cette libération. Quand on est dans cette position plus haute, on y trouve la liberté du Soi, le vaste silence et le calme immuable ; mais ce calme doit être amené aussi dans le corps, dans tous les plans inférieurs, et y être instauré comme se tenant en arrière de tous les mouvements et les contenant.

***

Si votre conscience s'élève au-dessus de la tête, cela signifie qu'elle monte au-delà du mental ordinaire vers le centre plus haut qui reçoit la conscience supérieure, ou bien vers les degrés ascendants de cette conscience supérieure elle-même. Le premier résultat est le silence et la paix du Soi qui forment la base de la conscience supérieure ; celle-ci peut ensuite descendre dans les plans inférieurs et dans le corps lui-même. La lumière et la force peuvent aussi descendre. Le nombril et les centres au-dessous de lui sont ceux du vital et du physique ; quelque chose de la force supérieure peut être descendu en eux.

Chapitre deuxième

Foi – Aspiration – Soumission

Notre yoga exige une totale consécration de la vie à l'aspiration vers la découverte et l'incorporation de la Vérité divine, et à rien d'autre. Il est inadmissible de partager sa vie entre le Divin et quelque but ou activité extérieurs qui n'ont rien à faire avec la recherche de la vérité. La moindre division de ce genre rend impossible tout succès dans le yoga.

Vous devez vous retirer en vous-même et vous engager dans une consécration complète à la vie spirituelle. Si vous voulez réussir dans le yoga, il faut renoncer à vous cramponner aux préférences mentales, cesser d'insister sur les fins, les intérêts et les attractions du vital et faire disparaître tout attachement égoïste à la famille, aux amis, au pays. Quoi que ce soit qui ait à s'exprimer comme énergie et action, doit procéder de la vérité qui a été découverte et non pas des motifs inférieurs du mental et du vital, de la volonté divine et non pas du choix personnel ou des préférences de l'ego.

***

Les théories mentales n'ont pas une importance capitale, car le mental élabore ou accepte les théories qui soutiennent le penchant de l'être. Ce qui importe, c'est ce penchant et l'appel en vous.

Savoir qu'il y a une existence, une conscience et une

félicité suprêmes, et qu'elles ne sont pas simplement un nirvâna négatif, ni un absolu statique et amorphe, mais qu'elles sont aussi dynamiques, percevoir qu'elles peuvent être réalisées, non seulement dans l'au-delà, mais ici-même, et par suite accepter la vie divine pour but du yoga, tout cela n'appartient pas au mental. Bien que cette façon de voir puisse se soutenir intellectuellement aussi bien qu'une autre, sinon mieux, ce n'est pas une question de théorie mentale, mais d'expérience, et, avant que l'expérience ne vienne, de foi — de la foi de l'âme entraînant l'adhésion du mental et de la vie. Celui qui est en contact avec la lumière supérieure et a cette expérience, peut prendre ce chemin, si ardu soit-il, pour les parties inférieures de son être. Celui qui est touché par la lumière, sans avoir l'expérience, mais en percevant l'appel, la conviction, l'obligation qui proviennent de l'adhésion de l'âme, celui-là peut aussi prendre ce chemin.

***

Les voies du Divin ne sont pas celles de l'esprit humain ; elles ne se conforment pas à nos plans. Il est donc impossible de les juger ou de décider pour le Divin ce qu'il devra faire ou ne pas faire, car il le sait mieux que nous. Si l'on admet le moins du monde l'existence du Divin, il me semble que la vraie raison s'unit à la bhakti pour exiger une foi et une soumission complètes.

***

La vraie attitude de sâdhanâ est de ne pas imposer son mental et sa volonté vitale sur le Divin, mais d'accueillir la volonté divine et de la suivre. Le mieux n'est pas de dire : « J'ai droit à ceci, j'en ai besoin, je le demande, je le réclame, cela m'est nécessaire ; pourquoi ne l'ai-je point ? » mais de se donner, de s'abandonner et de recevoir avec joie, sans s'affliger ni se révolter, tout ce que le Divin vous octroie. Alors ce que vous recevrez sera justement ce qu'il vous faut.

***

La foi, la confiance en Dieu, la soumission et le don de soi au pouvoir divin sont nécessaires et indispensables. Mais avoir confiance en Dieu ne doit pas être une excuse pour s'abandonner à l'indolence, à la faiblesse et aux impulsions de la nature inférieure ; il faut en même temps une aspiration infatigable et un rejet persistant de tout ce qui fait obstacle à la vérité divine. De la soumission au Divin on ne doit pas faire une excuse, un prétexte ou une occasion pour se soumettre à ses propres désirs, à ses mouvements inférieurs, à son ego ou à quelque force d'ignorance ou d'obscurité qui faussement se donne l'apparence du Divin.

***

Vous n'avez qu'à aspirer, à vous garder ouvert à la Mère, à rejeter tout ce qui est contraire à sa volonté, et à la laisser travailler en vous — tout en accomplissant pour elle tout votre travail, dans la foi que c'est par sa force que vous pouvez le faire. Si vous restez ouvert de cette manière, la connaissance et la réalisation viendront à vous en temps voulu.

***

Dans notre yoga tout dépend de la capacité de s'ouvrir à l'influence. Si l'aspiration est sincère et qu'il y ait une patiente volonté d'atteindre la conscience supérieure en dépit de tous les obstacles, l'ouverture, sous une forme ou une autre, ne manquera pas de se produire. Mais cela prend plus ou moins de temps suivant l'état du mental, du cœur et du corps, et leur degré de préparation. Si donc l'on n'a pas la patience nécessaire, les difficultés du commencement peuvent faire abandonner la tentative.

Il n'y a pas d'autre méthode dans notre yoga que de se concentrer — de préférence dans le cœur — et d'appeler la présence et le pouvoir de la Mère pour qu'elle se charge de l'être et que, par l'action de sa force, elle transforme la conscience. On peut aussi se concentrer dans la tête ou entre les sourcils ; mais pour beaucoup ceci est une ouverture trop difficile. Quand le mental se tranquillise, que la concentration devient forte et l'aspiration intense, cela indique le début de l'expérience. Plus grande est la foi, plus on peut s'attendre à un résultat rapide. Pour le reste, on ne doit pas dépendre seulement de son propre effort ; il faut réussir à établir le contact avec le Divin et la réceptivité au pouvoir et à la présence de la Mère.

***

Peu importe quels défauts vous pouvez avoir dans votre nature ; la seule chose qui importe est que vous vous gardiez ouvert à la force. Personne ne peut se transformer par son propre effort, sans aide. C'est la force divine seule qui peut vous transformer ; si vous vous gardez ouvert, tout le reste sera fait pour vous.

***

Presque personne n'est assez fort pour surmonter sans aide, par son aspiration et sa volonté propres, les forces de la nature inférieure. Ceux-là mêmes qui le font n'obtiennent qu'un certain genre de contrôle et pas la maîtrise totale. La volonté et l'aspiration sont nécessaires pour faire descendre l'aide de la force divine et pour que l'être se range de son côté pendant qu'elle agit sur les pouvoirs inférieurs. La force divine, accomplissant la volonté spirituelle et l'aspiration psychique du cœur, peut seule effectuer la conquête.

***

Faire quoi que ce soit par le pouvoir du mental est toujours difficile, quand ce que l'on essaye va à l'encontre de la tendance de la nature humaine ou de la nature personnelle. Une forte volonté, dirigée vers son objet avec patience et persévérance, peut effectuer un changement, mais généralement cela prend longtemps, et au commencement le succès peut n'être que partiel et mitigé de beaucoup d'échecs.

Pour transformer automatiquement toute action en acte d'adoration, la maîtrise de la pensée n'est pas suffisante ; il faut dans le cœur une forte aspiration qui produise une perception ou un sentiment de la présence de Celui à qui l'adoration est offerte. Le *bhakta* ne se fie pas à son seul effort, mais à la grâce et au pouvoir du Divin qu'il adore.

***

Vous avez toujours trop compté sur l'action de votre mental et de votre volonté propres ; c'est pourquoi vous ne pouvez pas progresser. Si vous pouviez prendre l'habitude de vous confier silencieusement au pouvoir de la Mère — et non pas seulement de l'appeler pour soutenir votre propre effort — l'obstacle diminuerait et finirait par disparaître.

***

Toute aspiration sincère produit son effet ; si vous êtes sincère vous croîtrez dans la vie divine. Pour être entièrement sincère, il faut vouloir seulement la vérité divine, se soumettre de plus en plus à la Mère divine, rejeter toute exigence personnelle et tout désir autre que cette unique aspiration, offrir au Divin toute action de la vie et accomplir cette action comme le travail qui vous est départi, sans permettre à l'ego d'intervenir. Telle est la base de la vie divine.

On ne peut pas devenir tel tout d'un coup ; mais si l'on aspire sans cesse et que l'on fasse appel à tout moment à l'aide de la divine Shakti, avec un cœur sincère et une volonté droite, on est sûr de croître de plus en plus dans cette conscience.

***

Une soumission complète n'est pas possible en si peu de temps, car une soumission complète implique que le nœud de l'ego est coupé dans toutes les parties de l'être, qui sera offert, intégral et libre, au Divin. Le mental, le vital et la conscience physique — et même chacune de leurs parties, dans tous ses mouvements — ont à se soumettre successivement, à abandonner leurs voies propres et à accepter la voie du Divin. Mais ce que l'on peut faire dès le début, c'est prendre une résolution centrale de consécration et exécuter cette résolution de toutes les manières qui se présentent, en saisissant à chaque pas toute occasion de compléter le don de soi.

La soumission dans une direction rend les autres plus faciles, plus inévitables ; mais d'elle-même elle ne coupe ni ne délie les autres attaches. Celles surtout qui sont très intimement liées à la présente personnalité et à ses formations les plus chères présentent souvent de grandes difficultés, même après que la volonté centrale est fixée et que les premiers sceaux de la pratique ont été apposés sur sa résolution.

***

Vous demandez comment réparer le tort que vous paraissez avoir fait. En admettant qu'il en soit comme vous le dites, il me semble que la réparation consiste justement à faire de vous-même un réceptacle pour la vérité divine et l'amour divin. Et les premiers pas dans ce sens sont une consécration et une purification complètes, une complète ouverture de soi au Divin et un rejet loin de soi de tout ce qui peut se dresser sur le chemin de cet accomplissement. Dans la vie spirituelle il n'y a pas d'autre réparation d'une faute, il n'y en a aucune autre qui soit pleinement efficace. Au commencement on ne doit demander aucun fruit ou résultat autre que cette croissance et ce changement intérieurs; sinon l'on s'expose à de sévères désillusions. C'est seulement quand on est libre qu'on peut libérer les autres, et dans le yoga, c'est de la victoire intérieure que sort la conquête extérieure.

***

Il n'est pas possible de se débarrasser immédiatement de cette insistance sur l'effort personnel — et ce n'est pas toujours désirable, car l'effort personnel est préférable à l'inertie tamasique.

L'effort personnel doit être progressivement transformé en un mouvement de la force divine. Si vous êtes conscient de la force divine, appelez-la de plus en plus pour qu'elle gouverne votre effort, qu'elle l'adopte et qu'elle le transforme en quelque chose qui n'est plus à vous, mais à la Mère. Il se produira en quelque sorte un transfert, une prise en main des forces qui agissent dans l'*âdhâra* personnel, un transfert qui ne sera pas soudainement complet mais progressif.

Mais l'équilibre psychique est nécessaire. On doit développer le discernement qui voit clairement ce qui est la force divine, ce qui est l'élément d'effort personnel et ce qui s'introduit comme mélange des forces cosmiques inférieures. Et jusqu'à ce que le transfert soit complet — ce qui prend nécessairement du temps — il doit toujours y avoir, comme contribution personnelle, un consentement constant à la force vraie et un constant rejet de toute immixtion inférieure.

Pour le moment ce qu'il faut n'est pas cesser l'effort personnel, mais appeler de plus en plus le pouvoir divin pour qu'il gouverne et guide cet effort.

***

Au début de la sâdhanâ il n'est pas à recommander de laisser tout au Divin et de tout attendre de lui sans qu'il soit besoin d'un effort personnel. Cela est possible seulement quand l'être psychique est au premier plan et qu'il influence toute l'action (et même alors, une vigilance et un sentiment constants sont nécessaires), ou bien plus tard, dans les dernières étapes du yoga, quand une force supramentale directe, ou presque directe, se saisit de la conscience ; mais ce dernier état est encore très éloigné. Dans d'autres conditions, cette attitude risque de mener à la stagnation ou à l'inertie.

Ce sont seulement les parties les plus mécaniques de l'être qui peuvent avec vérité dire qu'elles sont impuissantes. En particulier, la conscience physique matérielle est inerte dans sa nature et elle est mue, soit par le mental ou le vital, soit par les forces supérieures ; mais on a toujours le pouvoir de mettre au service du Divin la volonté mentale ou l'élan vital. On ne peut pas être sûr du résultat immédiat, car l'obstruction de la nature inférieure ou la pression des forces adverses peuvent souvent contrarier avec succès pendant un temps, et même pendant longtemps, le changement qui est nécessaire. On doit alors persister, garder toujours sa volonté du côté du Divin, en rejetant ce qui doit être rejeté, en s'ouvrant à la vraie lumière et à la vraie force, en invoquant le Divin avec tranquillité et constance, sans se lasser, sans dépression ni impatience, jusqu'à ce qu'on sente la force divine à l'œuvre et les obstacles commencer à céder.

Vous dites que vous êtes conscient de votre ignorance et de votre obscurité. Si c'est seulement une conscience générale, ce n'est pas assez. Mais si vous en êtes conscient en détail, dans leur action effective, c'est suffisant pour commencer. Vous devez rejeter résolument les mouvements faux dont vous êtes conscient, et faire de votre mental et de votre vital un champ clair et tranquille pour l'action de la force divine.

⁂

Les mouvements mécaniques sont toujours les plus difficiles à arrêter par la volonté mentale, parce qu'ils ne dépendent pas du tout de la raison ni d'aucune justification mentale, mais qu'ils sont basés sur des associations ou bien simplement sur la mémoire et l'habitude mécaniques.

La pratique du rejet finit par triompher ; mais par l'effort personnel seul, cela peut prendre très longtemps. Si vous pouvez sentir le pouvoir divin à l'œuvre en vous, cela devient plus facile.

Il ne doit rien y avoir d'inerte et de tamasique dans le don de soi à cette direction, et aucune partie du vital ne doit en faire une excuse pour ne pas rejeter les suggestions des impulsions et des désirs inférieurs.

Il y a toujours deux manières de faire le yoga. L'une est par l'action d'un mental et d'un vital vigilants, qui voient, observent, pensent et décident ce qui doit ou ne doit pas être fait. Bien entendu, cette action s'appuie sur la force divine, attirée ou appelée — car autrement on ne peut pas grand chose. Mais c'est encore l'effort personnel qui prédomine et se charge de la plus grande partie du fardeau.

L'autre manière est celle de l'être psychique : la conscience qui s'ouvre au Divin, qui non seulement ouvre l'être psychique et l'amène au premier plan, mais ouvre aussi le mental, le vital et le physique, reçoit la lumière, perçoit ce qui doit être fait et le sent et le voit fait par la force divine elle-même, tout en aidant constamment au travail du Divin par son propre consentement et son appel, vigilants et conscients.

D'ordinaire il y a forcément un mélange de ces deux manières jusqu'à ce que la conscience puisse s'ouvrir et accepter complètement que le Divin soit l'origine de toutes ses actions. C'est alors que toute responsabilité cesse et que disparaît des épaules du *sâdhak* tout fardeau personnel.

***

Que ce soit par la *tapasyâ* ou par la soumission, cela n'a pas d'importance ; la seule chose qui importe est de garder fermement la face tournée vers le but. Une fois que l'on a posé les pieds sur le chemin, comment peut-on s'en détourner pour retomber dans des voies inférieures ? Si l'on reste ferme, les chutes ont peu d'importance ; on se relève et on va de l'avant. Pour celui qui est résolu à atteindre le but, il ne peut y avoir d'échec définitif sur le chemin qui mène au Divin. Et s'il y a en vous quelque chose qui vous pousse en avant — ce qui est sûrement le cas — les défaillances, les chutes et le vacillement de la foi ne font à la fin aucune différence. Il faut persister jusqu'à ce que le conflit soit passé et que vous ayez devant vous le chemin libre, droit et sans épines.

***

Le feu est le feu divin d'aspiration et de *tapasyâ* intérieure. Quand le feu descend à maintes reprises, avec une force et une puissance croissantes, dans l'obscurité de l'ignorance humaine, il semble tout d'abord absorbé et englouti par cette obscurité, mais la descente répétée change l'obscurité en lumière, et l'ignorance et l'inconscience du mental humain en une conscience spirituelle.

***

Pratiquer le yoga implique la volonté de surmonter tous les attachements et de se tourner vers le Divin seul. L'essentiel dans le yoga est de se confier à chaque pas à la grâce divine, de diriger sa pensée constamment vers le Divin et de s'offrir, jusqu'à ce que l'être s'ouvre et que l'on puisse sentir la force de la Mère à l'œuvre dans l'*âdhâra*.

***

Le principe même de notre yoga est de s'ouvrir à l'influence divine. Elle est là au-dessus de vous, et si vous parvenez à en être conscient, vous n'avez qu'à l'appeler en vous. Elle descend dans le mental et le corps comme paix, lumière, force à l'œuvre, présence divine avec ou sans forme, *ânanda*. Avant d'obtenir cette conscience, il faut avoir la foi et aspirer à vous ouvrir. L'aspiration, l'appel, la prière ne sont que des formes différentes d'une seule et même chose, et toutes sont efficaces. Vous pouvez adopter la forme qui se présente à vous ou celle qui vous est le plus facile.

L'autre manière est la concentration ; vous concentrez votre conscience dans le cœur (certains le font dans la tête ou au-dessus de la tête) et là vous méditez sur la Mère et vous l'y appelez. On peut suivre l'une ou l'autre méthode, ou les deux à des moments différents : ce qui vient à vous naturellement ou que vous êtes pour l'instant porté à faire.

La grande nécessité, au commencement surtout, est de tranquilliser le mental, de rejeter pendant la méditation toute pensée et tout mouvement internes étrangers à la sâdhanâ. Dans le mental tranquille il se fera une préparation progressive pour l'expérience. Mais vous ne devez pas vous impatienter si tout ne se fait pas immédiatement ; il faut du temps pour établir dans le mental une tranquillité parfaite ; vous devez persister jusqu'à ce que la conscience soit prête.

***

Dans la pratique du yoga, le but que l'on se propose ne peut être atteint que par l'ouverture de l'être à la force de la Mère et le rejet persistant de tout égoïsme, de toute exigence, de tout désir, de tout motif sauf l'aspiration vers la vérité divine. Si cela est fait comme il convient, la lumière et la puissance divines se mettent à l'œuvre et instaurent la paix et l'équanimité, la force interne, la dévotion purifiée, la conscience et la connaissance de soi croissantes — toutes choses qui sont les fondements nécessaires à la *siddhi* du yoga.

***

Pour vous la vérité est de sentir le Divin en vous-même, de travailler pour Lui et de vous ouvrir à la Mère jusqu'à ce que vous la perceviez dans toutes vos activités. Il faut être conscient de la présence divine dans votre cœur et de la direction divine dans vos actes. Cela, l'être psychique, s'il est pleinement éveillé, peut le saisir aisément, rapidement et profondément, et une fois que le psychique l'a perçu, la perception peut se transmettre aussi au mental et au vital.

***

La seule vérité de votre autre expérience — qui vous paraît, dites-vous, si vraie sur le moment — est qu'il est impossible pour vous, ou pour quiconque, de sortir de la conscience inférieure par l'effort personnel et sans aide. Aussi lorsque vous sombrez dans cette conscience inférieure tout vous semble désespéré, car pour un temps vous perdez contact avec la vraie conscience. Mais cette suggestion est mensongère, parce que vous avez une ouverture vers le Divin et que vous n'êtes pas obligé de rester dans la conscience inférieure.

Lorsque vous êtes dans la vraie conscience, vous voyez que tout est possible, même si pour le moment il n'y a qu'un petit commencement ; mais un commencement suffit une fois que la force et le pouvoir sont là. Car en vérité ils peuvent tout, et seuls le temps et l'aspiration sont nécessaires pour le changement total et l'accomplissement de l'âme.

***

Les conditions requises pour suivre la volonté de la Mère sont : vous tourner vers Elle pour la lumière, la vérité et la force; aspirer à ce qu'aucune autre force ne vous inspire ou ne vous guide ; ne permettre au vital ni exigences ni conditions ; tenir le mental calme, prêt à recevoir la vérité, et n'insistant pas sur ses idées et formations propres ; enfin garder le psychique éveillé et au premier plan, afin d'être en contact constant avec Elle et de savoir vraiment quelle est Sa volonté, — car le mental et le vital peuvent prendre pour la volonté divine d'autres impulsions et suggestions, tandis que le psychique, dès qu'il est éveillé, ne se trompe pas.

Une perfection totale dans le travail n'est possible qu'après la « supramentalisation » ; mais on peut accomplir un travail relativement bon dans les plans inférieurs si l'on est en contact avec le Divin et que l'on soit vigilant, soigneux et conscient, dans le mental, le vital et le corps. Cet état est d'ailleurs préparatoire et pour ainsi dire indispensable à la suprême libération.

***

Celui qui a peur de la monotonie et qui veut toujours du nouveau ne sera pas capable de faire le yoga, ou en tout cas ce yoga-ci, qui demande une persévérance et une patience inépuisables. La peur de la mort témoigne d'une faiblesse vitale qui elle aussi est contraire à l'aptitude au yoga. De même, celui qui est sous la domination de ses passions trouvera le yoga difficile, et, à moins qu'il ne soit soutenu par une vraie vocation intérieure et une aspiration sincère et forte pour la conscience spirituelle et l'union avec le Divin, il pourra très facilement faire une chute fatale qui rendra son effort stérile.

***

Quant au procédé, cela dépend de ce que vous entendez par ce mot. Le désir mène souvent à un effort excessif qui implique beaucoup de travail pour un résultat limité et provoque la tension et l'épuisement et — dans le cas de difficulté ou d'insuccès — le découragement, le doute ou la révolte. Ou bien le désir conduit à « tirer sur la force ». Cela peut se faire ; mais, bien que souvent très efficace, ce n'est pas toujours sans danger, sauf pour ceux qui ont la force et l'expérience yoguiques. Ce n'est pas sans danger, d'abord parce que cela peut amener de violentes réactions ou faire descendre des forces contraires, mauvaises ou mélangées, que par manque d'expérience le *sâdhak* ne peut distinguer des vraies. Et aussi parce que cela peut substituer au don libre et à la vraie direction du Divin, le propre pouvoir d'expérience — qui est limité — du *sâdhak* ou les constructions mentales ou vitales de celui-ci. Les cas sont différents ; chacun a son propre chemin de sâdhanâ.

Mais, pour vous, ce que je recommanderais est une ouverture constante, une aspiration tranquille et ferme, sans ardeur excessive, une confiance et une patience joyeuses.

***

Il est très peu sage pour quiconque de prétendre prématurément posséder le supramental ou même en avoir un avant-goût. Cette prétention généralement s'accompagne d'un débordement de super-égoïsme, d'une erreur radicale de perception ou d'une chute grossière, d'une condition fausse ou d'un mouvement erroné. Une certaine humilité spirituelle, une vue de soi sérieuse et sans arrogance, une perception tranquille des imperfections de sa nature présente, et, au lieu de satisfaction et d'assertion de soi, le sens de la nécessité de dépasser son moi actuel, non par ambition égoïste, mais par une aspiration vers le Divin, seraient, il me semble, pour cet assemblage fragile, terrestre et humain, des conditions bien meilleures pour avancer vers la transformation supramentale.

***

C'est la soumission psychique dans le physique dont vous commencez à avoir l'expérience.

Toutes les parties sont essentiellement offertes, mais la soumission doit être rendue complète par la croissance du don de soi psychique en elles toutes et dans tous leurs mouvements, ensemble et séparément.

Appartenir au Divin, c'est être entièrement soumis de manière à sentir la présence, le pouvoir, la lumière et l'*ânanda* du Divin possédant tout l'être, plutôt que sentir qu'on les possède soi-même pour sa propre satisfaction. Il y a une bien plus grande extase à être ainsi soumis au Divin et possédé par Lui qu'à être soi-même le possesseur. Et en même temps par cette soumission vient une heureuse et calme maîtrise de soi et de la nature.

***

Amenez l'être psychique au premier plan et gardez-le au premier plan en plaçant le mental, le vital et le physique sous son pouvoir, afin qu'il leur communique la force de son aspiration exclusive, de sa confiance, de sa foi, de sa soumission, de sa découverte immédiate et directe de tout ce qui est faux dans la nature, de tout ce qui est tourné vers l'ego et l'erreur, hors de la lumière et de la vérité.

Éliminez l'égoïsme sous toutes ses formes; éliminez-le de tout mouvement de votre conscience.

Développez la conscience cosmique. Faites que le point de vue égocentrique disparaisse dans l'ampleur, l'impersonnalité, le sens du Divin cosmique, la perception des forces universelles, la compréhension de la manifestation cosmique, du jeu.

A la place de l'ego, découvrez l'être véritable, portion du Divin, issu de la Mère du monde et instrument de la manifestation. Ce sens d'être un instrument et une portion du Divin doit être libre de toute vanité, de tout sentiment et de toute demande de l'ego, ainsi que de toute affirmation de supériorité, d'exigence ou de désir. Car si ces éléments sont présents, on n'a pas obtenu le vrai résultat cherché.

La plupart des gens qui font le yoga vivent dans le mental, le vital ou le physique, occasionnellement éclairés par le mental supérieur et par le mental illuminé. Mais afin de se préparer à la transformation supramentale, il est nécessaire (aussitôt que le moment est venu pour chacun) de s'ouvrir à l'intuition et au surmental, afin que ceux-ci puissent préparer tout l'être et sa nature entière pour le changement supramental. Permettez à la conscience de se développer et de s'élargir tranquillement, et la connaissance de ces choses viendra progressivement.

Le calme, le discernement et le détachement — sans indifférence — sont tous très importants, car leurs contraires entravent beaucoup l'action transformatrice.

L'intensité de l'aspiration est nécessaire, mais elle doit être accompagnée de ce calme, ce discernement et ce détachement. Pas de hâte et pas d'inertie ; pas d'impatience rajasique, ni de découragement tamasique ; mais un appel et un mouvement réguliers, persistants et pourtant calmes. Il ne faut ni arracher, ni agripper la réalisation, mais lui permettre d'apparaître du dedans et d'en haut, en observant avec soin son champ, sa nature, ses limites.

Laissez le pouvoir de la Mère travailler en vous, mais ayez soin d'éviter qu'il s'y mêle ou s'y substitue l'action d'un ego magnifié ou une force d'ignorance se donnant pour la vérité. Aspirez spécialement à l'élimination de toute obscurité et de toute inconscience de la nature.

Telles sont les conditions principales pour se préparer à la transformation supramentale. Mais aucune d'elles n'est facile, et elles doivent être complètes avant qu'on puisse dire que la nature est prête. Si l'on peut établir la véritable attitude (psychique, sans égoïsme, ouverte seulement à la force divine), le développement se fait beaucoup plus rapidement. Prendre et garder la véritable attitude, favoriser son propre changement, telle est l'aide que l'on peut donner — et la seule qui soit demandée — pour seconder le changement général.

Chapitre troisième

En difficulté

Il y a toujours, dans les commencements, des difficultés et des entraves au progrès, et, jusqu'à ce que l'être soit prêt, un retard dans l'ouverture des portes intérieures. Si, chaque fois que vous méditez, vous sentez la quiétude et les éclairs de la lumière intérieure, et si l'attraction du dedans devient si forte que la mainmise du dehors diminue et que les perturbations vitales perdent leur force, cela constitue déjà un grand progrès. Le chemin du yoga est long ; chaque pouce de terrain doit être conquis contre une grande résistance, et il n'est pas de qualité plus nécessaire au *sâdhak* que la patience et une persévérance sans fluctuations avec une foi qui reste inébranlable à travers toutes les difficultés, les retards et les échecs apparents.

***

Aux premières phases de la sâdhanâ ces obstacles sont courants. Ils sont dus à ce que la nature n'est pas encore assez réceptive. Il vous faut découvrir où se trouve l'obstacle, dans le mental ou le vital, et essayer d'élargir en ce point la conscience, d'y apporter plus de pureté et de paix, et, dans cette paix et cette pureté, d'offrir au pouvoir divin sincèrement et totalement cette partie de votre être.

***

Chaque partie de la nature veut continuer ses anciens mouvements et refuse, autant qu'elle le peut, d'admettre un changement et un progrès radicaux, parce que cela la soumettrait à quelque chose de plus haut qu'elle et la priverait de sa souveraineté dans son propre domaine, dans son empire séparé. C'est cela qui fait de la transformation une opération si longue et si difficile.

Le mental s'alourdit parce qu'à sa base se trouve le mental physique avec son principe d'inertie, *tamas* ; car dans la matière l'inertie est le principe fondamental. Une continuité longue ou constante d'expériences supérieures produit dans cette partie du mental un sens d'épuisement ou une réaction de malaise ou de lourdeur.

L'extase, *samâdhi*, est un moyen d'échapper : le corps est tranquillisé, le mental physique dans la torpeur ; la conscience interne est alors libre de poursuivre ses expériences. L'inconvénient est que l'extase devient indispensable et que le problème de la conscience de veille n'est pas résolu, car celle-ci demeure imparfaite.

***

Si la difficulté pendant la méditation est l'intrusion de pensées de tout genre, ce n'est pas dû à des forces hostiles, mais à la nature ordinaire du mental humain. Tous les *sâdhaks* rencontrent cette difficulté, et pour beaucoup d'entre eux elle dure fort longtemps.

Il y a plusieurs façons de s'en débarrasser. Une d'elles est de regarder les pensées, mais sans les approuver, d'observer la nature du mental humain telle que ces pensées la révèlent et de les laisser s'épuiser jusqu'à ce qu'elles s'immobilisent. Ce procédé est recommandé par Vivekânanda dans son Râja-Yoga [1].

Un autre procédé consiste à regarder ses pensées comme n'étant pas siennes, à devenir le Purusha-témoin,

(1) Swâmi Vivekânanda. *Les yogas pratiques*. (Paris, Albin Michel, 1960)

qui se tient en arrière et refuse son assentiment. Les pensées sont considérées comme venant du dehors, de Prakriti, et on doit les sentir comme des passants qui traversent l'espace mental, avec lesquels on n'a pas de rapport et auxquels on ne prend aucun intérêt. De cette manière, il arrive généralement qu'au bout d'un certain temps le mental se divise en deux : une partie qui est le témoin mental et qui observe, tout en étant parfaitement tranquille et impassible, et l'autre qui est l'objet de l'observation, la partie prakriti que traversent les pensées errantes. Après cela on peut se mettre à tranquilliser et réduire au silence cette partie prakriti aussi.

Il y a une troisième méthode, active, par laquelle on s'efforce de voir d'où viennent les pensées, et l'on trouve qu'elles ne viennent pas du dedans, mais d'en dehors de la tête, pour ainsi dire. Si l'on peut les apercevoir tandis qu'elles viennent, on doit les rejeter complètement, avant même qu'elles n'entrent. Ce moyen-ci est peut-être le plus difficile et tout le monde ne peut pas le pratiquer ; mais si on peut le suivre, c'est le chemin le plus court et le plus efficace vers le silence.

***

Il est nécessaire d'observer et de connaître les mauvais mouvements en vous, car ils sont la source de votre difficulté et ils doivent être rejetés avec persistance, si vous voulez être libéré. Pourtant ne pensez pas toujours à vos défauts et à vos mauvais mouvements. Concentrez-vous plutôt sur ce que vous devez être, sur l'idéal, avec la foi que cet idéal doit venir et viendra puisqu'il est le but placé devant vous.

La constante observation de nos fautes et de nos mauvais mouvements amène la dépression et décourage la foi. Tournez vos yeux davantage vers la lumière qui arrive, et moins vers une obscurité présente. La foi, le contentement, la confiance en la victoire finale sont des aides et rendent le progrès plus facile et plus rapide.

Faites plus de cas des bonnes expériences qui viennent à vous. Une expérience de ce genre a plus d'importance que les faux pas et les insuccès. Et quand elle cesse, ne vous plaignez pas et ne vous laissez pas aller au découragement, mais restez tranquille au-dedans et aspirez à ce qu'elle se renouvelle, plus forte, vous menant vers une autre expérience plus profonde et plus pleine encore.

Aspirez toujours, mais avec plus de tranquillité, en vous ouvrant au Divin, simplement et complètement.

***

Dans la plupart des êtres humains, le vital inférieur est plein de défauts graves et de mouvements qui répondent aux forces adverses. Une ouverture psychique constante, le rejet persistant de ces influences, le refus d'accepter les suggestions hostiles, aidés par l'infusion du calme, de la lumière de la paix et de la pureté du pouvoir de la Mère finiront par libérer le système de cet envahissement.

Ce qui est nécessaire est d'être tranquille, de plus en plus tranquille, de considérer ces influences comme n'étant pas vous-même, mais comme des intrus, de vous en séparer, de les repousser, et de demeurer dans une confiance tranquille en le pouvoir divin. Si votre être psychique demande le Divin et que votre mental soit sincère et sollicite sa libération de la nature inférieure et de toutes les forces hostiles, si vous pouvez appeler le pouvoir de la Mère dans votre cœur et vous fier à lui plus qu'à votre propre force, cet encerclement sera finalement rompu et la force et la paix prendront sa place.

***

La nature inférieure est ignorante, elle n'est pas divine ; en elle-même elle n'est pas hostile à la lumière et à la vérité, mais elle leur est fermée. Les forces hostiles, non seulement ne sont pas divines, mais sont antidivines. Elles se servent de la nature inférieure, la pervertissent, l'emplissent de mouvements dévoyés, et de la sorte influencent l'homme et essayent même d'entrer en lui et de le posséder ou, en tout cas, de le gouverner complètement.

Débarrassez-vous de toute mauvaise opinion exagérée de vous-même et de l'habitude d'être déprimé par le sens du péché, de la difficulté et de l'insuccès. Ces sentiments ne sont pas véritablement une aide ; au contraire ils sont un immense obstacle et entravent le progrès. Ils appartiennent à la mentalité religieuse, non à la mentalité yoguique. Le yogin devrait considérer tous les défauts de la nature comme des mouvements de la prakriti inférieure, communs à tous, et les rejeter avec calme, fermeté et persistance, avec une entière confiance dans le pouvoir divin, sans faiblesse, ni dépression, ni négligence et sans excitation, impatience ni violence.

***

La règle dans le yoga est de ne pas se laisser déprimer par la dépression, mais de s'en détacher, d'en observer la cause et de supprimer cette cause ; car la cause est toujours en soi-même, peut-être un défaut vital quelque part, un mauvais mouvement que l'on tolère, ou un mesquin désir produisant un recul, parfois parce qu'on le satisfait, parfois parce qu'on le déçoit. Dans le yoga un désir satisfait, un faux mouvement auquel on cède, produisent très souvent un pire recul que ne le fait un désir déçu.

Ce qui est nécessaire pour vous est de vivre plus profondément au-dedans et moins dans le vital et le mental extérieurs qui sont exposés à ces contacts. L'être psychique très profond n'est pas accablé par eux ; il se tient dans sa propre proximité du Divin et voit les petits mouvements de surface comme des choses superficielles étrangères à l'Être véritable.

***

Dans votre manière d'agir à l'égard de vos difficultés et des mauvais mouvements qui vous assaillent, vous faites probablement l'erreur de trop vous identifier avec eux et de les considérer comme faisant partie de votre propre nature. Vous devriez plutôt vous en écarter, vous en détacher et vous en dissocier, les considérer comme des mouvements de la nature inférieure universelle, imparfaite et impure, comme des forces qui entrent en vous et essayent de faire de vous l'instrument de leur expression propre. En vous détachant et en vous dissociant ainsi, il vous sera plus aisé de découvrir la partie de vous — votre être intérieur ou psychique — qui n'est pas attaquée ni troublée par ces mouvements, et de vivre en elle de plus en plus. Ces mouvements lui sont étrangers ; elle leur refuse automatiquement tout assentiment et se sent toujours tournée vers les forces divines et les régions supérieures de conscience ou en contact avec elles. Trouvez cette partie de votre être et vivez en elle. Être capable de le faire est le vrai fondement du yoga.

En vous tenant ainsi en arrière, il vous sera plus facile aussi de découvrir en vous-même, derrière le conflit de surface, un équilibre tranquille d'où vous pourrez plus efficacement faire appel à l'aide qui vous délivrera. La présence, la tranquillité, la paix, la pureté, la force, la lumière, la joie, l'ampleur divines sont au-dessus de vous, prêtes à descendre en vous. Trouvez cette tranquillité qui est en arrière, et votre mental aussi se tranquillisera, et par l'intermédiaire de ce mental tranquille vous pourrez appeler et faire descendre d'abord la pureté et la paix, et ensuite la force divine. Quand il vous sera possible de sentir la descente en vous de cette pureté et de cette paix, vous pourrez les faire descendre à nouveau, et cela jusqu'à ce qu'elles commencent à s'établir en vous ; vous sentirez aussi la force travailler en vous pour changer les mouvements et transformer la conscience. Dans cette opération vous percevrez la présence et le pouvoir de la Mère. Cela fait, tout le reste n'est qu'une question de temps et de développement progressif de votre vraie nature divine.

***

La présence d'imperfections, et même d'imperfections nombreuses et sérieuses, ne saurait être un empêchement permanent au yoga. Je ne parle pas de retrouver l'ouverture antérieure, car, suivant mon expérience, ce qui vient après une période d'obstruction ou de lutte est généralement une ouverture nouvelle et plus vaste, une conscience plus large et un progrès sur ce qui avait été gagné auparavant et qui à ce moment semblait perdu — mais ne l'était qu'en apparence. Le seul empêchement qui puisse être permanent — mais qui ne l'est pas nécessairement, car cela aussi peut changer — c'est l'insincérité, et elle n'existe pas en vous.

Si l'imperfection était un empêchement, nul homme ne pourrait réussir dans le yoga, car tous sont imparfaits. Et d'après ce que j'ai vu, je ne suis pas sûr que ce ne soient pas ceux qui ont la plus grande capacité pour le yoga qui, le plus souvent, n'aient ou n'aient eu aussi les plus grandes imperfections.

Vous connaissez, je suppose, le commentaire de Socrate sur sa propre nature. Beaucoup de grands yogins pourraient en dire autant de leur propre nature humaine initiale. Dans le yoga, la seule chose qui compte finalement, c'est la sincérité, et avec elle la patience de persévérer sur le chemin. Beaucoup, même sans cette patience, vont jusqu'au bout, car en dépit de la révolte, de l'impatience, de la dépression, du découragement, de la fatigue, de la perte temporaire de la foi, c'est une force plus grande que leur être extérieur, la force de l'esprit, l'élan du besoin de l'âme, qui les pousse à travers les nuages et les brouillards, vers le but qu'ils se proposent. Les imperfections peuvent être des pierres d'achoppement qui causent de mauvaises chutes momentanées, mais sans obstruer la route de façon permanente. Les obscurcissements dus à quelque résistance de la nature peuvent être des causes plus sérieuses de retard, mais eux non plus ne durent pas toujours.

La longueur de votre période d'obscurcissement n'est pas davantage une raison suffisante pour que vous perdiez foi en votre capacité ou en votre destinée spirituelle. Je crois que des alternances de périodes sombres et brillantes sont une expérience presque générale des yogins et que les exceptions sont très rares. Si l'on cherche les raisons de ce phénomène, tellement désagréable pour notre nature humaine impatiente, on en trouvera, je pense, deux principales. La première est que la conscience humaine, ou bien ne peut pas supporter une descente constante de lumière, de pouvoir et d'*ânanda*, ou bien ne peut pas à la fois les recevoir et les absorber ; elle a besoin de périodes d'assimilation. Mais cette assimilation se poursuit derrière le voile de la conscience de surface ; l'expérience ou la réalisation qui sont descendues se retirent derrière le voile et laissent cette conscience extérieure, ou de surface, en jachère pour qu'elle se prépare à une nouvelle descente. Aux stades plus développés du yoga, ces périodes sombres ou ternes deviennent plus courtes, moins pénibles, et elles sont aussi allégées par le sens de la plus grande conscience qui, tout en n'agissant pas pour un progrès immédiat, demeure cependant et soutient la nature extérieure.

La seconde cause est une résistance, quelque chose dans la nature humaine qui n'a pas senti la descente antérieure, qui n'est pas prêt et qui peut-être ne veut pas changer, et, qui, ouvertement ou secrètement, fait surgir l'obstacle. Souvent c'est la forte formation d'une habitude mentale ou vitale, ou bien une inertie momentanée de la conscience physique, mais pas exactement une partie de la nature. Si l'on peut discerner en soi-même la cause, la reconnaître, voir son fonctionnement et appeler le pouvoir qui le fera disparaître, les périodes d'obscurité peuvent être grandement raccourcies et leur acuité diminue. Mais dans tous les cas le pouvoir divin poursuit son travail par derrière, et un jour, peut-être au moment où l'on s'y attend le moins, l'obstacle se brise, les nuages s'évanouissent et de nouveau la lumière paraît et le soleil brille. La meilleure attitude dans ces circonstances est, si on peut la prendre, de ne pas s'irriter, de ne pas se décourager, mais de persévérer tranquillement et de se garder grand ouvert à la lumière, en attendant avec foi sa venue. J'ai constaté que cela raccourcit la durée de l'épreuve. Ensuite, quand l'obstacle a disparu, on s'aperçoit qu'un grand progrès a été fait et que la conscience est bien mieux capable qu'auparavant de recevoir et de retenir. Il y a une compensation pour toutes les épreuves et les tribulations de la vie spirituelle.

***

Bien que la reconnaissance du pouvoir divin et l'harmonisation de votre propre nature avec lui ne puissent se faire sans que vous reconnaissiez en même temps les imperfections de cette nature, c'est néanmoins une mauvaise attitude d'insister trop sur les imperfections ou sur les difficultés qu'elles créent, ou de manquer de confiance dans l'action divine à cause des difficultés que vous éprouvez, ou d'attacher trop d'importance au côté sombre des choses. En ce faisant, vous augmentez la force des difficultés et vous donnez aux imperfections un plus grand droit de persister. Je ne demande pas un optimisme à la Coué, quoiqu'un optimisme excessif aide davantage qu'un pessimisme excessif ; cette méthode Coué tend à recouvrir les difficultés et, de plus, on doit toujours garder la mesure en toute chose. Mais il n'y a pas danger pour vous de recouvrir vos difficultés et de vous illusionner par une perspective trop brillante ; tout au contraire, vous insistez toujours trop sur les ombres et ainsi vous les épaississez et vous obstruez vos portes de sortie sur la lumière. De la foi, davantage de foi! la foi en vos possibilités, la foi dans le pouvoir qui est à l'œuvre derrière le voile, la foi dans le travail qui est à faire et dans l'aide offerte.

Il ne peut y avoir aucune grande tentative, dans le champ spirituel moins qu'en tout autre, qui ne rencontre ou ne soulève de sérieux obstacles d'une nature très persistante. Ces obstacles sont internes et externes, et quoique dans l'ensemble ils soient essentiellement les mêmes pour tous, leur importance relative et la forme extérieure qu'ils prennent peuvent beaucoup varier. Mais la seule difficulté réelle est l'harmonisation de la nature avec l'action de la lumière et de la puissance divines. Cette difficulté une fois résolue, les autres disparaîtront ou prendront une place subordonnée ; et même celles qui sont d'un caractère plus général, plus durable — parce qu'inhérentes au travail de transformation — ne pèseront plus si lourdement ; parce qu'il y aura le sentiment de la force qui soutient et un plus grand pouvoir de suivre son mouvement.

***

L'oubli complet de l'expérience signifie simplement qu'il n'y a pas encore un lien suffisant entre la conscience intérieure, qui a l'expérience dans une sorte de samâdhi, et la conscience extérieure de veille. C'est lorsque la conscience supérieure a établi le lien entre elles que la conscience extérieure aussi commence à se souvenir.

***

Ces fluctuations dans la puissance de l'aspiration et dans le pouvoir de la sâdhanâ sont inévitables et communes à tous les *sâdhaks* jusqu'à ce que l'être tout entier soit devenu prêt pour la transformation. Quand le psychique est au premier plan ou actif et que le mental et le vital sont consentants, on a l'intensité. Quand le psychique a une place moins importante et que le vital inférieur est laissé à ses mouvements ordinaires ou le mental à son action ignorante, alors, à moins que le *sâdhak* ne soit très vigilant, les forces adverses peuvent pénétrer. L'inertie provient d'habitude de la conscience physique ordinaire, spécialement quand le vital ne soutient pas activement la sâdhanâ. Cela ne peut se guérir qu'en faisant descendre avec persistance la conscience spirituelle supérieure dans toutes les parties de l'être.

***

Il arrive à tout le monde d'avoir des chutes accidentelles de conscience. Les causes en sont variées : une impression reçue du dehors ; quelque chose qui n'est pas encore changé ou pas suffisamment changé dans le vital, surtout dans le vital inférieur ; une inertie ou une obscurité se levant des parties physiques de la nature. Quand cela arrive, restez tranquille ; ouvrez-vous à la Mère et rappelez la vraie condition ; aspirez à un discernement clair et impassible, qui vous montre du dedans de vous la cause de ce qui est à rectifier.

***

Entre deux mouvements il y a toujours des pauses de préparation et d'assimilation. Vous ne devez pas les considérer avec mauvaise humeur ou impatience, comme si elles étaient de fâcheuses interruptions dans la sâdhanâ. D'autre part la force monte en soulevant une partie de la nature à un plan supérieur, puis elle redescend dans une couche inférieure pour la soulever à son tour ; ce mouvement d'ascension et de descente est souvent très pénible parce que le mental, qui préférerait une montée en ligne droite, et le vital, désireux d'un accomplissement rapide, ne peuvent ni comprendre, ni suivre ce mouvement compliqué et ont tendance à s'en affliger ou à s'en irriter. Mais la transformation de la nature tout entière n'est pas une chose facile à accomplir, et la force qui accomplit cette transformation sait mieux ce qu'il faut que notre ignorance mentale ou notre impatience vitale.

***

Une très sérieuse difficulté dans le yoga est l'absence d'une volonté centrale, toujours supérieure aux vagues des forces de Prakriti, toujours en contact avec la Mère, et imposant à la nature son aspiration et son but central. Il en est ainsi parce que vous n'avez pas encore appris à vivre dans votre être central ; vous avez eu l'habitude de vous laisser emporter par chaque vague de force qui se jetait sur vous, quelle qu'en soit la nature, et de vous identifier à elle pour le moment. C'est une des choses qu'il vous faut désapprendre ; vous devez découvrir votre être central, dont le psychique est la base, et vivre en lui.

***

Si dure que soit la lutte, il n'y a qu'à lutter jusqu'au bout, ici même et maintenant. La difficulté est que vous n'avez jamais fait face complètement au véritable obstacle et que vous ne l'avez pas conquis. Il y a dans une partie très fondamentale de votre être une forte formation de l'ego individuel qui a mêlé à votre aspiration spirituelle un élément persistant d'orgueil et d'ambition spirituelle. Cette formation n'a jamais accepté de se laisser briser pour faire place à quelque chose de plus vrai, de plus divin. Par suite, chaque fois que la Mère a mis sa force en vous, ou que vous avez vous-même tiré sa force, cette formation a toujours empêché cette force de faire en vous son œuvre à sa manière. Cette formation a commencé elle-même à construire selon les idées du mental ou selon une exigence de l'ego, essayant de faire sa propre création à sa propre manière, par sa propre force, sa propre sâdhanâ, sa propre *tapasyâ*. Il n'y a jamais eu en ceci de vraie soumission, de don libre et simple de vous-même entre les mains de la Mère divine. Et pourtant c'est le seul moyen de réussir dans le yoga supramental. Être un yogin, un sannyâsin, un *tapasvin* n'est pas ici le but. Le but est la transformation, et elle ne peut être faite que par une force infiniment supérieure à la vôtre. Elle peut être obtenue seulement en vous plaçant comme un enfant entre les mains de la Mère divine.

***

Il n'y a pas de raison pour que vous abandonniez l'espoir de réussir dans le yoga. L'état de dépression que vous éprouvez en ce moment est temporaire, et il s'abat même sur les plus forts *sâdhaks*, à un moment ou à un autre, ou même se reproduit fréquemment. La seule chose à faire est de tenir ferme avec la partie éveillée de l'être, de rejeter toutes les suggestions contraires et d'attendre, en vous ouvrant autant que vous le pouvez à la vraie force, jusqu'à la terminaison de la crise ou du changement dont cette dépression est une étape. Les suggestions qui assaillent votre mental en vous disant que vous n'êtes pas apte et que vous devez retourner à la vie ordinaire sont de provenance hostile. Des idées de ce genre doivent toujours être rejetées comme des inventions de la nature inférieure et, même si elles reposent sur des apparences qui paraissent convaincantes au mental ignorant, elles sont fausses, parce qu'elles exagèrent un mouvement passager et le présentent comme la vérité exacte et décisive. Il y a une seule vérité en vous à laquelle vous devez vous attacher avec persistance : la vérité de vos possibilités divines et l'appel que la lumière supérieure fait à votre nature. Si vous vous cramponnez avec persistance à cette vérité ou que vous y retourniez constamment, au cas où vous lâcheriez prise pour un moment, elle se justifiera à la fin en dépit de toutes les difficultés, tous les obstacles et tous les faux pas. Tout ce qui résiste disparaîtra à la longue par le développement progressif de votre nature spirituelle.

C'est la conversion et la soumission de la partie vitale qui sont nécessaires. Celle-ci doit apprendre à ne demander que la plus haute vérité et à abandonner toute insistance à satisfaire ses impulsions et ses désirs inférieurs. C'est cette adhésion de l'être vital qui apporte la pleine satisfaction et la joie de toute la nature dans la vie spirituelle. Quand il en est ainsi, il devient impossible même de penser à retourner à l'existence ordinaire. En attendant, la volonté mentale et l'aspiration psychique doivent être vos soutiens ; si vous insistez le vital finira par céder, se convertir et se soumettre.

Fixez dans votre mental et votre cœur la résolution de vivre pour la vérité divine et pour elle seule ; rejetez tout ce qui lui est contraire ou est incompatible avec elle et détournez-vous des désirs inférieurs ; aspirez à vous ouvrir au pouvoir divin et à nul autre. Faites-le en toute sincérité, et l'aide vivante et présente dont vous avez besoin ne vous manquera pas.

***

L'attitude que vous avez prise est la bonne. C'est ce sentiment et cette attitude qui vous permettent de surmonter si rapidement les attaques qui parfois fondent sur vous et vous jettent hors de la vraie conscience. Comme vous le dites, prises ainsi, les difficultés deviennent des occasions favorables. Quand on a fait face à la difficulté dans le bon esprit et qu'on l'a conquise, on s'aperçoit qu'un obstacle a disparu et qu'on a fait un premier pas en avant.

***

Questionner et résister dans quelque partie de l'être augmente le désordre et les difficultés. C'est pourquoi dans les anciens yogas de l'Inde, on déclarait indispensables une soumission sans réserve et une obéissance sans discussion aux directives du gourou. C'était exigé, non pour le bien du gourou, mais pour celui du *shishya*.

***

Voir les mouvements est une chose, les laisser entrer en vous en est une autre. On doit avoir l'expérience de bien des choses, les voir et les observer, les amener dans le champ de la conscience et connaître ce qu'elles sont. Mais il n'y a pas de raison pour que vous leur permettiez d'entrer en vous et de vous posséder. C'est seulement au Divin ou à ce qui vient du Divin qu'il doit être permis de pénétrer en vous.

Dire que toute lumière est bonne est comme si vous disiez que toute eau est bonne, ou même que toute eau limpide et claire est bonne ; ce ne serait pas vrai. On doit voir quelle est la nature de la lumière, d'où elle vient, ce qu'elle contient, avant de pouvoir affirmer que c'est la vraie lumière. Il existe de fausses lumières et des éclats trompeurs, des lumières inférieures aussi qui appartiennent aux extensions plus basses de l'être. Il faut donc être sur ses gardes et distinguer ; le vrai discernement doit venir par la croissance de l'être psychique et la purification du mental et de l'expérience.

***

Le cri que vous avez entendu ne venait pas du cœur physique, mais du centre émotif. La rupture du mur signifiait la rupture de l'obstacle, ou tout au moins de quelque obstacle, entre votre être intérieur et votre être extérieur. La plupart des gens vivent dans leur personnalité extérieure ordinaire, ignorante, qui ne s'ouvre pas facilement au Divin. Cependant il y a en eux un être intérieur qu'ils ne connaissent point et qui peut facilement s'ouvrir à la vérité et à la lumière, mais un mur les en sépare, un mur d'obscurité et d'inconscience. Quand le mur s'écroule, la délivrance s'ensuit. Le calme, l'*ânanda*, la joie que vous avez éprouvés immédiatement après provenaient de cette délivrance. Le cri que vous avez entendu était le cri du vital en vous surpris par la soudaineté de l'écroulement et de l'ouverture.

***

La conscience est généralement emprisonnée dans le corps ; elle est concentrée dans les centres du cerveau, du cœur et du nombril (mental, émotif et sensoriel). Quand vous sentez qu'elle ou quelque chose d'elle s'élève et se fixe au-dessus de la tête, c'est la libération hors de la formule du corps, de la conscience qui était emprisonnée. C'est le mental en vous qui monte en cette place, y prend contact avec quelque chose de supérieur au mental ordinaire, et de là applique la volonté mentale supérieure à la transformation du reste. La chaleur et le tremblement sont produits par la résistance et le manque d'accoutumance du corps et du vital à cette demande et à cette libération. Quand la conscience mentale peut s'établir ainsi, en haut, d'une manière permanente ou à volonté, cette première libération atteint à sa perfection (*siddha*). De là l'être mental peut s'ouvrir librement aux plans supérieurs ou à l'existence cosmique et à ses forces, et il peut aussi agir avec plus de liberté et de pouvoir sur la nature inférieure.

***

La manifestation divine procède par le calme et l'harmonie, non par des soulèvements catastrophiques. Ceux-ci sont le signe d'un conflit, généralement entre les forces vitales en lutte, mais dans tous les cas d'un conflit sur le plan inférieur.

Vous pensez trop aux forces adverses. Ce genre de préoccupation cause beaucoup de tourments inutiles. Fixez votre pensée sur le côté positif. Ouvrez-vous au pouvoir de la Mère ; concentrez-vous sur sa protection ; appelez la lumière, le calme, la paix, la pureté et l'épanouissement dans la conscience et la connaissance divines.

L'idée d'épreuve n'est pas non plus une idée saine et ne doit pas être poussée trop loin. Les épreuves sont infligées, non par le Divin, mais par les forces des plans inférieurs — mental, vital et physique — et tolérées par le Divin, parce qu'elles font partie de l'éducation de l'âme et l'aident à se connaître elle-même, à connaître ses pouvoirs et les limitations qu'elle doit dépasser. La Mère ne vous met pas à l'épreuve à tout instant, mais plutôt vous aide à tout moment à vous élever au-dessus de la nécessité des épreuves et des difficultés, nécessité qui appartient à la conscience inférieure. Être toujours conscient de cette aide sera votre meilleure sauvegarde contre toutes les attaques, qu'elles proviennent des forces adverses ou de votre propre nature inférieure.

***

Les forces hostiles ont une certaine fonction qu'elles se sont assignée : c'est de mettre à l'épreuve la condition des individus, du travail, de la terre même, et leur état de préparation pour la descente et l'accomplissement spirituels. A chaque pas du voyage elles sont là, attaquent furieusement, critiquent, suggèrent, imposent le découragement ou poussent à la révolte, soulèvent le doute et accumulent les difficultés. Certainement elles interprètent de façon très exagérée les droits que leur donne leur fonction, faisant des montagnes même de ce qui nous semble des taupinières. Un petit faux pas ou une faute insignifiante les font apparaître et leur font dresser comme une barrière sur notre route tout un Himâlaya.

Mais cette opposition a été permise de tout temps, non seulement comme une mise à l'essai ou une épreuve, mais pour nous contraindre à rechercher une plus grande force, une plus parfaite connaissance de soi, une pureté et un pouvoir d'aspiration plus intenses, une foi que rien ne peut écraser, une descente plus puissante de la Grâce divine.

***

Le pouvoir ne descend pas dans l'intention d'exciter les forces inférieures, mais à cause de son mode de travail actuel ce soulèvement se produit en réaction. Ce qu'il faut, c'est établir à la base de la nature entière une conscience calme et vaste ; ainsi lorsque la nature inférieure apparaît, ce n'est pas comme une attaque ou un conflit, mais un Maître des forces est là, qui voit les défauts du mécanisme actuel et fait pas à pas le nécessaire pour y porter remède et le changer.

***

Ce sont les forces de l'ignorance qui d'abord assiègent du dehors et puis font une attaque en masse afin de subjuguer et de déposséder. Chaque fois qu'une telle attaque peut être vaincue et repoussée, un dégagement se produit dans l'être, un nouveau champ est gagné pour la Mère dans le mental, le vital ou le physique ou dans les parties adjacentes de la nature. La preuve que la place occupée par la Mère dans le vital augmente, se trouve dans le fait que maintenant vous opposez une plus grande résistance à ces assauts qui auparavant vous dominaient complètement.

Être capable d'appeler la présence ou la force de la Mère à de tels moments est la meilleure façon de faire face à la difficulté.

C'est avec la Mère qui est toujours auprès de vous et en vous que vous conversez. Le point important est d'entendre correctement, de sorte qu'aucune autre voix ne puisse imiter la sienne ou s'insinuer entre elle et vous.

***

Votre mental et votre être psychique sont concentrés sur le but spirituel et sont ouverts au Divin; c'est pourquoi la force descend sur la tête et jusqu'au cœur ; mais elle ne descend pas plus loin, car l'être vital et la conscience physique sont sous l'influence de la nature inférieure. Tant que l'être vital et l'être physique ne seront pas soumis ou qu'ils ne feront pas d'eux-mêmes appel à la vie supérieure, le conflit continuera probablement.

Que tout en vous se soumette. Rejetez tout autre désir ou intérêt, faites appel à la Shakti divine pour qu'elle ouvre la nature vitale et qu'elle fasse descendre le calme, la paix, la lumière et l'*ânanda* dans tous les centres. Aspirez et attendez avec foi et patience les résultats de votre aspiration. Tout dépend de la perfection de la sincérité ainsi que de l'intégralité de l'aspiration et de la consécration.

Le monde vous tourmentera tant qu'une partie quelconque de vous appartiendra au monde. C'est seulement si vous appartenez entièrement au Divin que vous pouvez devenir libre.

***

Celui qui n'a pas le courage de faire face, avec patience et fermeté, à la vie et à ses difficultés, ne sera jamais capable de venir à bout des bien plus grandes difficultés intérieures de la sâdhanâ. La première leçon dans notre yoga est d'affronter la vie et ses épreuves avec un mental tranquille, un ferme courage et une confiance complète en la Shakti divine.

***

Le suicide est une solution absurde. Cette personne se trompe tout à fait en pensant que cela lui donnera la paix ; elle ne fera qu'emporter ses difficultés au-delà, dans des conditions de vie plus misérables, pour les rapporter dans une autre vie sur terre. Le seul remède est de se débarrasser de ces idées morbides et d'affronter la vie avec la volonté claire d'accomplir une œuvre déterminée comme son but et avec un courage tranquille et actif.

***

La sâdhanâ doit être faite dans le corps ; elle ne peut pas être faite par l'âme sans un corps. Quand le corps tombe, l'âme s'en va errer dans d'autres mondes et finalement elle revient à une autre vie dans un autre corps. Et dans la vie nouvelle elle retrouve toutes les difficultés qu'elle n'avait pas résolues. Alors à quoi sert de quitter le corps ?

De plus, si on rejette son corps volontairement, on souffre beaucoup dans les autres mondes, et quand on renaît, c'est dans de pires conditions et non dans de meilleures. La seule chose sensée est d'affronter les difficultés et de les conquérir dès cette vie et dans ce corps.

***

Le but du yoga est toujours difficile à atteindre, mais celui-ci est plus difficile que tout autre, et il est fait seulement pour ceux qui en ont la vocation et la capacité, qui sont résolus à faire face à toute chose et à tout risque, même au risque de l'insuccès, et qui ont la volonté de progresser vers une complète absence d'égoïsme et de désir et vers une consécration entière.

***

Ne laissez rien ni personne intervenir entre vous et la force de la Mère. C'est de votre admission et de votre conservation de cette force, ainsi que de votre réponse à la vraie inspiration, que le succès dépend, et non d'aucune idée que le mental peut former. Même des idées et des projets qui pourraient autrement être utiles ne réussiront pas s'il n'y a pas derrière eux l'esprit véritable et la force et l'influence vraies.

***

La difficulté doit provenir d'un manque de confiance et d'obéissance. Car la méfiance et la désobéissance sont comme le mensonge (elles sont elles-mêmes des faussetés, basées sur des idées et des impulsions fausses), elles entravent l'action du pouvoir, l'empêchent de se faire sentir ou d'agir pleinement et diminuent la force de la protection.

Vous devez prendre la vraie attitude, non seulement dans votre concentration intérieure, mais aussi dans vos actions et vos mouvements extérieurs. Si vous le faites et que vous placiez tout sous le contrôle de la Mère, vous trouverez que les difficultés commencent à diminuer ou qu'elles sont beaucoup plus faciles à surmonter et que tout devient régulièrement plus facile.

Dans votre travail et vos actions, il faut faire comme dans votre concentration. Ouvrez-vous à la Mère, mettez tout sous sa direction, appelez la paix, la puissance qui soutient, la protection et, afin qu'elles puissent agir, rejetez toutes les mauvaises influences qui pourraient intervenir en créant des mouvements faux, négligents ou inconscients.

Suivez ce principe, et votre être entier s'unifiera, sous une direction unique, dans la paix, la lumière et le pouvoir qui abrite.

***

Quand j'ai dit d'être fidèle à la lumière de l'âme et à l'appel du Divin, je ne faisais allusion à rien dans le passé ni à aucun manquement de votre part. J'affirmais seulement le grand besoin, dans toutes les crises et toutes les attaques, de refuser d'écouter aucune suggestion, aucune impulsion, aucun leurre et de leur opposer à tous l'appel de la vérité, le signe impératif de la lumière. Dans tous les doutes et toutes les dépressions, dire : « J'appartiens au Divin, je ne peux échouer. » A toutes les suggestions d'impureté et d'incapacité, répondre : « Je suis un enfant d'immortalité, choisi par le Divin ; je n'ai qu'à être fidèle à moi-même et à Lui ; la victoire est certaine ; même si je tombais, je me relèverais. » A toutes les impulsions de partir et de servir un plus petit idéal, répliquer : « Celui-ci est le plus grand, il est la vérité qui seule peut satisfaire mon âme ; je supporterai toutes les épreuves et toutes les tribulations jusqu'à l'aboutissement final du voyage divin. » Voilà ce que je veux dire par fidélité à la lumière et à la vocation.

Chapitre quatrième

Le désir, la nourriture, le sexe

Tous les mouvements vitaux ordinaires sont étrangers à l'être véritable et viennent du dehors ; ils n'appartiennent pas à l'âme, ni ne sont engendrés par elle, ce sont des vagues de la nature générale, *Prakriti*.

Les désirs viennent du dehors, pénètrent dans le vital subconscient et remontent à la surface. Nous ne devenons conscients du désir que lorsqu'il paraît à la surface et que le mental le perçoit. Il nous semble être nôtre, parce que nous le sentons monter ainsi du vital au mental et que nous ne savons pas qu'il vient du dehors.

Ce qui appartient en propre au vital, à l'être, ce qui le rend responsable, ce n'est pas le désir lui-même, mais l'habitude de répondre aux vagues ou aux courants de suggestions qui, de la Prakriti universelle, entrent en lui.

***

Le rejet du désir consiste essentiellement à rejeter l'élément de convoitise en l'expulsant de la conscience elle-même, comme un élément étranger qui n'appartient pas au vrai soi et à la nature intérieure. Mais le refus d'obéir aux suggestions du désir fait aussi partie du rejet ; s'abstenir de l'action suggérée, si elle n'est pas l'action correcte, doit être inclus dans la discipline yoguique. C'est seulement quand le rejet est fait de la mauvaise manière, suivant un principe mental ascétique ou un sévère principe moral, qu'on peut l'appeler suppression.

La différence entre la suppression et le rejet intérieur essentiel est celle qui existe entre une maîtrise mentale, ou morale, et une purification spirituelle.

Quand on vit dans la vraie conscience, on sent les désirs hors de soi, venant du dehors, pénétrant de la Prakriti universelle inférieure dans le mental et le vital. Dans la condition humaine ordinaire on ne le sent pas ; les hommes prennent conscience du désir seulement lorsqu'il est là, quand il est entré et qu'il a trouvé en eux un gîte ou un accueil habituel, et par suite ils pensent qu'il leur est propre et fait partie d'eux-mêmes. La première condition pour se débarrasser du désir est donc d'acquérir la vraie conscience, car il est alors beaucoup plus facile de le chasser que si l'on doit lutter contre lui comme contre une partie constituante de l'être qu'il faudrait rejeter loin de soi. Il est plus aisé de se débarrasser d'une accrétion que d'amputer ce que l'on sent être un morceau de soi-même.

Quand l'être psychique est au premier plan, il devient facile de se libérer du désir, car l'être psychique en lui-même n'a aucun désir ; il aspire au Divin, le recherche et l'aime, ainsi que toutes choses qui appartiennent au Divin ou tendent vers lui. La prééminence constante de l'être psychique aboutit d'elle-même à faire venir à la surface la vraie conscience et à rectifier presque automatiquement les mouvements de la nature.

***

Exigence et désir ne sont que deux aspects de la même chose. De plus il n'est pas nécessaire qu'un sentiment soit inquiet ou agité pour que ce soit un désir ; le désir peut être au contraire tranquillement résolu et obstiné ou revenir avec persistance.

Les exigences et les désirs viennent du mental ou du vital ; mais le besoin psychique ou spirituel est une chose différente. Le psychique ne désire ni n'exige — il aspire. Il ne pose pas de conditions à sa soumission et ne se retire pas si son aspiration n'est pas immédiatement satisfaite, car le psychique a une confiance complète dans le Divin ou le gourou et peut attendre le moment propice ou l'heure de la Grâce divine.

Le psychique a sa propre insistance, mais il fait pression sur la nature, non pas sur le Divin. Jamais satisfait de lui-même ni de la nature, jusqu'à ce que celle-ci soit complètement ouverte au Divin, libérée de toutes les formes de l'ego, soumise, simple et droite dans son attitude et tous ses mouvements, le psychique place son doigt de lumière sur tous les défauts qui en elle font obstacle à la réalisation, et passe au crible tout ce qui, dans l'expérience ou les mouvements du yoga, est mélangé, ignorant ou imparfait.

Voilà ce qui doit être entièrement établi dans le mental, le vital et la conscience physique avant que la supramentalisation de toute la nature soit possible. Autrement on n'obtient que des illuminations et des expériences plus ou moins brillantes, mi-lumineuses mi-nuageuses, sur les plans mental, vital et physique, inspirées soit par un mental ou un vital plus vastes, soit au mieux par les étendues mentales situées au-dessus des régions humaines, entre l'intellect et le surmental. Jusqu'à un certain point ces expériences peuvent être très stimulantes et satisfaisantes, et elles sont bonnes pour ceux qui veulent avoir des réalisations spirituelles sur ces plans ; mais la réalisation supramentale est beaucoup plus difficile et exigeante dans ses conditions, et le plus difficile de tout est de la faire descendre jusqu'au niveau physique.

***

Il faut longtemps pour se libérer entièrement du désir. Mais si une fois vous réussissez à le repousser hors de votre nature et à comprendre que c'est une force qui vient du dehors et enfonce ses griffes dans le vital et le physique, vous pourrez plus facilement vous débarrasser de l'envahisseur.

Vous êtes trop habitué à sentir le désir comme enraciné en vous ou faisant partie de vous ; cela vous rend plus difficile de lutter contre ses mouvements et de répudier son ancienne maîtrise sur vous.

Il ne faut vous appuyer sur aucune autre chose seule, si utile qu'elle puisse paraître, sans prendre appui principalement, en premier lieu et essentiellement, sur la force de la Mère. Le soleil et la lumière peuvent être une aide et le seront, s'ils sont le vrai soleil et la vraie lumière ; mais ils ne peuvent pas remplacer la force de la Mère.

***

Les besoins d'un *sâdhak* doivent être aussi peu nombreux que possible, car il y a seulement un très petit nombre de choses qui soient vraiment indispensables à la vie. Les autres ne sont qu'utiles ou décoratives ou sont des objets de luxe. Un yogin n'a le droit de posséder celles-ci ou d'en jouir qu'à une des deux conditions suivantes :

1) S'il les utilise durant sa sâdhanâ uniquement pour s'entraîner à posséder les choses sans attachement ni désir et pour apprendre à s'en bien servir en harmonie avec la volonté divine, avec le maniement approprié, l'organisation, l'arrangement et la mesure corrects ; ou

2) S'il a déjà atteint la vraie libération du désir et qu'il ne soit d'aucune façon ni le moins du monde troublé ou affecté par la perte, le retrait ou la privation.

Si le *sâdhak* a de la convoitise, du désir, des exigences, s'il revendique la possession ou la jouissance, ou qu'il ait de l'anxiété, du chagrin, de la colère ou du dépit en cas de refus ou de perte, il n'est pas libre en esprit, et l'emploi qu'il fait des choses qu'il possède est contraire au principe de la sâdhanâ. Et même s'il est libre en esprit, il ne sera prêt pour la possession qu'après avoir appris à se servir des choses non pour lui-même, mais suivant la divine volonté, comme un instrument, avec la connaissance et l'action correctes dans leur emploi, pour le bon équipement d'une vie vécue non pour lui-même, mais pour le Divin et dans le Divin.

***

L'ascétisme n'est pas, en lui-même, l'idéal de notre yoga ; mais la maîtrise de soi dans le vital et l'ordre strict dans le matériel en constituent une très importante partie. Et même une discipline ascétique est plus favorable à notre dessein qu'une molle absence de vraie maîtrise. L'empire sur la matière ne veut pas dire avoir de grandes possessions et les détériorer ou les gaspiller avec prodigalité, à mesure qu'elles viennent, ou même plus vite. Cela implique l'utilisation vraie et soigneuse des choses et aussi la maîtrise de soi dans leur emploi.

***

Si vous voulez suivre le yoga, il vous faut prendre de plus en plus et en toutes circonstances, petites ou grandes, l'attitude yoguique. Sur notre chemin cette attitude n'est pas la suppression violente, mais le détachement et l'équanimité à l'égard des objets du désir. La suppression violente (le jeûne entre dans cette catégorie) se trouve au même niveau que la licence. Dans les deux cas le désir demeure ; dans le dernier il est nourri par la licence et dans l'autre il demeure latent, exacerbé par la suppression. C'est seulement quand vous vous tenez en arrière, quand vous vous séparez du vital inférieur et refusez de considérer comme vôtres ses désirs et ses réclamations, et quand vous cultivez une égalité et une équanimité complètes dans la conscience en ce qui les concerne, que le vital inférieur lui-même se purifie graduellement et devient lui aussi calme et égal. Chaque vague de désir, quand elle vient, doit être observée aussi tranquillement et avec autant d'immuable détachement que si vous regardiez quelque chose qui se produirait en dehors de vous, et vous devez la laisser passer, la rejeter de la conscience et mettre avec persistance à sa place le vrai mouvement et la vraie conscience.

***

Ce qui est contraire à l'esprit du yoga, c'est l'attachement à ce que l'on mange, la gourmandise et la convoitise, qui font de la nourriture une partie indûment importante de la vie. Être conscient qu'un aliment est agréable au palais n'est pas une faute ; seulement on ne doit éprouver ni désir, ni envie pour lui, ni exultation de l'avoir, ni regret ou déplaisir de ne pas l'avoir. Il faut être calme avec équanimité, sans trouble ni mécontentement quand la nourriture est insipide ou peu abondante, et manger la quantité nécessaire — ni plus ni moins. Il ne doit y avoir ni envie ni répugnance.

Penser tout le temps à la nourriture et en préoccuper le mental est une manière tout à fait mauvaise de se débarrasser du désir pour elle. Mettez l'élément nourriture à sa vraie place dans la vie, dans un petit coin, et ne vous concentrez pas sur lui, mais sur d'autres choses.

***

Ne laissez pas votre mental se préoccuper de la nourriture. Prenez-en la quantité nécessaire, ni trop ni trop peu, sans convoitise ni répulsion, comme le moyen que vous donne la Mère d'entretenir votre corps, dans le véritable esprit, en offrande au Divin en vous. Dans ce cas la nourriture ne créera pas de tamas.

***

La suppression totale du goût, *rasa*, ne fait pas partie de notre yoga. Ce qu'il faut rejeter, c'est le désir vital et l'attachement, la gourmandise, l'exultation quand on a la nourriture que l'on aime, le chagrin et le mécontentement quand on ne l'a pas, et l'habitude de lui donner une importance excessive. En ceci, comme en bien d'autres choses, l'équanimité est la pierre de touche.

***

L'idée de cesser de manger est une mauvaise inspiration. On peut subsister avec une petite quantité de nourriture, mais pas sans nourriture du tout, excepté pour un temps relativement court. Souvenez-vous de ce que dit la Gîtâ : « Le yoga n'est pas pour celui qui mange avec excès, ni pour celui qui s'abstient complètement de manger. »

De l'énergie vitale, on peut beaucoup en absorber sans nourriture, et souvent elle augmente par le jeûne ; mais la substance physique, sans laquelle la vie perd son support, est d'un autre ordre.

***

Ne négligez pas cette tendance de la nature (le désir de la nourriture), mais n'en faites pas trop de cas. On doit s'en occuper, la purifier et la maîtriser, mais sans lui attacher trop d'importance.

Il y a deux manières de la conquérir. L'une est le détachement : apprendre à considérer la nourriture seulement comme une nécessité physique et ne donner aucune importance à la satisfaction vitale du palais et de l'estomac. L'autre est d'être capable de prendre sans insistance toute nourriture qui vous est donnée et d'y trouver (quel que soit le jugement des autres) le *rasa*, identique en tout, non pas de la nourriture en elle-même, mais de l'universel *ânanda*.

***

Négliger le corps et le laisser s'épuiser est une erreur ; le corps est l'instrument de la sâdhanâ et doit être gardé en bon état. Il ne faut pas avoir d'attachement pour lui, mais pas de mépris non plus, ni de négligence pour la partie matérielle de notre nature.

Le but de ce yoga-ci n'est pas seulement l'union avec la conscience supérieure, mais la transformation de la conscience inférieure, y compris la nature physique, avec l'aide du pouvoir de la conscience supérieure.

Il n'est pas nécessaire pour manger d'avoir de la gourmandise ou du désir pour la nourriture. Le yogin ne mange pas par désir, mais pour sustenter son corps.

***

C'est un fait que par le jeûne, si le mental et les nerfs sont solides ou que la volonté soit dynamique, on peut atteindre, pour un temps, un état d'énergie et de réceptivité intérieures attrayant pour le mental, et que les réactions habituelles de faim, de faiblesse, de dérangement intestinal, etc... peuvent être entièrement évitées. Mais le corps souffre de la diminution de nourriture, et dans le vital se développe facilement une condition morbide de surtension, due à l'irruption de plus d'énergie vitale que le système nerveux ne peut en assimiler ou en coordonner. Les gens nerveux doivent éviter la tentation du jeûne ; il est souvent accompagné ou suivi d'aberrations et d'une perte d'équilibre.

Spécialement s'il a comme motif la grève de la faim, ou que cet élément intervienne, le jeûne devient périlleux, car dans ce cas on cède à un mouvement vital qui peut facilement devenir une habitude pernicieuse, nuisible à la sâdhanâ.

Même si toutes ces réactions sont évitées, le jeûne n'a tout de même pas une utilité suffisante puisque l'énergie et la réceptivité supérieures devraient venir, non par des moyens artificiels ou physiques, mais par l'intensité de la conscience et la forte volonté de sâdhanâ.

***

La transformation à laquelle nous aspirons est trop vaste et trop complexe pour se produire d'un seul coup ; il faut lui permettre de se faire par étapes. Le changement physique est la dernière de ces étapes, et il a lui-même une marche progressive.

La transformation intérieure ne peut être obtenue

par des moyens physiques, qu'ils soient de nature positive ou négative. À l'opposé, le changement physique lui-même ne peut être accompli que par une descente de la plus haute conscience supramentale dans les cellules du corps. Jusqu'alors au moins, le corps et les énergies qui le supportent doivent être partiellement soutenus par les moyens ordinaires, nourriture, sommeil, etc. La nourriture doit être prise dans le vrai esprit, avec la vraie conscience; et le sommeil progressivement changé en repos yoguique.

Des austérités physiques prématurées et excessives (*tapasyâ*) peuvent compromettre la marche de la sâdhanâ en provoquant le dérangement et l'irrégularité des forces dans les différentes parties du système. Il est possible alors qu'une grande énergie se répande dans les parties mentales et vitale , mais les nerfs et le corps risquent d'être surmenés et de perdre la force de supporter le jeu de ces énergies supérieures. C'est pourquoi des austérités physiques extrêmes ne font pas partie ici de la sâdhanâ comme élément indépendant.

Il n'y a pas de mal à jeûner de temps à autre pendant un ou deux jours, à réduire la nourriture à une quantité petite mais suffisante ; cependant une entière abstinence pour une plus longue période n'est pas à recommander.

***

Le *sâdhak* doit éviter complètement tout envahissement du vital et du physique par l'impulsion sexuelle, car s'il ne conquiert pas l'impulsion sexuelle, la conscience divine et l'*ânanda* divin ne pourront pas s'établir dans le corps.

***

Il est vrai que la simple suppression ou la répression du désir ne suffisent point ; en elles-mêmes elles ne sont pas réellement efficaces. Cependant il ne s'ensuit pas que l'on doive assouvir ses désirs ; il ne faut pas non plus seulement les réprimer, mais les rejeter de la nature. Le désir doit être remplacé par une aspiration exclusive vers le Divin.

Pour ce qui est de l'amour, il doit être tourné uniquement vers le Divin. Ce que les hommes appellent de ce nom est un échange vital pour la satisfaction réciproque du désir, de l'impulsion vitale ou du plaisir physique. Rien de cet échange ne doit avoir lieu entre les *sâdhaks*, car le rechercher ou encourager ce genre d'impulsion ne peut que conduire loin de la sâdhanâ.

***

Tout le principe de notre yoga est de se donner entièrement au Divin seul et à personne ni à rien d'autre, et de faire descendre en nous par l'union avec le pouvoir de la Mère divine toute la lumière, la force, l'ampleur, la paix, la pureté, la conscience de vérité et l'*ânanda* transcendants du Divin supramental. Par conséquent il ne peut y avoir dans ce yoga aucune place pour des relations vitales ou des échanges vitaux avec autrui. Toute relation ou tout échange de ce genre enchaîne immédiatement l'âme à la conscience et à la nature inférieures, empêche la vraie et pleine union avec le Divin et entrave à la fois l'ascension vers la conscience de vérité supramentale et la descente de l'Ishvarî Shakti supramentale. Ce serait encore bien pis si cet échange prenait la force d'une relation ou d'une jouissance sexuelles, même si elles étaient libres de toute expression extérieure ; c'est pourquoi ces choses sont absolument interdites dans la sâdhanâ. Il va sans dire qu'aucun acte physique de ce genre n'est permis ; mais toute forme plus subtile même en est prohibée. C'est après nous être unis au Divin supramental que nous pouvons trouver notre vraie relation avec les autres dans le Divin ; dans l'unité supérieure, il n'y a pas de place pour ce genre de mouvement vital, inférieur et grossier.

En maîtrisant l'impulsion sexuelle — en devenant si bien le maître du centre sexuel que son énergie soit tirée vers le haut au lieu d'être jetée au-dehors et gaspillée — on peut en effet changer la force de la semence en une énergie physique fondamentale supportant toutes les autres, on peut changer *retas* en *ojas*. Mais nulle erreur ne pourrait être plus dangereuse que d'accepter que le désir sexuel et sa satisfaction sous une forme subtile quelconque s'y mélangent, et de considérer cela comme faisant partie de la sâdhanâ. Ce serait la façon la plus efficace de se diriger droit vers une chute spirituelle et de répandre dans l'atmosphère des forces qui bloqueraient la descente du supramental et feraient descendre, en son lieu, des puissances vitales adverses, provoquant le trouble et le désastre. Au cas où cette déviation essaierait de se produire, il faudrait absolument la rejeter et l'éliminer de la conscience, si l'on veut que la vérité descende et que l'œuvre s'accomplisse.

C'est aussi une erreur de croire que, bien qu'il faille abandonner l'acte sexuel physique, sa reproduction interne puisse faire partie de la transformation du centre sexuel. L'action de l'énergie sexuelle animale dans la nature est un artifice en vue d'un but particulier pour le bon ordre de la création matérielle dans l'ignorance. Mais l'excitation vitale qui l'accompagne crée dans l'atmosphère l'occasion et la vibration les plus favorables à l'irruption de forces et d'êtres du vital dont justement toute l'occupation consiste à empêcher la descente de la lumière supramentale. Le plaisir attaché à l'acte sexuel est une dégradation et non une vraie forme du divin *ânanda*. Le vrai *ânanda* divin dans le physique a une qualité, une substance et un mouvement différents ; dans son essence il existe par lui-même, et sa manifestation ne dépend que de l'union intérieure avec le Divin. Vous avez parlé d'amour divin ; mais l'amour divin, quand il touche le physique, n'éveille pas ces vulgaires tendances du vital inférieur ; leur satisfaction ne peut que le repousser et le faire se retirer de nouveau vers les hauteurs, d'où il est déjà si difficile de le faire descendre dans la grossièreté de la création matérielle que lui seul peut transformer. Ne cherchez l'amour divin qu'à travers la seule porte par laquelle il consente à entrer — la porte de l'être psychique — et rejetez l'erreur du vital inférieur.

La transformation du centre sexuel et de son énergie est nécessaire à la *siddhi* physique, car ce centre est dans le corps le support de toutes les forces mentales, vitales et physiques de la nature. Il doit être transformé en une masse et un mouvement de lumière intime, de pouvoir créateur, de pur *ânanda* divin. Seule la descente de la lumière, de la puissance et de la paix supramentales dans ce centre peut le changer. Quant à son fonctionnement ultérieur, c'est la vérité supramentale et la vision et la volonté créatrices de la Mère divine qui le détermineront. Mais ce sera un effet de la vérité consciente, et non pas de l'obscurité et de l'ignorance auxquelles appartiennent le désir et la jouissance sexuels ; ce sera un pouvoir de préservation et de libre rayonnement sans désir des forces de vie, et non une dissipation dans le gaspillage.

Évitez d'imaginer que la vie supramentale sera seulement un accroissement de la satisfaction des désirs du vital et du corps. Rien ne peut être un plus grand obstacle à la descente de la vérité que cet espoir de glorification de l'animal dans la nature humaine. Le mental voudrait que l'état supramental fût une confirmation de ses propres idées et de ses préconceptions préférées ; le vital voudrait que ce fût une glorification de ses propres désirs ; le physique, que ce fût une riche prolongation de ses conforts, de ses plaisirs et de ses habitudes propres. S'il devait en être ainsi, ce serait seulement la consommation exagérée et très amplifiée de la nature animale et humaine, non la transformation de l'humain en divin.

Il est dangereux de penser à renoncer à « toute barrière de discernement et de défense contre ce qui essaie de descendre sur vous ». Avez-vous réfléchi à ce que cela voudrait dire si ce qui descend n'était pas en accord avec la vérité divine, peut-être même lui était contraire ? Une force adverse ne pourrait demander de meilleure condition pour obtenir la domination sur le chercheur. C'est seulement la force de la Mère et la vérité divine que l'on doit admettre sans barrière. Et même alors il faut garder le pouvoir de discernement, afin de déceler quoi que ce soit de faux qui se présenterait travesti en la force de la Mère ou en la vérité divine ; il faut aussi conserver le pouvoir qui permet de rejeter tout mélange.

Gardez la foi en votre destinée spirituelle ; retirez-vous de l'erreur et ouvrez davantage votre être psychique à la direction immédiate de la lumière et de la puissance de la Mère. Si la volonté centrale est sincère, chaque aveu d'erreur peut devenir un échelon vers un mouvement plus vrai et un progrès supérieur.

***

J'ai énoncé très brièvement dans ma lettre précédente ma position à l'égard de l'impulsion sexuelle et du yoga. J'ajouterai ici que mes conclusions ne sont fondées sur aucune opinion mentale, sur aucune idée morale préconçue, mais sur des faits probants et sur l'observation et l'expérience. Je ne nie pas que tant qu'on admet une sorte de séparation entre l'expérience intérieure et la conscience extérieure, cette dernière étant laissée à elle-même comme une activité inférieure, contrôlée mais pas transformée, il est tout à fait possible d'avoir des expériences spirituelles et de faire des progrès sans une cessation totale de l'activité sexuelle. Le mental se sépare du vital extérieur (éléments de vie) et de la conscience physique et vit sa propre vie interne. Mais cela, très peu de personnes seulement peuvent le faire d'une manière tant soit peu complète ; et dès que les expériences s'étendent aux plans vital et physique, on ne peut plus traiter le sexe de cette manière. A tout moment il peut devenir une force qui trouble, bouleverse et déforme. J'ai observé que, au même degré que l'ego (l'orgueil, la vanité et l'ambition) et les convoitises et désirs rajasiques, c'est une des causes principales des accidents spirituels qui se produisent dans la sâdhanâ. La tentative de le traiter par le détachement sans le rejeter totalement n'aboutit pas ; la tentative de le « sublimer », comme le préconisent beaucoup de mystiques modernes en Europe est une expérience tout à fait téméraire et périlleuse. Car c'est le mélange du sexe et de la spiritualité qui produit les plus grands ravages. Même la tentative de le « sublimer » en le tournant vers le Divin, comme dans la *madhura bhâva* vishnouïte, comporte de sérieux dangers, ainsi que le prouvent si souvent les mauvais résultats d'un faux mouvement ou d'un mauvais usage de cette méthode.

En tout cas dans notre yoga, qui ne recherche pas seulement l'expérience essentielle du contact avec le Divin, mais la transformation de tout l'être et de sa nature, j'ai trouvé que de viser à une complète maîtrise de la force sexuelle est une nécessité absolue de la sâdhanâ. Autrement la conscience vitale demeure un mélange trouble dont la turpidité affecte la pureté du mental spiritualisé et entrave sérieusement la tendance ascensionnelle des forces du corps. Ce yoga exige l'ascension complète de toute la conscience inférieure ou ordinaire pour se joindre à la conscience spirituelle qui est au-dessus, et la pleine descente de la conscience spirituelle (finalement de la conscience supramentale) dans le mental, le vital et le corps pour les transformer. L'ascension totale est impossible tant que le désir sexuel bouche le chemin ; la descente est dangereuse tant que le désir sexuel a du pouvoir dans le vital. Car à tout moment un désir sexuel non rejeté ou resté latent peut être la cause d'un mélange qui repousse la vraie descente et se sert pour d'autres fins de l'énergie acquise, ou tourne toutes les actions de la conscience vers de fausses expériences, troubles et trompeuses. Il faut par conséquent se débarrasser de cet obstacle sur le chemin ; autrement il ne peut y avoir ni sécurité ni libre mouvement vers l'état final dans la sâdhanâ.

L'opinion contraire, dont vous parlez, provient peut-être de l'idée que le sexe est une partie naturelle de l'ensemble vital physique humain, une nécessité comme la nourriture et le sommeil, et que sa totale répression peut mener à un déséquilibre et à de sérieux désordres. C'est un fait que le sexe, si on supprime son activité extérieure, mais qu'on s'y livre d'autres manières, peut produire des désordres dans le système et des troubles cérébraux. Telle est la racine de la théorie médicale qui déconseille l'abstinence sexuelle. Mais j'ai remarqué que ces désordres n'arrivent que lorsqu'une satisfaction secrète et pervertie remplace l'activité sexuelle normale, ou qu'on se laisse aller à cette activité d'une manière vitale subtile au moyen de l'imagination ou par un échange vital invisible d'un genre occulte. Je ne pense pas qu'il se produise jamais aucun mal quand il y a un véritable effort spirituel vers la maîtrise et l'abstinence. Maintenant en Europe beaucoup d'autorités médicales soutiennent que l'abstinence sexuelle, *si elle est véritable*, est bienfaisante ; car l'élément du *retas* qui sert à l'acte sexuel est alors transformé dans l'autre élément qui nourrit les énergies du système — mentales, vitales et physiques — et c'est la justification de l'idée indienne du *brahmacharya* : la transformation de *retas* en *ojas* et l'ascension des énergies pour les changer en une force spirituelle.

Quant à la méthode pour arriver à la maîtrise, elle ne peut pas consister seulement en une abstinence physique ; elle agit par la combinaison du détachement et du rejet. La conscience se détache de l'impulsion sexuelle, la sent comme ne lui appartenant pas, comme quelque chose d'étranger jeté sur elle par la force de la nature et à quoi elle refuse de consentir ou de s'identifier ; un certain mouvement de refus la rejette chaque fois de plus en plus en dehors. Le mental reste impassible ; après quelque temps l'être vital, qui est le principal support de l'impulsion sexuelle, s'en retire de la même manière; enfin la conscience physique cesse de la soutenir. Ce processus continue jusqu'à ce que même le subconscient ne puisse plus la faire surgir dans le rêve et qu'aucun autre mouvement ne vienne de la force de la nature extérieure pour rallumer ce feu intérieur.

Telle est la marche quand les tendances sexuelles persistent avec obstination. Mais il y a des gens qui peuvent s'en débarrasser de façon décisive en les laissant tomber de la nature, promptement et radicalement. Cela cependant est plus rare. Il faut dire que l'élimination totale de l'impulsion sexuelle est une des choses les plus difficiles de la sâdhanâ, et l'on doit s'attendre à ce que cela prenne du temps. Mais sa disparition a été obtenue et il est assez commun d'en être pratiquement libéré, exception faite de quelques mouvements de rêve venant de temps à autre du subconscient.

***

Pour ce qui est de l'impulsion sexuelle, ne la considérez pas comme un péché à la fois horrible et attrayant, mais comme une erreur et un faux mouvement de la nature inférieure. Rejetez-la entièrement, non pas en luttant contre elle, mais en vous retirant d'elle, en vous détachant et en refusant votre consentement; regardez-la comme quelque chose qui ne vous est pas propre, mais qui vous est imposé par une force de la nature extérieure à vous. Refusez tout consentement à cette contrainte. S'il y a dans votre vital quoi que ce soit qui consente, faites pression sur cette partie pour qu'elle refuse son consentement. Appelez la force divine pour qu'elle vous aide dans votre retrait et votre refus. Si vous pouvez le faire tranquillement, résolument et patiemment, à la fin votre volonté intérieure l'emportera sur l'habitude de la nature extérieure.

***

Il n'y a pas de raison d'être à ce point déprimé ni de vous imaginer que vous avez échoué dans le yoga. Ce qui vous arrive n'est pas du tout un signe que vous êtes inapte au yoga. Cela veut dire simplement que l'impulsion sexuelle, qui a été rejetée par les parties conscientes, s'est réfugiée dans le subconscient, probablement quelque part dans le vital physique inférieur et dans la conscience la plus physique où il y a des régions qui ne sont pas encore ouvertes à l'aspiration et à la lumière. La persistance dans le sommeil de choses qui sont rejetées de la conscience de veille est un événement tout à fait commun au cours de la sâdhanâ.

Le remède est : 1°) de faire descendre la conscience supérieure, sa lumière et l'action de son pouvoir dans les parties les plus obscures de la nature ; 2°) de devenir progressivement plus conscient dans le sommeil, d'acquérir une conscience intérieure qui perçoive l'action de la sâdhanâ dans le rêve comme dans la veille ; 3°) d'obtenir que la volonté et l'aspiration de veille fassent pression sur le corps durant le sommeil.

Pour utiliser ce dernier moyen, il faut faire au corps avant de s'endormir une suggestion forte et consciente que l'accident ne se produira pas. Plus la suggestion est concrète et physique, plus elle est dirigée directement sur le centre sexuel, mieux c'est. Au début l'effet peut ne pas être immédiat ou invariable ; mais généralement ce genre de suggestion, si on sait la faire, réussit à la fin. Même quand elle n'empêche pas le rêve, très souvent elle éveille la conscience au-dedans à temps pour empêcher les conséquences indésirables.

C'est une erreur de se laisser déprimer par des échecs répétés dans la sâdhanâ. On doit être calme, persévérant et plus obstiné que la résistance.

***

Le tracas de l'impulsion sexuelle disparaîtra sûrement si vous êtes sincère dans votre volonté de vous en débarrasser. La difficulté est que certaines parties de votre nature (spécialement le vital inférieur et le subconscient qui sont actifs pendant le sommeil) gardent la mémoire de ces mouvements et y restent attachés, et que vous n'ouvrez pas ces parties pour leur faire accepter la lumière et la force de la Mère qui les purifieraient. Si vous le faisiez et au lieu de vous lamenter, de vous tourmenter, et de vous accrocher à l'idée que vous ne pouvez pas vous libérer de ces mouvements, si vous insistiez tranquillement avec une foi calme et une résolution patiente sur leur disparition, en vous en séparant, en refusant de les accepter ou de les considérer le moins du monde comme faisant partie de vous-même, au bout d'un certain temps, ils perdraient leur force et s'éteindraient.

***

La difficulté sexuelle n'est sérieuse qu'autant qu'elle obtient le consentement du mental et de la volonté vitale. Si elle est repoussée du mental, c'est-à-dire si le mental refuse son consentement, mais que l'élément vital y réponde, elle survient comme une grande vague de désir vital et essaye d'entraîner par force le mental avec elle. Si elle est chassée aussi du vital supérieur, du cœur et de la force de vie dynamique possessive, elle se réfugie dans le vital inférieur et se présente sous la forme de suggestions et d'incitations moindres. Refoulée du niveau du vital inférieur, elle descend dans le physique obscur où tout est répétition inerte, et elle s'exprime sous forme de sensations dans le centre sexuel et de réponse mécanique aux suggestions. Chassée de là aussi, elle s'enferme dans le subconscient et en remonte sous forme de rêves et d'émissions nocturnes, même sans rêves. Mais, où qu'elle se retire, elle essaye encore, de cette base ou de ce refuge, de troubler pendant quelque temps et de reconquérir l'assentiment des éléments supérieurs, jusqu'à ce que la victoire soit complète et qu'elle soit expulsée même de la conscience environnante qui est l'extension de nous-même jusque dans la nature générale ou universelle.

***

Quand le psychique met son influence sur le vital, la première chose à éviter soigneusement est la moindre intrusion d'un mouvement vital faux dans le mouvement psychique. La luxure est une perversion ou une dégradation qui empêche l'amour d'établir son règne. Ainsi quand le cœur est pénétré du mouvement de l'amour psychique, il faut en interdire l'accès à la luxure et au désir vital plus qu'à tout autre chose ; de même que lorsque la force descend des hauteurs, l'ambition et la vanité personnelles doivent être tenues à une grande distance, car le moindre mélange de perversion corromprait l'action psychique et spirituelle et empêcherait le véritable accomplissement.

***

Le *prânâyâma* et les autres pratiques physiques comme les *âsanas* ne déracinent pas nécessairement le désir sexuel. Comme elles augmentent énormément la force vitale dans le corps, elles peuvent même parfois exagérer aussi d'une façon surprenante la force de la tendance sexuelle, qui, étant à la base de la vie physique, est toujours difficile à conquérir.

La seule chose à faire est de se séparer de ces mouvements, de découvrir son être intérieur et de vivre en lui. Ces mouvements n'apparaîtront plus désormais comme appartenant à l'être, mais comme étant imposés par la *prakriti* extérieure sur le soi intérieur ou *purusha*. Ils peuvent alors être plus facilement rejetés ou réduits à rien.

***

Ce genre d'attaque sexuelle pendant le sommeil ne dépend pas beaucoup de la nourriture, ni de quoi que ce soit d'extérieur ; c'est une habitude mécanique dans le subconscient. Quand l'impulsion sexuelle est rejetée ou exclue des pensées et des sentiments de veille, elle vient sous cette forme dans le sommeil, car à ce moment le subconscient seul est actif et la conscience n'a aucune autorité. C'est un signe que le désir sexuel, dompté dans le mental et le vital de veille, n'est pas éliminé des éléments de la nature physique.

Pour l'éliminer on doit avoir soin d'abord de n'entretenir aucune imagination, ni aucun sentiment sexuels à l'état de veille, ensuite de placer une forte volonté sur le corps, et spécialement sur le centre sexuel, afin que rien de ce genre ne se produise pendant le sommeil. Il se peut que cela ne réussisse pas immédiatement, mais si l'on persévère longtemps, cela a généralement un résultat ; le subconscient commence à obéir.

***

Molester la chair n'est pas un remède contre l'impulsion sexuelle, quoique cela puisse être une diversion temporaire. C'est le vital, et principalement le vital physique, qui éprouve la perception sensorielle comme un plaisir ou son opposé.

La réduction du régime alimentaire n'a pas en général un effet permanent. Elle peut donner un plus grand sens de pureté du physique, alléger le système et diminuer certains genres de *tamas*. Mais l'impulsion sexuelle peut très bien s'accommoder d'une alimentation réduite. Ce n'est pas par des moyens physiques, mais par un changement dans la conscience, que ces choses peuvent être surmontées.

***

La difficulté que vous éprouvez à vous débarrasser du primitif en vous persistera tant que vous essayerez de changer votre vital uniquement ou principalement par la force de votre volonté mentale, en appelant tout au plus à votre aide un pouvoir divin indéfini et impersonnel. C'est une vieille difficulté qui n'a jamais été radicalement résolue dans la vie elle-même, parce qu'on ne l'a jamais affrontée de la vraie manière. Dans beaucoup de voies de yoga cela n'a pas une aussi suprême importance, parce que le but n'est pas de transformer la vie, mais de lui échapper. Quand tel est l'objet de l'entreprise il peut suffire de maintenir le vital par une contrainte mentale et morale ou de l'immobiliser et de le tenir en repos dans une sorte de sommeil et de quiétude. Il y a même des gens qui lui permettent de courir afin qu'il s'épuise s'il le peut, tandis que son possesseur professe n'être ni affecté ni intéressé ; car, disent-ils, c'est simplement la vieille nature qui poursuit son mouvement sous l'impulsion du passé et qui disparaîtra avec la chute du corps.

Quand aucune de ces solutions ne peut être obtenue, le *sâdhak* mène quelquefois simplement une vie interne double, divisé jusqu'au bout entre ses expériences spirituelles et ses faiblesses vitales, donnant le plus d'importance possible à la meilleure partie de lui-même et le moins possible à son être extérieur.

Mais aucune de ces méthodes ne convient à notre but. Si vous voulez la vraie maîtrise et la transformation des mouvements du vital, cela peut se faire seulement à condition de permettre à votre être psychique — l'âme en vous — de s'éveiller pleinement, d'établir son autorité, de tout ouvrir à l'action de la divine Shakti et d'imposer au mental, au cœur et à la nature vitale sa propre attitude de pure dévotion, d'aspiration ardente et d'élan total et ferme vers tout ce qui est divin. Il n'y a pas d'autre moyen et cela ne sert à rien de soupirer après un chemin plus confortable. *Nânyah panthâ vidyate ayanâya.*

Chapitre cinquième

La conscience physique, le subconscient, le sommeil et les rêves, la maladie

Notre but est la réalisation supramentale, et nous devons faire, dans les conditions de chaque phase, tout ce qui est nécessaire pour l'atteindre ou nous en rapprocher. A présent la nécessité qui s'impose est de préparer la conscience physique ; pour cela on doit établir dans les parties vitales inférieures et physiques une paix et une équanimité complètes et une consécration entière, libres de toute exigence et de tout désir personnel.

D'autres choses peuvent venir en leur temps. Ce qui est maintenant nécessaire, c'est l'ouverture du psychique dans la conscience physique et sa présence et sa direction constantes.

***

Ce que vous me décrivez est la conscience matérielle. Elle est surtout subconsciente ; mais même sa partie consciente est mécanique, inertement mue par les habitudes ou par les forces de la nature inférieure. Répétant toujours les mêmes mouvements, sans intelligence et sans lumière, elle est attachée à la routine et à la règle établie de ce qui existe déjà ; elle se refuse à changer et à recevoir la lumière ou à obéir à la force supérieure. Ou si elle en a la volonté, elle n'en a pas la capacité. Et même si elle en a la capacité, elle change l'action qui lui est donnée par la lumière et la force en une nouvelle routine mécanique, et ainsi lui retire toute âme et toute vie. Elle est sombre, stupide, indolente, pleine d'ignorance et d'inertie, de l'obscurité et de la lenteur de *tamas*.

C'est dans cette conscience matérielle que nous nous efforçons d'introduire d'abord la lumière, le pouvoir et l'*ânanda* supérieurs (spirituels ou divins) et ensuite la vérité supramentale qui est l'objet de notre yoga.

***

Vous êtes encore conscient de la conscience la plus physique ; il en est ainsi chez presque tout le monde. Quand on pénètre en elle pleinement ou exclusivement, on la sent comme celle d'un animal, soit obscure et agitée, soit inerte et stupide, et, dans les deux cas, fermée au Divin. C'est seulement en y amenant la force et la conscience supérieures qu'on peut la changer essentiellement. Quand ces mouvements se montrent, ne soyez pas bouleversé par leur apparition, mais comprenez qu'ils se présentent pour être transformés.

Ici comme partout ailleurs, la tranquillité est la première chose requise. Il faut garder la conscience paisible, ne pas lui permettre l'agitation et le tumulte, puis dans la tranquillité appeler la force pour qu'elle illumine toute cette obscurité et la transforme.

***

« A la merci des bruits extérieurs et des sensations corporelles externes », « n'ayant pas le pouvoir de quitter la conscience extérieure à volonté », « toute la tendance de l'être éloignée du yoga » — tout cela s'applique indiscutablement au mental et à la conscience physiques quand ils s'isolent pour ainsi dire et occupent toute la surface, poussant le reste à l'arrière-plan.

Quand une partie de l'être est amenée en avant pour être soumise au travail de transformation, ce genre d'invasion qui occupe tout et l'activité prédominante de cette partie — comme si elle seule existait — se produisent très souvent ; et malheureusement c'est toujours ce qui doit être changé — les conditions indésirables, les difficultés de cette partie — qui se lève d'abord, occupe le champ de la conscience et revient obstinément. Dans le physique, c'est l'inertie, l'obscurité, l'incapacité qui montent à la surface avec leur habituelle obstination. La seule chose à faire dans cette phase désagréable est d'être encore plus obstiné que l'inertie physique et de persévérer dans une tentative résolue, avec une ferme persistance, sans conflit agité, de se faire une ouverture vaste et permanente même à travers le roc solide de l'obstruction.

***

Ces variations de conscience pendant le jour sont communes à presque tout le monde dans la sâdhanâ. Les oscillations, les relâchements, les rechutes dans une condition inférieure, normale ou antérieure, hors d'une condition supérieure dont on a l'expérience, mais qui n'est pas encore fixée dans la réalisation, ou bien qui est réalisée, mais pas encore parfaitement stable, deviennent très fortes et marquées quand la sâdhanâ travaille dans la conscience physique. Car il y a dans la nature physique une inertie qui ne permet pas facilement à l'intensité, naturelle à la conscience supérieure, de rester invariable ; le physique retombe toujours dans quelque chose de plus ordinaire. La conscience supérieure et sa force doivent travailler longtemps et revenir à maintes reprises avant qu'elles ne deviennent constantes et normales dans la nature physique. Ne soyez pas troublé ou découragé par ces variations et ce retard, quelque longs et ennuyeux qu'ils soient ; ayez soin seulement d'être toujours tranquille — d'une tranquillité intérieure — et aussi ouvert que possible au pouvoir supérieur, sans permettre à aucune condition vraiment adverse de s'emparer de vous. S'il n'y a pas de vague adverse, alors le reste n'est que la persistance d'imperfections que tous ont en abondance ; la force doit travailler sur cette persistance et cette imperfection pour les éliminer ; mais pour cette élimination il faut du temps.

***

Vous ne devez pas vous laisser décourager par aucune persistance des mouvements de la nature vitale inférieure. Certains ont tendance à toujours persister et revenir jusqu'à ce que toute la nature physique ait changé par la transformation de la conscience la plus matérielle. Jusque-là leur pression se reproduit, quelquefois avec un renouveau de force, quelquefois avec moins de vigueur, comme une habitude mécanique. Retirez d'eux toute force de vie en refusant tout consentement mental ou vital ; alors l'habitude mécanique perdra son pouvoir d'influencer les pensées et les actions, et finalement cessera.

***

Le *mûlâdhâra* est le centre de la conscience physique propre ; et tout ce qui est au-dessous dans le corps est le pur physique qui, à mesure qu'il descend, devient de plus en plus subconscient ; mais le vrai siège du subconscient est au-dessous du corps, comme le vrai siège de la conscience supérieure (supraconsciente) est au-dessus du corps. On peut en même temps sentir le subconscient partout, le sentir comme quelque chose qui est sous les mouvements de la conscience et qui la supporte d'en dessous d'une certaine manière ou bien qui tire à lui la conscience vers le bas. Le subconscient est le principal support de tous les mouvements habituels, spécialement des mouvements du physique et du vital inférieur. Quand quelque chose est rejeté du vital ou du physique, cela descend généralement dans le subconscient et y reste comme une graine pour en remonter quand cela peut. C'est pourquoi il est si difficile de se débarrasser de mouvements vitaux habituels ou de changer le caractère ; car soutenus ou rafraîchis à cette source, préservés dans cette matrice, les mouvements vitaux, même lorsqu'ils sont supprimés ou réprimés, remontent encore et se reproduisent. L'action du subconscient est irrationnelle, mécanique et récurrente. Elle n'écoute pas la raison ni la volonté mentale. C'est seulement en y introduisant la lumière et la force d'en haut qu'on peut la changer.

***

Le subconscient est universel aussi bien qu individuel, comme toutes les autres parties principales de la nature. Mais il y a dans le subconscient des éléments et des plans différents. Tout sur terre est basé sur l'inconscient ; on l'appelle ainsi quoique réellement il ne soit pas du tout inconscient, mais plutôt une complète « subconscience », une conscience étouffée ou renfermée, qui contient tout, mais où rien n'est formulé ni exprimé. Le subconscient se trouve entre cet inconscient et la conscience du mental, de la vie et du corps. Il contient en puissance toutes les réactions primitives à la vie qui lutte pour émerger hors des rivages ternes et inertes de la matière, et qui forme, par un développement constant, une conscience lentement évoluée dans l'expression de soi ; il les contient, non pas comme des idées, des perceptions ou des réactions conscientes, mais comme la substance fluide de ces choses. De plus, tout ce dont on a l'expérience consciente s'enfonce dans le subconscient, non pas en tant que souvenirs précis quoique submergés, mais comme des impressions d'expérience à la fois obscures et obstinées ; et ces impressions peuvent à tout moment remonter sous forme de rêves, de répétitions mécaniques de pensées, de sentiments ou d'actions du passé, de « complexes » explosant en actions ou en événements, etc. C'est principalement à cause du subconscient que tout va se répétant et que jamais rien ne change qu'en apparence. C'est pourquoi les gens disent que le caractère ne peut être transformé, et c'est aussi la cause du constant retour de choses dont on espérait être débarrassé pour toujours. Toutes les semences sont là, ainsi que tous les *samskâras* du mental, du vital et du corps ; c'est le principal soutien de la mort et de la maladie et la dernière forteresse (imprenable à ce qu'il semble) de l'ignorance. De plus, tout ce qui est réprimé, mais pas complètement rejeté, s'y enfonce et y demeure comme des graines prêtes à monter à la surface ou à germer à la première occasion.

***

Le subconscient est la base évolutive en nous, ce n'est pas la totalité de notre nature cachée, ni l'entière origine de ce que nous sommes. Mais des choses peuvent surgir du subconscient et prendre forme dans les parties conscientes ; la plupart de nos plus petits instincts, mouvements, habitudes, formes de caractère, dans le vital et le physique, ont cette origine.

Il y a trois sources occultes de notre action : la supraconsciente, la subliminale, la subconsciente ; mais nous ne gouvernons aucune d'elles, ni même n'en sommes conscients. C'est de l'être de surface que nous avons conscience et il n'est qu'un arrangement instrumental. La source du tout est la nature générale : la nature universelle s'individualisant dans chaque personne ; car cette nature générale dépose en nous certaines habitudes de mouvement, de personnalité, de caractère, de facultés, de dispositions, de tendances, et tout cela, que ce soit formé maintenant ou avant notre naissance, est ce que généralement nous appelons nous-même. De cela une bonne part s'exprime en mouvements et utilisations habituels dans les parties de nous-même conscientes et connues à la surface ; une bien plus grande part est cachée dans les trois autres sources inconnues qui sont au-dessous et derrière la surface.

Mais ce que nous sommes à la surface est constamment mis en mouvement, changé, développé ou répété par les vagues de la nature générale venant sur nous, soit directement, soit indirectement, à travers les autres, à travers les circonstances, à travers des agents et des canaux variés. Quelques-unes de ces vagues coulent droit dans les parties conscientes et y agissent, mais notre mental, qui ignore leur source, se les approprie et considère tout cela comme lui appartenant ; quelques-unes entrent secrètement dans le subconscient ou s'y enfoncent, et y attendent l'occasion de s'élever jusqu'à la surface consciente ; un bon nombre vont dans le subliminal et peuvent à tout moment en sortir, ou bien n'en sortent pas et y restent plutôt comme des matériaux inutilisés.

Quelques-unes se présentent et sont refusées, renvoyées ou rejetées, ou reversées dans la mer universelle. Notre nature est une activité constante de forces qui nous sont fournies et avec lesquelles (ou plutôt avec une très petite quantité desquelles) nous faisons ce que nous voulons ou pouvons. Ce que nous faisons semble fixé et formé pour de bon, mais en réalité ce n'est qu'un jeu de forces, un courant, rien de fixe ou de stable ; l'apparence de la stabilité est fournie par la constante répétition, le constant retour des mêmes vibrations et formations. C'est pourquoi notre nature peut être changée, en dépit du dire de Vivekânanda et de l'adage d'Horace, en dépit de la résistance conservatrice du subconscient ; mais c'est une besogne difficile parce que cette répétition et cette récurrence obstinées constituent le mode dominant de la nature.

Quant aux choses de notre nature que nous rejetons par un refus mais qui reviennent, tout dépend de l'endroit où elles sont rejetées. Très souvent il y a en cela une sorte de méthode. Le mental rejette ses mentalités, le vital ses vitalités, le physique ses manières d'être ; les unes et les autres retournent généralement au domaine correspondant de la nature générale. Quand cela arrive, elles demeurent d'abord dans la conscience environnante que nous transportons avec nous et par laquelle nous communiquons avec la nature extérieure, et souvent de là se précipitent jusqu'à ce qu'elles soient refusées si absolument, ou rejetées si loin pour ainsi dire, qu'elles ne puissent plus revenir sur nous. Mais quand ce qui est rejeté par le mental qui veut et pense, est fortement supporté par le vital, cela quitte en effet le mental mais s'enfonce dans le vital, s'exaspère là et essaie d'en remonter et d'occuper de nouveau le mental pour forcer ou capturer notre acceptation. De même quand le vital supérieur (le cœur ou la force vitale plus large) rejette quelque chose, cela s'enfonce et prend refuge dans le vital inférieur avec toute sa masse de petits mouvements courants qui constituent notre mesquinerie quotidienne. Quand cela est rejeté aussi par le vital inférieur, cela s'enfonce dans la conscience physique et essaie de s'y fixer par inertie ou répétition mécanique. Rejeté même de là, cela entre dans le subconscient et remonte dans le rêve, la passivité ou l'extrême *tamas*. L'inconscient est le dernier refuge de l'ignorance.

Pour ce qui est des vagues qui reviennent de la nature générale, c'est la tendance naturelle des forces inférieures d'essayer de perpétuer leur action dans l'individu, de reconstruire ce qu'il a démoli de leurs dépôts en lui ; ainsi elles reviennent sur lui souvent avec une force accrue, même avec une violence prodigieuse, quand elles s'aperçoivent que leur influence est rejetée. Mais elles ne peuvent pas durer longtemps quand la conscience environnante est clarifiée, à moins que les « Hostiles » ne s'en mêlent. Dans ce cas, ceux-ci peuvent en effet attaquer ; mais si le *sâdhak* a pris position dans le soi intérieur, ils ne peuvent qu'attaquer et se retirer.

Il est vrai que nous apportons de nos vies passées la plus grande part de nous-même, ou plutôt de nos prédispositions, de nos tendances réactives à la nature universelle. L'hérédité n'affecte fortement que l'être extérieur ; même en celui-ci tous les effets de l'hérédité ne sont pas admis, mais seulement ceux qui sont en accord avec ce que nous devons être, ou en tout cas qui n'y sont pas opposés.

***

Le subconscient est fait d'habitudes et de souvenirs ; il répète constamment, ou chaque fois qu'il le peut, ce qui a été réprimé : vieilles réactions, anciens réflexes, réponses mentales, vitales ou physiques. On doit l'éduquer avec une pression encore plus persistante des parties supérieures de l'être afin qu'il abandonne ses vieilles réponses et qu'il en prenne de nouvelles et de vraies.

***

Vous ne savez pas combien l'être naturel ordinaire vit dans le physique subconscient. C'est là que les mouvements habituels, mentaux et vitaux, sont emmagasinés et c'est de là qu'ils remontent dans le mental éveillé. Chassés de la conscience supérieure, c'est dans cette caverne des Panis qu'ils trouvent refuge. N'étant plus autorisés à émerger librement dans l'état de veille, ils remontent dans le sommeil, en rêves. Ils cessent pour de bon seulement quand ils sont expulsés du subconscient et que leurs graines sont tuées par l'illumination de ces zones cachées. Quand votre conscience s'approfondira et que la lumière d'en haut descendra dans ces parties inférieures dissimulées, les choses qui maintenant se représentent de cette manière disparaîtront.

***

Il est certainement possible de tirer les forces d'en bas. Il se peut que ce soient les forces divines cachées en bas qui se lèvent à votre appel, et dans ce cas le mouvement ascendant complète le mouvement et l'effort de la force divine d'en haut, spécialement en aidant à l'amener dans le corps. Il se peut aussi que ce soient les forces obscures d'en bas qui répondent à l'invitation, et dans ce cas les tirer ainsi aboutit au *tamas* ou au désordre — quelquefois à de grandes masses d'inertie ou à un soulèvement et une confusion formidables.

Le vital inférieur est un plan très obscur, et il ne peut être avantageux de l'ouvrir pleinement que lorsque les autres plans au-dessus de lui ont été largement imprégnés de lumière et de connaissance. Celui qui se concentre sur le vital inférieur sans cette préparation plus élevée et sans connaissance tombera vraisemblablement dans beaucoup de confusions. Cela ne veut pas dire que des expériences sur ce plan ne peuvent venir plus tôt, et même au commencement ; elles se présentent d'elles-mêmes, mais on ne doit pas leur donner une trop grande place.

***

Il y a une Yoga-Shakti qui se tient enroulée ou endormie, inactive dans le corps interne. Quand on fait un yoga, cette force se déroule et s'élève à la rencontre de la conscience et de la force divines qui attendent au-dessus de nous. Quand ceci se produit, quand la Yoga-Shakti éveillée se soulève, on la sent souvent comme un serpent qui se déroule et se dresse, se soulevant de plus en plus haut. Lorsqu'elle rencontre la conscience divine en haut, la force de la conscience divine peut alors descendre plus facilement dans le corps et y être perçue travaillant à changer la nature.

La sensation que votre corps et vos yeux sont tirés vers le haut fait partie du même mouvement. C'est la conscience interne du corps qui bouge et la vision interne subtile dans le corps qui regarde vers le haut, dans un effort pour rencontrer la conscience et la vision divines, en haut.

***

Si vous descendez dans les parties ou les zones inférieures de la nature, vous devez toujours avoir soin de garder un rapport vigilant avec les plans supérieurs de conscience déjà régénérés et de faire descendre, à travers eux, la lumière et la pureté dans ces régions d'en bas qui ne sont pas encore régénérées. Sans cette vigilance, on est absorbé dans les mouvements non régénérés des plans inférieurs et il s'ensuit des difficultés et de l'obscurcissement.

Le plus sûr moyen est de demeurer dans la partie supérieure de la conscience et, de là, d'exercer une pression sur la partie inférieure pour qu'elle change. Cela peut être fait de cette façon, mais il vous faut en acquérir le tour de main et l'habitude. Si vous en obtenez le pouvoir, votre progrès sera beaucoup plus facile, plus égal, et moins pénible.

***

Votre pratique de psychanalyse était une erreur ; au moins pour un temps, cela a rendu le travail de purification moins facile, plus compliqué. La psychanalyse de Freud est la dernière chose que l'on devrait associer au yoga. Elle se saisit d'une certaine partie de la nature, la plus sombre, la plus périlleuse, la plus malsaine : la région subconsciente du vital inférieur, isole ses phénomènes les plus morbides et leur attribue une action hors de toute proportion avec leur vrai rôle dans la nature. La psychologie moderne est une science dans l'enfance, à la fois inconsidérée, maladroite et mal ébauchée. Comme dans toute science au début, le mental humain se livre ici sans contrainte à son habitude universelle de se saisir d'une vérité partielle ou locale, de la généraliser indûment et d'essayer d'expliquer tout un champ de la nature en ses termes étroits. De plus l'exagération de l'importance attribuée aux complexes sexuels réprimés est un mensonge dangereux ; elle peut avoir une influence néfaste et tend à rendre le mental et le vital, non pas moins, mais plus foncièrement impurs qu'auparavant.

Il est vrai que le subliminal est la partie la plus importante de la nature humaine et qu'il contient le secret des dynamismes invisibles qui expliquent ses activités de surface. Mais le subconscient vital inférieur qui est tout ce que la psychanalyse de Freud semble connaître (et elle ne connaît de cela que quelques coins mal éclairés) n'est rien de plus qu'une portion bornée et très inférieure de l'ensemble subliminal. Le moi subliminal se tient en arrière et soutient tout l'homme superficiel ; il contient un mental plus large et plus efficace derrière le mental de surface, un vital plus vaste et plus puissant derrière le vital de surface, une conscience physique plus subtile et plus libre derrière l'existence corporelle de surface. Et au-dessus d'eux il s'ouvre à des régions supraconscientes supérieures, de même qu'il s'ouvre au-dessous d'eux à des régions subconscientes inférieures. Si l'on veut purifier et transformer la nature, il faut s'ouvrir au pouvoir de ces régions supérieures, s'élever jusqu'à elles et par elles changer à la fois l'être subliminal et celui de surface. Même cela doit être fait avec soin, pas prématurément ni imprudemment, en suivant une direction supérieure et en gardant la bonne attitude ; car autrement la force attirée peut être trop forte pour le cadre d'une nature obscure et faible. Mais commencer par ouvrir le subconscient inférieur, en risquant ainsi de soulever tout ce qui est malpropre et obscur en lui, c'est sortir de son chemin pour s'attirer des tourments. D'abord on doit rendre le mental supérieur et le vital forts, fermes et pleins de la lumière et de la paix d'en haut ; ensuite on peut ouvrir le subconscient et même se plonger en lui, avec plus de sécurité et quelque chance d'un changement rapide et heureux.

Le système qui consiste à se débarrasser des choses par *anubhâva* est aussi dangereux ; car sur ce chemin on peut facilement s'empêtrer davantage au lieu d'arriver à la liberté. Cette méthode repose sur deux motifs psychologiques bien connus. L'un, le motif d'épuisement voulu, est valable seulement dans certains cas, spécialement quand une tendance naturelle a une emprise ou une impulsion trop fortes pour qu'on puisse s'en débarrasser par *vichâra* ou par le procédé du rejet et du remplacement par le vrai mouvement. Quand cela arrive de façon excessive, le *sâdhak* est parfois même dans l'obligation de retourner à l'action ordinaire de la vie ordinaire et, au moyen d'une mentalité et d'une volonté nouvelles, d'en obtenir la vraie expérience ; puis il retourne à la vie spirituelle avec l'obstacle éliminé ou en tout cas sur le point de l'être. Mais cette méthode de laisser-aller intentionnel est toujours dangereuse, quoique parfois inévitable. Elle réussit seulement quand l'être possède une très forte volonté de réalisation ; car alors l'assouvissement des désirs produit un grand mécontentement, une forte réaction, *vairâgya*, et la volonté de perfectionnement peut être introduite dans la partie récalcitrante de la nature.

L'autre motif *d'anubhâva* s'applique d'une façon plus générale ; en effet, pour rejeter quoi que ce soit de l'être, on doit d'abord en devenir conscient, avoir une claire expérience intérieure de son action, et découvrir sa place réelle dans les œuvres de la nature. Alors on peut agir sur lui pour l'éliminer si c'est un mouvement entièrement mauvais, ou le transformer si c'est seulement la dégradation d'un mouvement supérieur et vrai. C'est cela ou quelque chose de ce genre qu'on a essayé grossièrement et improprement avec une connaissance rudimentaire et insuffisante, dans le système de la psychanalyse.

Soulever les mouvements inférieurs jusque dans la pleine lumière de la conscience, afin de les connaître et de s'occuper d'eux, est un procédé inévitable ; car un changement complet ne peut être fait sans cela. Mais cela ne peut vraiment réussir que si une lumière et une force supérieures sont suffisamment à l'œuvre pour surmonter, plus ou moins vite, la force de la tendance offerte à la transformation. Bien des gens, sous prétexte d'*anubhâva*, non seulement soulèvent le mouvement adverse, mais le soutiennent de leur consentement au lieu de le rejeter, trouvent des justifications pour le prolonger ou le répéter, et ainsi jouent avec lui, se plaisent à son retour et l'éternisent ; ensuite, quand ils veulent s'en débarrasser, il a une telle emprise sur eux qu'ils se trouvent impuissants dans ses griffes et ne peuvent être libérés que par un terrible conflit ou une intervention de la Grâce divine.

Certains le font par suite d'une déformation ou d'une perversion vitales, d'autres par simple ignorance ; mais dans le yoga, de même que dans la vie, l'ignorance n'est pas acceptée par la nature comme une excuse justificative. Ce danger est là chaque fois que l'on s'occupe maladroitement des parties ignorantes de la Nature ; mais aucune partie n'est plus ignorante, plus périlleuse, plus déraisonnable, plus obstinée dans ses répétitions que le subconscient vital inférieur et ses mouvements. Le soulever prématurément ou mal à propos par l'*anubhâva*, c'est risquer de baigner aussi les parties conscientes dans son flot sombre et sale, et ainsi d'empoisonner le vital tout entier et même la nature mentale. On devrait donc toujours commencer par une expérience positive, non par une négative, et faire descendre dans les parties de l'être conscient qui sont à changer, quelque chose de la nature divine ; c'est seulement quand ceci a été fait suffisamment et qu'il y a une ferme base positive, qu'on peut avec sécurité faire lever les éléments adverses cachés dans le subconscient, afin de les détruire et de les éliminer par la puissance de la tranquillité, de la lumière, de la force et de la connaissance divines. Même ainsi, bien des éléments inférieurs se lèveront d'eux-mêmes pour vous procurer autant d'*anubhâva* qu'il peut vous en falloir pour vous débarrasser des obstacles, mais dans ce cas on peut avoir affaire à eux avec beaucoup moins de danger et sous une direction interne supérieure.

***

Je trouve difficile de prendre ces psychanalystes au sérieux quand ils essaient de sonder l'expérience spirituelle à la lueur vacillante de leurs lampes de poche ; et cependant on devrait peut-être le faire, car le demi-savoir est une chose puissante qui peut être un grand obstacle à la venue à la surface de la vraie vérité. Cette nouvelle psychologie me fait l'effet d'enfants qui apprendraient un alphabet sommaire et pas très adéquat et triompheraient en juxtaposant l'A. B. C. du subconscient avec le mystérieux super-ego souterrain et en imaginant que leur premier livre de débuts obscurs, b, a, ba, est le cœur même de la réelle connaissance. Ils regardent de bas en haut et expliquent les lumières les plus hautes par les obscurités inférieures ; mais les fondements de ces choses sont en haut et non en bas, *upari budhna asham*. Le supraconscient, et non le subconscient, est le vrai fondement de tout.

On ne peut trouver la signification du lotus en analysant les secrets de la vase où il pousse ; son secret doit être trouvé dans l'archétype céleste du lotus qui s'épanouit à jamais dans la lumière d'en haut. De plus le champ que ces psychologues ont choisi pour eux-mêmes est pauvre, obscur et limité ; vous devez connaître le tout avant de pouvoir connaître la partie, et le supérieur avant de pouvoir vraiment comprendre l'inférieur. Telle est la promesse de la plus grande psychologie qui attend son heure, et devant laquelle ces pauvres tâtonnements disparaîtront sans aboutir à rien.

***

Le sommeil, à cause de sa base subconsciente, produit généralement une chute à un plan inférieur, à moins que ce ne soit un sommeil conscient. Le rendre de plus en plus conscient est le seul remède permanent ; mais tant que cela n'est pas fait, on doit aussi, au réveil, toujours réagir contre cette tendance à l'abaissement et ne pas permettre à l'effet des nuits lourdes de s'accumuler. Pourtant de telles choses nécessitent toujours un effort et une discipline soutenus et prennent du temps, parfois beaucoup de temps. Il n'est pas bon de se refuser à l'effort parce que l'on n'obtient pas de résultats immédiats.

***

Durant la nuit, la conscience descend presque toujours au-dessous du niveau que l'on a obtenu par la sâdhanâ dans la conscience de veille, à moins d'avoir durant le sommeil des expériences spéciales d'un caractère qui élève, ou que la conscience yoguique acquise soit assez forte dans le physique même pour contrecarrer l'action de l'inertie subconsciente. Dans le sommeil ordinaire, la conscience dans le corps est celle du physique subconscient, qui est une conscience diminuée ; elle n'est pas éveillée et vivante comme le reste de l'être. Le reste de l'être se retire en arrière et une partie de sa conscience s'en va dans d'autres plans, d'autres régions, et a des expériences qui se traduisent dans des rêves tels que celui que vous avez raconté. Vous dites que vous allez à de très mauvais endroits et y avez des expériences comme celles que vous narrez ; mais cela n'est pas nécessairement le signe qu'il y a quelque chose de mauvais en vous. Cela veut dire simplement que vous allez dans le monde vital, comme tout le monde le fait ; or le monde vital est plein d'endroits et d'expériences semblables. Ce que vous avez à faire n'est pas tant d'éviter tout à fait d'y aller, car on ne peut pas complètement l'éviter, mais d'y aller avec une pleine protection jusqu'à ce que vous obteniez la maîtrise dans ces régions de la nature supraphysique. C'est une des raisons pour lesquelles vous devriez vous souvenir de la Mère et vous ouvrir à la force avant de vous endormir ; car plus vous en prendrez l'habitude et le ferez avec succès, plus la protection sera avec vous.

***

Ces rêves ne sont pas tous de simples rêves ; tous ne sont pas des constructions fortuites, incohérentes ou subconscientes. Beaucoup d'entre eux sont des notations ou des transcriptions d'expériences sur le plan vital dans lequel on entre pendant le sommeil ; certains sont des scènes ou des événements du plan physique subtil. Souvent on y fait face à des circonstances ou on s'y livre à des activités qui ressemblent à celles de la vie physique, avec le même entourage et les mêmes gens, quoique généralement, il y ait dans l'arrangement et les formes une différence, petite ou parfois considérable. Mais on peut aussi entrer en contact avec d'autres entourages et d'autres personnes que l'on ne connaît pas dans la vie physique ou qui n'appartiennent pas du tout au monde physique.

En état de veille, vous n'êtes conscient que d'un certain champ, d'une certaine action limitée de votre nature. Pendant le sommeil, vous pouvez devenir intensément conscient de choses au-delà de ce champ : une nature vitale ou mentale plus vaste derrière l'état de veille ou bien un physique subtil ou une nature subconsciente qui contient beaucoup de ce qui est en vous, mais n'est pas actif de façon discernable à l'état de veille. Tous ces sentiers obscurs doivent être déblayés, sinon Prakriti ne peut être changée. Vous ne devriez pas vous laisser troubler par la multitude des rêves du vital ou du subconscient ; car la plus grande part de l'expérience du rêve vient de ces deux endroits. Mais aspirez à être délivré de ces choses et des activités qu'elles révèlent, à être conscient et à rejeter tout ce qui n'est pas la vérité divine ; plus à l'état de veille vous obtiendrez cette vérité et vous vous attacherez à elle, rejetant tout le reste, plus ce tissu de rêves inférieurs s'éclaircira.

***

Les rêves que vous décrivez sont très clairement des rêves symboliques sur le plan vital. Ces rêves peuvent symboliser bien des choses, le jeu des forces, la structure et la trame souterraine de choses faites ou éprouvées, d'événements réels ou potentiels, de mouvements ou de changements vrais ou suggérés dans la nature interne ou externe.

La timidité, exprimée par la crainte dans le rêve, ne correspondait probablement à rien dans le mental conscient ou le vital supérieur, mais à quelque chose du subconscient dans la nature inférieure. Cette partie se sent toujours petite ou insignifiante, et très facilement elle a peur d'être submergée par la conscience plus vaste ; une peur qui chez certains, au premier contact, va jusqu'au saisissement ou à la terreur panique.

***

Tous les rêves de ce genre sont évidemment des formations comme on en rencontre souvent sur le plan vital et, plus rarement, sur le plan mental. Parfois ils sont les formations de votre propre mental ou de votre vital ; parfois les formations du mental d'un autre avec une transcription, exacte ou modifiée, dans le vôtre ; parfois viennent des formations qui sont faites par des forces ou des êtres non-humains de ces autres plans. Ces formations ne sont pas vraies et ne deviennent pas nécessairement réelles dans le monde physique ; mais elles peuvent cependant avoir de l'effet sur le physique, si elles ont été construites avec cette tendance et à cette fin, et si on le leur permet, elles peuvent manifester leurs circonstances ou leur signification, car elles sont le plus souvent symboliques ou schématiques, dans la vie intérieure ou extérieure. Avec elles, la conduite qui convient est simplement d'observer et de comprendre, et, si elles viennent d'une force hostile, de les rejeter ou de les détruire.

Il y a d'autres rêves qui n'ont pas le même caractère ; ils sont la représentation ou la transcription de choses qui se passent réellement sur d'autres mondes, dans d'autres conditions que les nôtres. Il y a aussi des rêves qui sont uniquement symboliques, et d'autres qui indiquent des mouvements et des tendances qui existent en nous, tant familières qu'inconnues au mental de veille, ou qui exploitent de vieux souvenirs, ou bien qui font surgir des choses amassées passivement, ou actives encore dans le subconscient, — une accumulation variée qu'il faut changer ou chasser tandis qu'on s'élève à une conscience supérieure. Si l'on apprend à les interpréter, on peut acquérir par les rêves une grande connaissance des secrets de sa propre nature et de la nature des autres.

***

Tâcher de rester éveillé la nuit n'est pas une bonne méthode ; la suppression du sommeil dont on a besoin rend le corps tamasique et incapable de la concentration nécessaire pendant les heures de veille. La vraie manière est de transformer le sommeil, non de le supprimer, et spécialement d'apprendre à être de plus en plus conscient dans le sommeil lui-même. Si cela est fait, le sommeil se transforme en un mode interne de conscience dans lequel la sâdhanâ peut continuer aussi bien qu'à l'état de veille, et où l'on devient capable en même temps d'entrer dans des plans de conscience autres que le physique et de disposer d'un immense champ d'expériences informatrices et utilisables.

***

Le sommeil que vous décrivez, dans lequel règne un silence lumineux, ou bien le sommeil dans lequel on éprouve l'*ânanda* dans les cellules, sont évidemment les états les meilleurs. Les autres heures, celles dont vous êtes inconscient, peuvent être des moments d'un sommeil profond dans lequel vous êtes sorti du physique pour entrer dans le mental, le vital ou d'autres plans. Vous dites que vous étiez inconscient, mais il se peut seulement que vous ne vous souveniez pas de ce qui est arrivé ; car au retour il y a une sorte de renversement de la conscience, une transition ou un changement par lequel tout ce dont on a eu l'expérience pendant le sommeil, excepté peut-être ce qui s'est passé en dernier ou bien un événement très impressionnant, se retire de la conscience physique, et tout devient comme vide. Il y a un autre état de ce genre, un état d'inertie qui n'est pas seulement vide, mais aussi lourd et sans souvenir ; cependant il se produit seulement quand on s'enfonce profondément et grossièrement dans le subconscient. Ce plongeon souterrain est très indésirable ; il obscurcit, il abaisse, souvent il fatigue plus qu'il ne repose ; il est tout le contraire du silence lumineux.

***

Ce n'était ni un demi-sommeil, ni un quart de sommeil, ni même un seizième de sommeil que vous avez eu ; c'était une absorption de la conscience, qui dans cet état demeure consciente, mais fermée aux choses extérieures et ouverte seulement à l'expérience intérieure. Vous devez clairement distinguer entre ces deux conditions, si différentes ; l'une est *nidra*, l'autre le commencement au moins de samâdhi (bien entendu pas du *nirvikalpa*). Ce retrait à l'intérieur est nécessaire, parce que le mental actif de l'être humain est au début trop tourné vers les choses extérieures ; il doit rentrer complètement en dedans afin de vivre dans l'être interne (mental interne, vital interne, physique interne psychique). Mais, avec de l'entraînement, on peut arriver à un point où l'on reste conscient extérieurement tout en vivant dans l'être intérieur, et où l'on entre à volonté dans l'état de repliement ou dans celui d'expansion. Vous pourrez alors avoir la même dense immobilité et le même influx d'une conscience plus grande et plus pure, dans l'état de veille aussi bien que dans ce que vous appelez à tort sommeil.

***

Une fatigue physique de ce genre, au cours de la sâdhanâ, peut tenir à des causes diverses :

1°) Elle peut venir de ce que le corps reçoit plus qu'il ne peut assimiler. Le remède est alors un repos tranquille dans une immobilité consciente en recevant les forces, mais sans autre but que la récupération de sa force et de son énergie.

2°) Elle peut provenir de ce que la passivité a pris la forme de l'inertie ; l'inertie fait descendre la conscience au plan physique ordinaire, qui est bientôt fatigué et enclin au *tamas*. Le remède, ici, est de ne pas se reposer dans l'inertie, mais de retourner à la vraie conscience pour y chercher le repos.

3°) Cela peut être dû à un simple surmenage du corps, si on ne lui donne pas assez de sommeil ou de repos. Le corps est le support du yoga, mais son énergie n'est pas inépuisable et doit être ménagée ; elle peut être entretenue en faisant appel à la force vitale universelle, mais cette assistance aussi a ses limites. Une certaine modération est nécessaire, même dans l'ardeur de progresser ; modération, non pas indifférence ou indolence.

***

La maladie est un signe d'imperfection ou de faiblesse, ou bien d'ouverture à des contacts adverses dans la nature physique, et elle est souvent aussi liée à quelque obscurité ou à quelque manque d'harmonie dans le vital inférieur, le mental physique ou ailleurs.

C'est très bien quand on peut se débarrasser de la maladie entièrement par la foi et le pouvoir du yoga, ou par la pénétration de la force divine. Mais très souvent cela n'est pas tout à fait possible parce que la nature entière n'est pas ouverte ou capable de répondre à la force. Le mental peut avoir la foi et répondre, mais il se peut que le vital inférieur et le corps ne suivent pas ; ou bien, même si le mental et le vital sont prêts, le corps peut ne pas répondre ou répondre seulement en partie, parce qu'il a l'habitude d'obéir aux forces qui produisent une certaine maladie, et l'habitude est une puissance très obstinée dans la partie matérielle de la nature. Dans des cas semblables on peut avoir recours à des moyens physiques, non pas comme moyen principal, mais comme une aide et un support matériel à l'action de la force ; pas de remèdes forts et violents, mais ceux qui sont salutaires sans incommoder le corps.

***

Les attaques des maladies sont des attaques de la nature inférieure ou des forces adverses qui profitent d'une faiblesse, d'une ouverture ou d'une réponse dans la nature ; elles arrivent du dehors, comme toutes les autres choses qui viennent et doivent être rejetées. Si l'on peut les sentir quand elles s'approchent et que l'on ait la force et l'habitude de les rejeter avant qu'elles ne puissent pénétrer dans le corps, on peut demeurer exempt de toute maladie. Même quand l'attaque semble venir du dedans, cela veut dire seulement qu'elle n'a pas été perçue avant de pénétrer dans le subconscient ; une fois qu'elle est dans le subconscient, la force qui l'a amenée la fait se lever, tôt ou tard, et elle envahit l'organisme. Quand vous la sentez juste après son entrée, c'est parce que, malgré qu'elle soit venue directement et non pas à travers le subconscient, vous n'avez cependant pas pu la discerner tandis qu'elle était encore dehors. Très souvent elle vient ainsi, de face ou plus souvent de côté, tangentiellement, tout droit, et force son chemin à travers l'enveloppe du vital subtil qui est notre principale armure de défense ; mais elle peut être arrêtée dans l'enveloppe même avant qu'elle ne pénètre le corps matériel. Alors on peut en éprouver quelque effet, par exemple un état fiévreux ou une tendance au rhume, mais il ne se produit pas un envahissement complet par la maladie. Si elle peut être arrêtée plus tôt ou si d'elle-même l'enveloppe vitale résiste et demeure forte, vigoureuse et intacte, alors il n'y a pas de maladie ; l'attaque ne produit pas d'effet physique et ne laisse pas de traces.

***

Certainement, on peut agir du dedans sur une maladie et la guérir. Seulement ce n'est pas toujours facile, car la matière oppose une grande résistance, la résistance de l'inertie. Une persévérance infatigable est nécessaire ; au début on peut échouer complètement, ou les symptômes peuvent s'aggraver, mais graduellement on domine de plus en plus son corps ou une maladie particulière.

De plus, il est relativement facile de guérir par des moyens internes une attaque accidentelle de maladie ; mais immuniser le corps contre toute attaque future est plus difficile. Il est plus ardu aussi de se tirer d'affaire avec une maladie chronique ; plus qu'un désordre accidentel du corps, elle se refuse à disparaître. Tant que la maîtrise du corps est imparfaite, on rencontre toutes ces difficultés, et bien d'autres, à se servir de la force interne.

Si par l'action intérieure vous réussissez à empêcher une aggravation, c'est déjà quelque chose ; vous devez alors, par *abhyâsa,* fortifier ce pouvoir jusqu'à ce qu'il soit capable de guérir. Notez que tant que le pouvoir n'est pas entièrement présent, il n'est pas nécessaire de rejeter complètement l'aide de moyens physiques.

*
* *

Les médecines sont un pis-aller dont on doit se servir quand quelque chose dans la conscience ne répond pas ou ne répond que superficiellement à la force. Très souvent c'est une partie de la conscience matérielle qui n'est pas réceptive ; d'autres fois, c'est le subconscient qui barre la route, même quand tout le mental, le vital et le physique éveillés acceptent l'influence libératrice. Si le subconscient aussi répond, alors même un simple contact de la force peut non seulement guérir une maladie quelconque, mais aussi rendre cette forme ou ce genre de maladie pratiquement impossible à l'avenir.

*
* *

Votre théorie sur la maladie est une croyance plutôt périlleuse ; car la maladie est une chose à éliminer, et non à accepter ou à goûter. Il y a dans l'être un certain élément qui jouit de la maladie ; il est même possible de transformer les douleurs de la maladie, comme tout autre douleur, en une forme de plaisir ; car la douleur et le plaisir sont, tous deux, des dégradations d'un *ânanda* originel et peuvent être réduits aux termes l'un de l'autre, ou bien ramenés à leur principe originel d'*ânanda*. Il est vrai aussi qu'on doit être capable de supporter la maladie avec calme, équanimité, endurance et même, puisqu'elle est venue, de la reconnaître comme quelque chose que l'on doit traverser au cours des expériences. Mais l'accepter et en jouir veut dire l'aider à durer, et il ne le faut pas ; car la maladie est une déformation de la nature physique, exactement comme la luxure, la colère, la jalousie, etc., sont des déformations de la nature vitale, et l'erreur, le préjugé, l'habitude du mensonge sont des déformations de la nature mentale. Toutes ces choses doivent être éliminées, et le refus est la première condition de leur disparition, tandis que l'acceptation a un effet totalement contraire.

***

Toutes les maladies passent par l'enveloppe nerveuse, ou vitale-physique, du corps subtil avant de pénétrer dans le physique. Si l'on est conscient du corps subtil ou si l'on a la conscience propre au monde subtil, on peut arrêter une maladie en cours de route et l'empêcher d'entrer dans le corps physique. Mais elle peut venir inaperçue, ou pendant le sommeil, ou à travers le subconscient, ou brusquement quand on n'est pas sur ses gardes ; dans ce cas il n'y a rien d'autre à faire qu'à lutter contre la mainmise qu'elle a déjà gagnée sur le corps. La défense de soi par ces moyens internes peut devenir si puissante que le corps acquiert pratiquement l'immunité, comme l'ont beaucoup de yogins. Cependant ce « pratiquement » ne veut pas dire absolument. L'immunité absolue ne peut venir qu'avec la transformation supramentale. Car, au-dessous du supramental, c'est le résultat de l'action d'une force parmi beaucoup d'autres forces, et elle peut être dérangée par une rupture de l'équilibre établi ; dans le supramental, c'est une loi de la nature. Dans un corps supramentalisé, l'immunité contre la maladie serait automatique, inhérente à sa nouvelle nature.

Il y a une différence entre la force yoguique sur les plans inférieurs, mental et autres, et la nature supramentale. Ce qui, dans la conscience mentale et corporelle, nécessite la force yoguique pour être acquis et gardé, est inhérent au supramental et y existe, non pas comme un accomplissement, mais par nature ; cela est absolu et existe par soi-même.

DEUXIÈME PARTIE

Lumières sur le Yoga

Traduction française
par Lizelle Reymond et Jean Herbert

Chapitre premier

Le but

La méthode de yoga que nous suivons ici a un but différent des autres, car elle vise non seulement à nous faire passer de la conscience terrestre ignorante habituelle dans la conscience divine, mais encore à faire descendre le pouvoir supramental de cette divine conscience ici-bas dans l'ignorance de l'intellect, de la vie et du corps, à les transformer, à manifester le Divin sur terre et à créer une vie divine dans la matière. Ceci est un yoga, un but extrêmement difficile ; à beaucoup de personnes ou même à la plupart il paraîtra impossible. Toutes les forces établies de la conscience terrestre ignorante habituelle s'y opposent, le repoussent et essayent de l'empêcher, et le *sâdhak* trouvera que son propre intellect, sa vie et son corps sont pleins des obstacles les plus rebelles à la réalisation de cet objectif. Si vous pouvez accepter l'idéal de tout votre cœur, affronter toutes les difficultés, laisser derrière vous le passé et ses attaches et si vous êtes prêt à renoncer à tout et à tout risquer pour cette divine possibilité, alors seulement vous pouvez espérer découvrir par l'expérience la vérité qui est derrière.

La sâdhanâ de notre yoga ne procède par aucun enseignement mental imposé ni par des formes prescrites de méditation, *mantras* ou autres, mais par aspiration, par concentration vers le dedans ou vers le haut, par ouverture à l'influence, au pouvoir divin au-dessus de nous et à son action en nous, à la présence divine dans le cœur, et par rejet de tout ce qui leur est étranger. Ce n'est que par la foi, l'aspiration et le don de soi que cette ouverture peut se réaliser.

***

La seule création qui ait sa place ici est la supramentale : la descente de la vérité divine sur la terre, non seulement dans le mental et le vital, mais dans le corps et la matière. Notre but n'est pas d'ôter toutes les « limitations » à l'expansion du moi ou de laisser libre cours et de donner un champ illimité à l'accomplissement des idées de l'esprit humain ou des désirs de la force de vie égocentrique. Aucun de nous n'est ici pour « faire à sa guise » ou pour créer un monde dans lequel nous pourrons enfin agir selon notre bon plaisir ; nous sommes ici pour faire ce que veut le Divin et pour créer un monde dans lequel la volonté divine pourra enfin manifester sa vérité sans que celle-ci soit désormais déformée par l'ignorance humaine ou pervertie et dénaturée par le désir vital. L'œuvre que le *sâdhak* du yoga supramental doit faire n'est pas son travail personnel pour lequel il puisse poser ses propres conditions, mais l'œuvre divine qu'il doit accomplir suivant les conditions fixées par le Divin. Nous ne suivons pas notre yoga pour nous-même, mais pour le Divin. Ce n'est pas notre expression personnelle que nous devons rechercher, la manifestation de l'ego individuel libéré de toute entrave et de tout lien, mais la manifestation du Divin. De cette manifestation, notre propre libération, notre perfection et notre plénitude spirituelle seront un résultat et une partie, mais non dans un sens égoïste ou pour une fin personnelle ou intéressée. Cette libération, cette perfection, cette plénitude ne doivent pas être, elles non plus, pour nous-même, mais pour le Divin.

***

Ce yoga-ci n'implique pas seulement la réalisation de Dieu, mais encore une consécration et une transformation complètes de la vie intérieure et extérieure, jusqu'à ce qu'elle soit apte à manifester une conscience divine et à faire partie d'une œuvre divine. Cela implique une discipline intérieure bien plus exigeante et difficile que de simples autorités morales et physiques. On ne doit pas s'engager sur cette voie, beaucoup plus vaste et plus ardue que celle de la plupart des autres yogas, à moins d'être sûr de l'appel psychique et de sa propre résolution de persévérer jusqu'au bout.

***

Dans les yogas antérieurs c'était l'expérience de l'Esprit, toujours libre et un avec le Divin, que l'on cherchait. Il suffisait que la nature changeât assez pour cesser d'être un obstacle à cette connaissance et à cette expérience. Le changement complet jusqu'au physique ne fut recherché que par un petit nombre et encore fut-ce plutôt comme une *siddhi* que comme autre chose, non comme la manifestation d'une nouvelle nature dans la conscience terrestre.

***

Dans l'être humain, qui est le mental incorporé dans la matière vivante, toute la conscience doit s'élever afin de rencontrer la conscience supérieure descendue dans le mental, dans la vie, dans la matière. Ainsi les barrières seront renversées et la conscience supérieure pourra prendre la charge de la nature inférieure tout entière et la transformer par le pouvoir du supramental.

***

La terre est un champ matériel d'évolution. Le mental et la vie, le supramental, Sachchidânanda, sont en principe inclus dans la conscience terrestre ; mais la matière seule s'organise tout d'abord ; puis la vie descend du plan vital pour donner la forme, l'organisation et l'activité au principe de vie dans la matière, et créer la plante et l'animal ; ensuite le mental descend du plan mental, et crée l'homme. A présent le supramental doit descendre afin de créer une race supramentale.

***

Pour arriver à la réalisation dynamique il ne suffit pas de délivrer le *purusha* de sa sujétion à *prakriti* ; il faut que l'obéissance du *purusha* soit transférée de la *prakriti* inférieure, avec son jeu de forces ignorantes, à la suprême Shakti divine, la Mère.

Car c'est une erreur d'identifier la Mère avec la *prakriti* inférieure et son mécanisme de forces. *Prakriti* n'est qu'un mécanisme établi ici-bas pour le fonctionnement de l'ignorance évolutive. De même que l'être mental, vital ou physique ignorant n'est pas lui-même le Divin — bien qu'il provienne du Divin — de même le mécanisme de *prakriti* n'est pas la divine Mère. Sans doute y a-t-il quelque chose de la Mère dans ce mécanisme et derrière lui, qui le soutient pour les fins de l'évolution ; mais en elle-même, elle n'est pas une *shakti* de l'*avidyâ*, mais la conscience, la lumière, le pouvoir divins — Parâprakriti — vers laquelle nous nous tournons pour obtenir la libération et l'accomplissement divin.

La réalisation de la conscience du *purusha*, calme et libre, observant le jeu des forces sans s'y attacher ni se laisser entraîner par elles, est un moyen de libération. Le calme, le détachement, une force et une joie paisibles (*âtmaratih*) doivent être amenés d'en haut dans le vital et le physique aussi bien que dans le mental ; lorsque cela est accompli, on n'est plus la proie de la tourmente des forces vitales. Mais ce calme, cette paix, cette force et cette joie silencieuses ne sont que la première descente du pouvoir de la Mère dans l'*âdhâra*. Au-delà existent une connaissance, une puissance d'exécution, un *ânanda* dynamique qui ne sont pas ceux de la *prakriti* ordinaire, même en ce qu'elle a de meilleur et de plus sattvique, mais divins dans leur nature.

Cependant le calme, la paix et la libération sont nécessaires d'abord. Essayer de faire descendre trop tôt l'aspect dynamique n'est pas à conseiller, car il descendrait alors dans une nature agitée et impure, incapable de l'assimiler, et de sérieuses perturbations pourraient en résulter.

***

Si le supramental ne devait pas nous donner une vérité plus grande et plus complète qu'aucune de celles des plans inférieurs, cela ne vaudrait pas la peine d'essayer de l'atteindre. Chaque plan possède ses propres vérités ; quelques-unes ne sont plus vraies sur un plan plus élevé. Par exemple le désir et l'ego sont des vérités de l'ignorance mentale, vitale et physique ; dans ce domaine, un homme sans ego ni désir serait un automate tamasique. Lorsque nous montons plus haut, l'ego et le désir n'apparaissent plus comme des vérités ; ce sont des mensonges qui défigurent la personne véritable et la volonté véritable. La lutte entre les Puissances de lumière et les Puissances de ténèbres est une vérité d'ici-bas ; à mesure que nous nous élevons, elle perd de sa vérité, et dans le supramental elle n'en a plus du tout.

D'autres vérités subsistent, mais changent de caractère, d'importance et de place dans l'ensemble. La différence ou le contraste entre le Personnel et l'Impersonnel est une vérité du surmental ; dans le supramental, ces aspects n'ont pas de vérité séparée, ils sont un, inséparablement. Mais celui qui n'a pas conquis et vécu les vérités du surmental ne peut atteindre à la vérité supramentale. L'orgueil incompétent de l'intellect humain fait des distinctions tranchantes et veut s'élancer d'un seul bond vers la plus haute vérité quelle qu'elle soit et appeler tout le reste mensonge — mais c'est une erreur ambitieuse et arrogante. On doit gravir l'escalier en posant le pied fermement sur chaque marche, si l'on veut arriver au sommet.

***

C'est une erreur de trop s'appesantir sur la nature inférieure et ses obstacles ; ce n'est que le côté négatif de la sâdhanâ. Il faut les voir et les purifier, mais cela n'aide pas de s'en préoccuper comme de la seule chose importante. Le côté positif de l'expérience de la descente est ce qui importe le plus. Si l'on devait attendre que la nature inférieure fût entièrement et définitivement purifiée avant de solliciter la descente de l'expérience positive, on pourrait attendre à jamais.

Il est vrai que plus la nature inférieure est purifiée, plus la descente de la nature supérieure est facile ; mais il est également vrai — et même davantage — que plus la nature supérieure descend, plus la nature inférieure est purifiée. Ni la purification complète, ni la manifestation parfaite et permanente ne peuvent se produire tout d'un coup ; c'est une affaire de temps et de progrès patient. Toutes deux — la purification et la manifestation — avancent de pair et acquièrent de plus en plus de force pour se seconder mutuellement. Ceci est le cours habituel de la sâdhanâ.

***

De semblables intensités ne durent pas, aussi longtemps que la conscience n'est pas transformée ; il faut une période d'assimilation. Tant que l'être est inconscient, l'assimilation se fait derrière le voile ou sous la surface, et pendant ce temps la conscience superficielle ne voit que stagnation et perte de ce qu'elle possédait. Mais quand on devient conscient, il est possible de voir l'assimilation s'accomplir et l'on s'aperçoit que rien n'est perdu ; c'est seulement une stabilisation tranquille de ce qui est descendu.

L'immensité, le calme et le silence irrésistibles dans lesquels vous vous sentez immergé sont ce que l'on appelle l'Atman ou le Brahman silencieux. De nombreux yogas ont pour but unique d'obtenir cette réalisation de l'Atman ou Brahman silencieux, et d'y vivre. Dans notre yoga ce n'est que la première étape de la réalisation du Divin et de cette croissance de l'être dans la conscience supérieure ou divine, que nous appelons transformation.

***

L'être véritable peut être réalisé sous l'un des deux aspects suivants, ou sous les deux : le Soi ou Atman, et l'âme ou *antaryâtman*, appelée aussi être psychique ou *chaitya purusha*. La différence est que l'un est perçu comme universel, l'autre comme individuel et soutenant l'esprit, la vie et le corps. Lorsque l'on réalise d'abord l'Atman, on le sent séparé de toutes choses, existant en lui-même et détaché, et c'est à cette réalisation que peut s'appliquer l'image de la noix de coco sèche. Quand on réalise l'être psychique, il n'en est pas de même ; car cela apporte le sentiment d'union avec le Divin, de dépendance de Lui, d'exclusive consécration au Divin seul, et le pouvoir de changer la nature et de découvrir en soi-même le véritable être mental, le véritable être vital, le véritable être physique. L'une et l'autre de ces réalisations sont nécessaires pour ce yoga-ci.

Le « Je », le petit ego, est constitué par la nature ; c'est une formation à la fois mentale, vitale et physique, destinée à faciliter la centralisation et l'individualisation de la conscience et de l'action extérieures. Lorsque l'être véritable est découvert, l'utilité de l'ego cesse et cette formation doit disparaître ; l'être véritable est perçu à sa place.

***

Les trois *gunas* sont purifiés, affinés et transformés en leurs équivalents divins : *sattva* devient *jyoti*, la lumière spirituelle vraie ; *rajas* devient *tapas*, la force divine tranquille dans son intensité ; *tamas* devient *shama*, la quiétude, la paix, le repos divins.

***

Il existe trois forces du cosmos auxquelles toutes choses sont soumises : la création, la conservation et la destruction ; tout ce qui est créé dure un temps, puis commence à crouler. Supprimer la force de destruction implique une création qui ne sera pas détruite, mais qui durera et se développera toujours. Dans l'ignorance, la destruction est nécessaire au progrès ; mais dans la connaissance, la création de vérité, la loi est celle d'un déploiement constant sans aucun *pralaya*.

Chapitre deuxième

Plans et parties de l'Être

Les hommes ne se connaissent pas eux-mêmes et n'ont pas appris à distinguer les différentes parties de leur être ; d'ordinaire ils les groupent en un seul bloc sous le nom d'esprit [1], parce qu'ils les connaissent ou les sentent par la voie d'une perception et d'une compréhension rendues mentales. C'est pourquoi ils ne comprennent pas leurs propres états, leurs propres actions, ou, en tout cas, ils ne le font que superficiellement. Devenir conscient de la grande complexité de sa nature, voir les différentes forces qui la font mouvoir, établir sur elle le contrôle de la connaissance directrice, sont autant d'éléments fondamentaux du yoga.

Nous sommes composés de beaucoup de parties dont chacune contribue pour sa part au mouvement total de notre conscience, de notre pensée, de notre volonté, de nos sensations, sentiments et actions. Mais nous ne voyons ni l'origine, ni le jeu de ces impulsions ; nous percevons seulement leurs résultats superficiels confus et enchevêtrés auxquels nous ne pouvons, au mieux, rien imposer de supérieur à un ordre précaire et changeant.

Le remède peut seulement venir des parties de l'être qui sont déjà tournées vers la lumière. Appeler et faire descendre en soi la lumière de la Conscience divine,

(1) *Mind*, le mental.

faire passer l'être psychique au premier plan, allumer une aspiration dont la flamme éveillera spirituellement le mental externe et embrassera l'être vital, telle est la solution.

***

Yoga signifie union avec le Divin — une union soit transcendante (au-dessus de l'univers), soit cosmique (universelle), soit individuelle, soit encore, comme dans notre yoga, les trois à la fois. Cela veut dire aussi l'atteinte d'un état de conscience où l'on n'est plus limité par le petit ego, par le mental, le vital et le corps personnels — mais où l'on est en union avec le Soi suprême, ou avec la conscience universelle (cosmique), ou bien avec quelque conscience intérieure plus profonde dans laquelle on perçoit sa propre âme, son propre être intérieur et la vérité réelle de l'existence. Dans la conscience yoguique, on discerne non seulement les choses, mais les forces ; non seulement les forces, mais l'être conscient qui est derrière les forces. On se rend compte de tout cela, non seulement en soi-même, mais dans l'univers.

Il y a une force qui accompagne la croissance de la conscience nouvelle et qui à la fois croît avec elle et l'aide à naître et à se parfaire. Cette force est la Shakti du yoga (*yogashakti*). Elle est ici repliée et assoupie dans tous les centres (*chakras*) de notre être intérieur, et elle est, à la base de la colonne vertébrale, ce qu'on appelle dans les Tantras la Kundalinî Shakti. Mais elle est aussi au-dessus de nous, au-dessus de notre tête, en tant que force divine, — et là elle n'est ni repliée, ni enveloppée, ni assoupie, mais elle est éveillée, consciente et puissante, tendue et vaste ; elle est là, attendant de se manifester, et c'est à cette force — au pouvoir de la Mère — que nous devons nous ouvrir. Dans le mental, elle se manifeste comme une force mentale divine ou comme une force mentale universelle et elle peut faire tout ce dont le mental personnel est incapable ; c'est alors la force mentale yoguique. Lorsqu'elle se manifeste et agit de la même manière dans le vital ou dans le physique, elle y apparaît comme une force vitale yoguique ou comme une force corporelle yoguique. Elle peut s'éveiller sous toutes ces formes, jaillissant en dehors et en haut, se développant en ampleur d'en bas. Ou bien elle peut descendre et devenir un pouvoir défini pour l'action ; elle peut se déverser dans le corps, œuvrant, établissant son règne, se développant en ampleur d'en haut. Elle peut relier ce qui est le plus bas en nous à ce qui est le plus élevé au-dessus de nous ; elle peut libérer l'individu dans une universalité cosmique ou dans l'absolu et le transcendant.

***

Dans le cours de notre yoga les centres ont chacun un emploi et un rôle général psychologique déterminés qui forment la base de tous les pouvoirs et de toutes les opérations relevant de ces centres. Le *mûlâdhâra* régit le physique jusqu'au subconscient ; le centre abdominal — *svâdhishthâna* — régit le vital intérieur ; le centre ombilical — *nâbhipadma* ou *manipura* — régit le vital plus vaste ; le centre du cœur — *hridpadma* ou *anâhatâ* — régit l'être émotif ; le centre de la gorge — *vishuddha* — régit le mental d'expression et d'extériorisation ; le centre entre les sourcils — *âjnâ-chakra* régit le mental dynamique, la volonté, la vision et la formation mentales dynamiques ; au-dessus le lotus aux mille pétales — *sahasradala* — régit le mental pensant supérieur, abrite le mental illuminé plus élevé encore et, tout en haut, s'ouvre à l'intuition par laquelle — à moins d'une action directe irrésistible — le surmental peut entrer en communication ou en contact immédiat avec les autres plans.

***

Dans notre yoga, nous entendons par subconscient cette partie tout à fait submergée de notre être dans laquelle il n'y a, consciemment éveillés et cohérents, ni pensée, ni volonté, ni sentiment, ni réaction organisée, mais qui pourtant reçoit obscurément les impressions de toutes choses et les emmagasine en soi ; c'est de là aussi que peuvent surgir dans le rêve ou même dans l'état de veille toutes sortes d'impulsions, de mouvements habituels invétérés, répétés crûment ou déguisés sous d'étranges formes. Car si ces impressions surgissent surtout dans le rêve d'une manière incohérente et chaotique, elles peuvent aussi surgir — et elles surgissent en fait — dans notre conscience de veille sous la forme d'une répétition mécanique d'anciennes pensées, d'anciennes habitudes mentales, vitales et physiques, sous la forme d'une obscure excitation à des sensations, à des actions, à des émotions dont notre pensée ou notre volonté conscientes ne sont ni l'origine ni la cause, et qui souvent même sont contraires à leurs perceptions, à leur choix, ou à leurs injonctions. Il y a dans le subconscient un mental obscur plein de *samskâras* opiniâtres formés par notre passé, un vital obscur plein de semences de sensations, de réactions nerveuses et de désirs habituels, un physique matériel extrêmement obscur qui gouverne beaucoup de ce qui touche à la condition du corps. Il est en grande partie responsable de nos maladies ; les maladies chroniques ou récurrentes sont en fait surtout dues au subconscient, à sa mémoire obstinée et à son habitude de répéter tout ce qui s'est imprimé sur la conscience corporelle. Mais il faut distinguer nettement entre ce subconscient physique et les parties subliminales de notre être, telles que la conscience physique interne ou subtile, le vital interne ou le mental interne ; car ces parties-ci ne sont nullement obscures, incohérentes, ou inorganisées, mais seulement voilées à notre conscience superficielle. Chez nous la surface reçoit constamment quelque chose de ces sources, mais, pour la majeure partie, sans en connaître l'origine.

***

Au-dessus de l'univers matériel que nous voyons, il y a un plan vital, existant en soi ; au-dessus du matériel et du vital, il y a un plan mental, existant en soi. Les trois ensemble — le mental, le vital et le physique — sont appelés le triple univers de l'hémisphère inférieur. Ils ont été fixés dans la conscience terrestre par l'évolution ; mais ils existaient en eux-mêmes avant l'évolution, au-dessus de la conscience terrestre et du plan matériel auquel appartient la terre.

***

Derrière toute la nature vitale de l'homme se tient, caché et immobile, son véritable être vital, qui est tout à fait différent de la nature vitale superficielle. Le vital de surface est étroit, ignorant, borné, plein d'obscurs désirs, passions, appétits, révoltes, plaisirs et peines, de joies et de douleurs éphémères, d'exultations et de dépressions. L'être vital véritable au contraire est large, vaste, calme, fort, sans limitations, ferme et inébranlable, capable de toute puissance, de toute connaissance, de tout *ânanda.* Il est en outre sans ego, car il sait qu'il est une projection et un instrument du Divin : il est le guerrier divin, pur et parfait ; en lui réside une force instrumentale pour opérer toutes les réalisations divines. C'est l'être vital vrai qui en vous s'est éveillé et s'est porté en avant. De la même manière il y a aussi un être mental véritable, un être physique véritable. Quand ceux-ci sont en évidence, on devient conscient en soi d'une double existence ; celle de derrière est toujours calme et forte, seule celle de la surface est tourmentée et obscure. Mais si l'être véritable en arrière demeure stable et que l'on vive en lui, l'agitation et l'obscurité restent uniquement à la surface ; dans cette condition, les parties extérieures peuvent être traitées avec plus d'efficacité et rendues, elles aussi, libres et parfaites.

***

L'esprit [1] ou « mental », au sens usuel, embrasse indifféremment toute la conscience, car l'homme est un être

[1] *Mind.*

mental et voit tout sous l'aspect mental ; mais dans la terminologie de notre yoga, le substantif « mental » et l'adjectif « mental » sont utilisés pour désigner spécialement la partie de la nature qui a rapport avec la cognition et l'intelligence, avec les idées, les perceptions de l'esprit ou la pensée, les réactions provoquées par les objets sur la pensée, les formations et les mouvements vraiment mentaux, la vision et la volonté mentales, etc. — toutes choses qui font partie de l'intelligence de l'homme. Du mental il faut soigneusement distinguer le vital, quoiqu'un élément du mental ait été infusé en lui ; le vital est la nature de vie, faite de désirs, de sensations, de sentiments, de passions, des énergies de l'action, des volontés du désir, des réactions de l'âme de désir qui est en l'homme, et de tout ce jeu des instincts de possession et des autres instincts connexes : colère, peur, avidité, convoitise, etc., qui appartiennent à ce domaine de la nature. A la surface de la conscience le mental et le vital sont mélangés, mais en eux-mêmes ce sont des forces tout à fait distinctes, et sitôt que l'on passe derrière la conscience ordinaire superficielle, on les voit séparés, on découvre leur différence, et l'on peut avec l'aide de cette connaissance analyser leurs mélanges superficiels. Il est tout à fait possible — et cela est même courant — que pendant un temps plus ou moins long, parfois très long, le mental accepte le Divin ou l'idéal yoguique, sans que le vital soit convaincu et soumis et quoiqu'il reste obstinément sur la voie du désir, de la passion et de l'attirance pour la vie ordinaire. Cette division, ou ce conflit, entre le mental et le vital est la cause de la plupart des difficultés les plus vives dans la sâdhanâ.

***

L'être mental, à l'intérieur, surveille, observe et juge tout ce qui se passe en nous. Le psychique ne surveille ni n'observe de la sorte en témoin, mais il sent et il sait spontanément d'une manière beaucoup plus directe et lumineuse, par la pureté même de sa propre nature et par l'instinct divin qui est en lui, et ainsi, dès qu'il passe au premier plan, il révèle immédiatement quels sont les mouvements justes et les mouvements faux dans notre nature.

L'être humain est composé des éléments suivants : en arrière, le psychique, soutenant les autres ; puis le mental, le vital et le physique internes ; et à l'extérieur l'instrument par lequel ceux-ci s'expriment — la nature tout à fait externe du mental, de la vie et du corps. Mais au-dessus de tous ces éléments est l'être central (*jîvâtman*) qui les utilise tous pour se manifester ; c'est une partie du Soi divin. A l'homme extérieur cependant, la réalité de son être reste cachée ; il remplace cette âme, ce soi très intime par l'ego mental et vital. Seuls ceux qui ont commencé à se connaître eux-mêmes prennent conscience de leur véritable être central ; pourtant il est toujours là, présent derrière l'action du mental, de la vie et du corps, et c'est le psychique, lui-même une étincelle du Divin, qui le représente le plus directement. C'est par la croissance de l'élément psychique dans notre propre nature que nous commençons à entrer consciemment en contact avec notre être central qui est au-dessus. Lorsque cela se produit et que l'être central fait usage d'une volonté consciente pour contrôler et organiser les mouvements de la nature, c'est alors que l'on possède une maîtrise de soi réelle et spirituelle et non seulement une maîtrise partielle et simplement mentale ou morale.

***

Dans notre yoga l'expression « être central » est généralement utilisée pour désigner la partie du Divin dans l'homme qui soutient tout le reste et qui survit à travers la mort et la naissance. Cet être central a deux formes : en haut, il est le *jîvâtman*, l'être véritable, dont on prend conscience quand vient la connaissance de soi la plus haute, — en bas, il est l'être psychique qui se tient derrière le mental, le corps et la vie. Le *jîvâtman* est au-dessus de la manifestation dans la vie et y préside ; l'être psychique est présent derrière cette manifestation et la soutient.

L'attitude naturelle de l'être psychique est de se sentir l'enfant, le fils de Dieu, le *bhakta* ; c'est une partie du Divin, une avec lui en essence, quoique dans la dynamique de la manifestation il y ait toujours une différence, même dans l'identité. Le *jîvâtman*, au contraire, vit dans l'essence et peut se fondre en une identité avec le Divin ; mais lui aussi, dès qu'il préside à la dynamique de la manifestation, se reconnaît comme un centre du Divin multiple, et non pas comme le Parameshvara. Il est important de se rappeler cette distinction ; car autrement, si l'on a le moindre égoïsme vital, on peut commencer à se croire un avatâr ou bien perdre l'équilibre, comme Hridaya (1) avec Râmakrishna.

***

L'Esprit est l'Atman, Brahman, le Divin essentiel. Quand le Divin unique manifeste la multiplicité toujours inhérente en lui, ce Soi essentiel, ou Atman, devient pour cette manifestation l'être central qui d'en haut préside à l'évolution de ses personnalités et de ses vies terrestres ici-bas, mais il est lui-même une partie éternelle du Divin, antérieur à la manifestation terrestre, *parâ prakritir jîvabhûta.*

Dans cette manifestation inférieure, *aparâ prakriti,* cette partie éternelle du Divin apparaît comme l'âme — étincelle du Feu divin — qui sert d'appui à l'évolution individuelle et soutient l'être mental, vital et physique. L'être psychique est cette étincelle qui grandit et devient un feu, évoluant avec le développement de la conscience. L'être psychique est par conséquent évolutif et non pas, comme le *jîvâtman*, antérieur à l'évolution.

Mais l'homme n'a pas conscience du soi ou *jîvâtman,* il n'a conscience que de son ego, ou bien de l'être mental qui dirige la vie et le corps. Pourtant, en allant plus profondément, il peut prendre conscience de son âme ou être psychique comme de son centre véritable, le *purusha*

(1) Hridaya était le neveu de Râmakrishna et l'un de ses disciples.

dans le cœur. Le psychique est l'être central dans l'évolution, il émane du *jîvâtman*, partie éternelle du Divin, et il le représente. Dans l'état de pleine conscience, le *jîvâtman* et l'être psychique se joignent.

L'ego est une formation de la nature ; mais il n'est pas une formation de la seule nature physique ; aussi ne cesse-t-il pas avec le corps. Il y a aussi un ego mental et vital.

La base de la conscience matérielle ici-bas n'est pas seulement l'ignorance, mais l'inconscience — c'est-à-dire que la conscience est enveloppée dans la forme de la matière et dans l'énergie de la matière. Ce n'est pas seulement la conscience matérielle, mais aussi la conscience vitale et la conscience mentale qui sont séparées de la vérité par l'ignorance.

***

Le mot *jîva* a deux sens dans les langues sanskritiques ; il signifie une créature vivante [1], et il signifie aussi l'esprit individualisé qui soutient l'être vivant dans son évolution, de naissance en naissance. Dans ce second sens, le terme complet est *jîvâtman* — l'*âtman*, esprit ou soi éternel de l'être vivant. La Gîtâ en parle de façon imagée comme « d'une partie éternelle du Divin » — mais le terme fragmentation (employé par vous) est trop fort ; il pourrait s'appliquer aux formes, non à l'esprit qu'elles contiennent. En outre le Divin multiple est une réalité éternelle, antérieure à la création ici-bas. Une description détaillée du *jîvâtman* serait : « le Divin multiple manifesté ici-bas comme le soi ou esprit individualisé de l'être créé ». Le *jîvâtman*, dans son essence, ne change ni n'évolue ; son essence reste au-dessus de l'évolution personnelle. Dans l'évolution elle-même, il est représenté par l'être psychique qui se développe et soutient tout le reste de la nature.

L'advaïta-védânta (monisme) déclare que le *jîva* n'a

[1] Au Bengale, quand quelqu'un est sur le point de tuer un petit animal, les gens pour protester disent souvent : « Ne le tuez pas, c'est un *jîva* de Krishna (sa créature vivante). »

pas d'existence réelle puisque le Divin est indivisible. Une autre école attribue au *jîva* une existence réelle, mais non indépendante ; il est, dit-elle, un dans l'essence, différent dans la manifestation, et comme la manifestation est réelle, éternelle et n'est pas une illusion, le *jîva* ne peut être appelé irréel. Les écoles dualistes affirment que le *jîva* constitue une catégorie indépendante ou insistent sur la triade : Dieu, âme et nature.

***

L'âme prend naissance chaque fois, et chaque fois un mental, un vital et un corps sont formés avec les matériaux de la nature universelle, d'après l'évolution de l'âme dans le passé et ses besoins pour l'avenir.

Lorsque le corps s'est dissous, le vital va dans le plan vital et y reste un certain temps, mais au bout de ce temps l'enveloppe vitale disparaît. La dernière à se dissoudre est l'enveloppe mentale. Enfin l'âme ou être psychique se retire dans le monde psychique pour s'y reposer jusqu'à l'approche d'une nouvelle naissance.

Tel est le cours habituel pour des êtres humains d'un développement ordinaire. Il y a des variantes selon la nature de l'individu et son développement. Par exemple, si le mental est fortement développé, l'être mental peut subsister — il en est de même pour le vital — à condition qu'ils soient organisés par le véritable être psychique et centrés sur lui ; ils partagent alors l'immortalité du psychique.

L'âme recueille les éléments essentiels de son expérience dans la vie et en fait la base de sa croissance dans l'évolution ; lorsqu'elle retourne à la naissance elle prend, avec ses enveloppes mentale, vitale et physique, autant de son karma qu'il lui sera utile dans la nouvelle vie pour acquérir davantage d'expérience.

C'est en réalité pour la partie vitale de l'être que se font le *shrâddha* et les rites — pour aider l'être à se débarrasser des vibrations vitales qui l'attachent encore à la terre ou aux mondes vitaux, afin qu'il puisse atteindre rapidement le repos dans la paix psychique.

***

La conscience dans l'individu s'élargit dans la conscience cosmique au dehors, et peut avoir avec elle toutes sortes de relations : elle peut pénétrer, connaître ses mouvements, agir sur elle ou recevoir d'elle, voire même être aussi vaste qu'elle ou la contenir ; c'est cela que la langue des anciens yogas désignait par l'expression « avoir le Brahmânda en soi ».

La conscience cosmique est celle de l'univers, de l'esprit cosmique et de la nature cosmique, avec tous les êtres et toutes les forces qui y sont contenus. Tout cela comme ensemble est aussi conscient que l'individu isolément, bien que d'une manière différente. La conscience de l'individu en est une partie, mais c'est une partie qui se sent un être distinct. Et pourtant, à tout moment, la plus grande partie de ce qu'il est lui vient de la conscience cosmique ; mais il s'interpose un mur d'ignorance qui les sépare. Une fois ce mur abattu, l'individu commence à sentir le soi cosmique, la conscience de la nature cosmique, les forces qui y jouent, etc. Il sent tout cela comme il sent maintenant les choses et les chocs physiques. Il découvre que le tout fait un avec son soi plus vaste ou universel.

***

Il y a une nature mentale, une nature vitale, une nature physique universelles ; c'est d'un choix de leurs forces et de leurs mouvements que sont faits le mental, le vital et le physique individuels. L'âme vient d'au-delà de cette nature mentale, vitale et corporelle ; elle appartient au transcendant. Et c'est pourquoi il nous est possible de nous ouvrir à la Nature supérieure qui est au-delà.

Le Divin est toujours l'Un et le Multiple à la fois. L'esprit (ou soi) individuel fait partie de l'aspect « multiple » de l'Un et l'être psychique est ce qu'il déploie pour se développer ici-bas dans la nature terrestre. Dans la libération, le soi individuel reconnaît qu'il est l'Un (qui est pourtant le Multiple). Il peut plonger dans l'Un, et se fondre ou se cacher dans son sein — c'est le *laya* de l'advaïta ; il peut aussi sentir son unité et néanmoins, en tant que partie du Multiple qui est l'Un, jouir du Divin — c'est la libération du vishishtâdvaïta ; il peut encore insister sur l'aspect « multiple » et continuer à jouer avec Krishna dans l'éternel Vrindâvan — c'est la libération du dvaïta. Ou bien il peut, même lorsqu'il est libéré, rester dans la *lîlâ* — ou manifestation — ou y descendre aussi souvent qu'il le veut. Le Divin n'est pas lié par les philosophies humaines ; il est libre dans son jeu et libre dans son essence.

***

Ce que l'on désigne par Prakriti, ou Nature, est le côté extérieur ou exécutif de la Shakti ou force consciente qui forme les mondes et qui les meut. Ce côté extérieur paraît ici être mécanique, un jeu des forces, des *gunas*, etc. Mais derrière lui sont la conscience et la force vivantes du Divin, la Shakti divine. *Prakriti* elle-même est divisée en inférieure et supérieure. L'inférieure est la *prakriti* de l'ignorance, la *prakriti* du mental, de la vie et de la matière, séparée du Divin dans sa conscience ; la supérieure est la Prakriti divine du Sachchidânanda, avec son pouvoir de manifester le supramental, toujours consciente du Divin et libre de l'ignorance et de ses conséquences. L'homme, tant qu'il reste dans l'ignorance, est soumis à la *prakriti* inférieure, mais par l'évolution spirituelle il prend conscience de la Nature supérieure et cherche à entrer en contact avec elle. Il peut monter en elle et elle peut descendre en lui ; ce mouvement d'ascension et de descente rend possible la transformation de la nature inférieure du mental, de la vie et de la matière.

***

Il faut atteindre et faire descendre le Surmental (Overmind) avant que le Supramental (Supermind) ait la moindre possibilité de descendre, car le surmental est le passage par lequel on va du mental au supramental.

C'est dans le Surmental que prennent naissance tous ces arrangements divers de la vérité créatrice des choses. Du surmental ils descendent à l'intuition, d'où ils sont transmis au mental supérieur illuminé afin d'y être adaptés à notre compréhension. Mais dans la transmission et à mesure qu'ils descendent aux niveaux inférieurs, ils perdent de plus en plus de leur pouvoir et de leur certitude. Dans le mental humain est perdu ce qu'ils possédaient d'énergie de vérité directement perçue ; car à l'intellect ils se présentent comme des considérations spéculatives, et non pas comme une vérité qu'il aurait faite sienne, non pas comme une vue directe, comme une vision dynamique jointe à une expérience concrète et indéniable.

***

Le Supramental est entre Sachchidânanda et la création inférieure. Lui seul contient la vérité autonome de la Conscience divine, et il est nécessaire pour une création de vérité.

On peut évidemment réaliser Sachchidânanda en relation avec le mental, la vie et le corps aussi — mais c'est alors quelque chose de stable, qui soutient par sa présence la *prakriti* inférieure, mais ne la transforme pas. Le supramental peut seul transformer la nature inférieure.

***

Sachchidânanda (*sat-chit-ânanda*) est l'Un sous un triple aspect. Dans le Suprême, les trois ne sont pas trois, mais un — l'existence (*sat*) est conscience (*chit*), la conscience est félicité (*ânanda*), et ainsi les trois sont inséparables; non seulement inséparables, mais tellement l'un l'autre qu'ils ne sont aucunement distincts l'un de l'autre. Sur les plans supérieurs de la manifestation, ils deviennent trois en un ; bien qu'ils restent inséparables, l'un peut devenir prédominant et peut servir de base ou de guide aux autres. En dessous, sur les plans inférieurs, ils deviennent séparables en apparence, sans l'être cependant dans leur réalité secrète, et, dans le monde phénoménal, l'un d'eux peut exister sans les autres, si bien que nous prenons conscience de ce qui nous paraît être une existence inconsciente ou douloureuse, ou une conscience sans *ânanda*. En fait, sans cette séparation entre eux dans notre expérience, la douleur, l'ignorance, le mensonge, la mort et ce que nous appelons l'inconscience n'auraient pas pu se manifester et cette évolution d'une conscience limitée et souffrante sortant de la nescience universelle de la matière n'aurait pas pu avoir lieu.

Chapitre troisième

Soumission et ouverture

Tout le principe de notre yoga est de se donner entièrement au seul Divin, et à personne, ni à rien d'autre, de faire descendre en nous, par l'union avec la Mère divine, toute la lumière, tout le pouvoir, toute l'immensité, la paix, la pureté, la conscience de vérité et l'*ânanda* transcendants du Divin supramental.

***

Râdhâ est la personnification de l'amour absolu pour le Divin, amour total et intégral dans toutes les parties de l'être, depuis le spirituel le plus élevé jusqu'au physique, amenant le don de soi absolu et la consécration totale de tout l'être et appelant l'*ânanda* suprême pour qu'il descende dans le corps et dans la nature la plus matérielle.

***

Être pur, c'est n'accepter aucune autre influence que la seule influence du Divin.

***

Être fidèle, c'est n'admettre et ne manifester aucun autre mouvement que les mouvements inspirés et guidés par le Divin.

***

Être sincère signifie élever tous les mouvements de l'être au niveau de la conscience et de la réalisation les plus hautes qu'on ait déjà atteintes.

La sincérité exige l'unification et l'harmonisation de l'être tout entier dans toutes ses parties et tous ses mouvements autour de la volonté divine centrale.

***

Le Divin Se donne à ceux qui se donnent eux-mêmes au Divin sans réserve et dans toutes leurs parties. A eux le calme, la lumière, la puissance, la félicité, la liberté, l'immensité, les sommets de la connaissance, les océans de l'*ânanda*.

***

Parler de soumission, ou bien n'avoir de la consécration intégrale qu'une simple idée ou qu'un désir tiède ne suffit pas ; il faut vouloir avec force la transformation radicale et totale.

Ce n'est pas en adoptant simplement une attitude mentale que cela peut se faire, ni même par des quantités d'expériences intérieures qui laissent l'homme extérieur tel qu'il est. C'est cet homme extérieur qui doit s'ouvrir, se soumettre et se transformer. La moindre de ses habitudes, de ses actions, le moindre de ses mouvements doit être soumis, vu, présenté, exposé à la lumière divine, offert à la force divine pour que ses anciennes formes, ses anciens mobiles soient détruits et que la vérité divine et l'action de la conscience transformatrice de la Mère divine prennent leur place.

***

Cela n'a pas grand sens, spirituellement, de se tenir ouvert à la Mère si l'on réserve sa soumission. Le don de soi ou soumission est exigé de ceux qui pratiquent ce yoga, parce que sans une telle soumission progressive de l'être il est tout à fait impossible de s'approcher tant soit peu du but. Se tenir ouvert signifie appeler la force de la Mère pour qu'elle pénètre et travaille en vous, et si vous ne vous y soumettez pas, cela revient à ne pas lui permettre de travailler en vous du tout ou bien à lui poser comme condition qu'elle travaillera de la manière que vous voulez, et non pas selon sa propre manière, qui est celle de la vérité divine. Ce genre de suggestion provient généralement de quelque pouvoir hostile ou de quelque élément égoïste dans le mental ou le vital qui veut la Grâce ou la force, mais seulement afin de l'utiliser pour ses propres desseins et sans vouloir vivre pour le dessein divin ; — il veut bien prendre au Divin tout ce qu'il peut en obtenir, mais il ne veut pas se donner lui-même au Divin. L'âme, l'être véritable, au contraire, se tourne vers le Divin et n'a pas seulement de la bonne volonté, mais aussi de l'ardeur et de la joie à se soumettre.

Dans notre yoga, on est censé dépasser toute culture idéaliste mentale. Les idées et les idéals appartiennent au mental et ne sont que des demi-vérités ; et le mental lui-même se contente le plus souvent d'avoir simplement un idéal, pleinement satisfait du plaisir d'idéaliser, tandis que la vie reste toujours la même, inchangée, ou bien modifiée un peu seulement, et surtout en apparence. Le chercheur spirituel ne se détourne pas de la poursuite de la réalisation pour se contenter d'idéaliser ; ne pas idéaliser, mais réaliser la vérité divine reste toujours son but, soit au-delà de la vie, soit aussi dans la vie, — et dans ce dernier cas, il est nécessaire de transformer le mental et la vie, ce qu'on ne peut pas faire sans se soumettre à l'action de la force divine, à l'action de la Mère.

La recherche de l'Impersonnel est la voie de ceux qui veulent se retirer de la vie ; généralement ils essaient d'y parvenir, non pas en s'ouvrant à une puissance supérieure ou par la voie de la soumission, mais par leurs propres efforts ; car l'Impersonnel n'est pas quelque chose qui guide ou qui aide, mais quelque chose à atteindre, et il laisse chaque homme l'atteindre selon la manière et la capacité de sa nature. D'un autre côté, en s'ouvrant et en se soumettant à la Mère, on peut réaliser l'Impersonnel aussi, ainsi que tout autre aspect de la vérité.

La soumission doit forcément être progressive. Nul ne peut faire sa soumission complète dès le début ; aussi est-il tout à fait naturel que lorsqu'on regarde en soi-même, on en constate l'absence. Ce n'est pas une raison pour ne pas accepter le principe de la soumission et pour ne pas la réaliser avec persévérance, d'étape en étape, de domaine en domaine, en l'appliquant successivement à toutes les parties de la nature.

***

Dans la première période de la sâdhanâ (et par là je n'entends pas une période brève), l'effort est indispensable. Soumettez-vous bien entendu ; mais la soumission n'est pas une chose qui s'effectue en un jour. Le mental a ses idées et il s'y cramponne ; le vital humain s'oppose à la soumission, car ce qu'il appelle soumission dans les débuts est un genre douteux de don de soi, et comporte une exigence ; la conscience physique est comme une pierre, et ce qu'elle appelle soumission n'est souvent rien autre que de l'inertie. C'est seulement le psychique qui sait comment se soumettre, et le psychique est en général très voilé au commencement. Lorsque le psychique s'éveille, il peut amener une soumission brusque et véritable de l'être tout entier, car la difficulté que présente le reste est vite surmontée et disparaît. Mais jusque-là l'effort est indispensable. Ou tout au moins il est nécessaire jusqu'à ce que d'en haut la force descende dans l'être et l'inonde, qu'elle se charge de la sâdhanâ, et la fasse pour lui de plus en plus, en laissant à l'effort individuel un rôle de moins en moins grand ; cependant, même en ce cas, sinon l'effort, du moins l'aspiration et la vigilance sont nécessaires jusqu'à ce que la possession du mental, de la volonté, de la vie et du corps par la puissance divine soit parachevée. J'ai traité ce sujet, je crois, dans l'un des chapitres de « La Mère ».

D'un côté il y a des gens qui commencent avec la volonté sincère et dynamique de faire une soumission totale. Ce sont ceux qui sont régis par le psychique, ou par une volonté mentale lucide et éclairée, qui, lorsqu'elle a accepté la soumission comme loi de la sâdhanâ, n'admet plus aucune équivoque et exige que les autres parties de l'être suivent sa direction. Là il y a encore effort ; mais cet effort est si facile et spontané et se sent tellement appuyé par une force qui le dépasse que le *sâdhak* se rend à peine compte qu'il fait un effort. Au contraire, lorsqu'il existe dans le mental ou le vital une détermination de conserver sa volonté autonome, une répugnance à renoncer à son indépendance de mouvement, il faut qu'il y ait lutte et effort jusqu'à ce que soit abattu le mur séparant l'instrument qui est en avant et la Divinité derrière ou au-dessus de lui. On ne peut poser aucune règle qui s'applique à tous indistinctement ; les variations de la nature humaine sont trop grandes pour qu'une règle catégorique convienne à tous les cas.

***

Il y a un état dans lequel le *sâdhak* a conscience de la force divine qui travaille en lui, ou tout au moins de ses résultats, et ne fait pas obstruction à sa descente ou à son action par ses propres activités mentales, sa turbulence vitale ou son obscurité et son inertie physiques. C'est en cela que consiste l'ouverture au Divin. La soumission est le meilleur moyen de s'ouvrir ; mais tant qu'il n'y a pas de soumission, l'aspiration et la tranquillité peuvent y mener jusqu'à un certain point. Se soumettre signifie consacrer au Divin tout ce qui est en soi, lui offrir tout ce qu'on est et tout ce qu'on a, ne pas chercher à faire prévaloir ses idées, ses désirs, ses habitudes, etc., mais permettre à la vérité divine de les remplacer partout par sa connaissance, sa volonté et son action.

***

Restez toujours en contact avec la force divine. Le mieux pour vous est de faire simplement cela et de la laisser faire son œuvre ; partout où ce sera nécessaire, elle s'emparera des énergies inférieures et les purifiera ; à d'autres moments elle vous en débarrassera et vous remplira d'elle-même. Mais si vous laissez votre mental gouverner, discuter, décider ce qu'il faut faire, vous perdrez le contact avec la force divine, et les énergies inférieures commenceront à agir de leur propre chef, et tout deviendra confusion et mouvement faux.

***

C'est alors seulement que l'être psychique peut s'ouvrir pleinement, lorsque le *sâdhak* s'est débarrassé du mélange des mobiles vitaux avec sa sâdhanâ et qu'il est capable d'un don de soi simple et sincère à la Mère. Si la tendance est égoïste ou le mobile non sincère, de quelque façon que ce soit, si le yoga est suivi soit sous la pression d'exigences vitales, soit en tout ou en partie pour satisfaire quelque ambition, spirituelle ou autre, quelque orgueil, quelque vanité, quelque recherche du pouvoir, des honneurs ou de l'empire sur autrui, soit encore sous l'impulsion du désir de satisfaire un appétit vital quelconque à l'aide de la force yoguique, alors le psychique ne peut pas s'ouvrir, ou bien ne s'ouvre qu'en partie, ou de temps à autre, et se referme ensuite parce qu'il est voilé par les activités vitales ; la flamme psychique s'éteint, étouffée par la fumée vitale. La même incapacité se retrouve également si le mental assume le rôle principal dans le yoga et repousse l'âme intérieure à l'arrière-plan, ou si la *bhakti* ou les autres mouvements de la sâdhanâ prennent une forme plus vitale que psychique. La pureté, la simple sincérité, la capacité de se donner sans égoïsme ni réserve, sans prétention ni exigence, sont les conditions pour que l'être psychique puisse s'ouvrir entièrement.

***

Il n'entre pas dans notre yoga de dessécher le cœur; mais les émotions doivent être dirigées vers le Divin. Il peut y avoir de courtes périodes pendant lesquelles le cœur, dans un état de quiétude, se détourne des sentiments ordinaires et attend l'influx d'en haut; mais de tels états ne sont pas des états de sécheresse mais de silence et de paix. Dans notre yoga, le cœur, en fait, devrait être le centre principal de la concentration jusqu'à ce que la conscience s'élève plus haut.

***

Tout attachement est un obstacle à la sâdhanâ. Vous devriez avoir de la bonne volonté envers tous, de la bonté psychique pour tous, mais pas d'attachement vital.

***

L'amour du *sâdhak* doit être pour le Divin. C'est seulement quand il y est pleinement parvenu qu'il peut aimer les autres d'un amour vrai.

***

Il n'y a pas de raison pour qu'on ne reçoive pas par l'intellect de même que l'on reçoit par le vital, par l'émotif et par le corps. L'intellect est tout aussi capable de recevoir que les autres parties, et puisqu'il doit être transformé comme le reste, il faut le dresser à recevoir, sans quoi aucune transformation ne pourrait s'y produire.

C'est l'activité ordinaire et non encore éclairée de l'intellect qui fait obstacle à l'expérience spirituelle, tout comme y fait obstacle l'activité ordinaire et non encore régénérée du vital ou la conscience obscure et stupidement récalcitrante du corps. Ce contre quoi il faut particulièrement mettre en garde le *sâdhak* dans le fonctionnement défectueux de l'intellect, c'est premièrement l'illusion de prendre pour une réalisation des idées et des impressions mentales ou des conclusions intellectuelles, et deuxièmement l'activité turbulente simplement mentale qui trouble la précision spontanée de l'expérience psychique et spirituelle et qui, ou bien ne laisse pas place à la descente de la vraie connaissance illuminatrice, ou alors la déforme dès qu'elle touche, ou même avant qu'elle ne touche complètement, le plan mental humain. Il y a aussi, bien entendu, les vices habituels de l'intellect : son inclination à douter stérilement plutôt qu'à recevoir dans la lumière et discerner dans un calme éclairé ; son arrogance qui prétend juger, d'après les critériums qu'il a tirés de sa propre expérience limitée, de choses hors de sa portée, inconnues de lui, trop profondes pour lui ; ses tentatives pour expliquer le supraphysique par le physique ; son insistance à vouloir la preuve des choses supérieures et occultes d'après des normes propres à la matière et au mental dans la matière ; et bien d'autres défauts encore qui sont trop nombreux pour être énumérés ici. Toujours l'intellect substitue ses propres représentations, constructions et opinions à la connaissance véritable. Mais si l'intellect s'est soumis, s'il est ouvert, tranquille, réceptif, il n'y a pas de raison pour qu'il ne soit pas un moyen de recevoir la lumière, ou une aide à l'expérience des états spirituels et à la plénitude d'une transformation intérieure.

***

Le tumulte de l'activité mentale (intellectuelle) doit aussi être réduit au silence, comme l'activité vitale du désir, afin que le calme et la paix puissent être complets. La connaissance doit venir — mais d'en haut. Dans ce calme les activités mentales ordinaires comme les activités vitales ordinaires deviennent des mouvements superficiels avec lesquels le soi intérieur silencieux n'a pas de rapport. C'est la libération nécessaire pour que la connaissance véritable et la véritable activité de la vie puissent remplacer ou transformer les mouvements de l'ignorance.

***

L'âme, l'être psychique, est en contact direct avec la vérité divine, mais dans l'homme l'âme est masquée par le mental, par l'être vital et par la nature physique. On peut pratiquer le yoga et obtenir des illuminations dans le mental et dans la raison ; on peut conquérir la puissance et jouir de toutes sortes d'expériences dans le vital ; on peut même obtenir d'étonnantes *siddhis* physiques ; mais si le pouvoir véritable de l'âme qui est en arrière ne se manifeste pas, si la nature psychique ne passe pas au premier plan, rien d'authentique n'a été accompli. Dans notre yoga, l'être psychique est ce qui ouvre le reste de la nature à la vraie lumière supramentale et finalement à l'*ânanda* suprême. Le mental peut s'ouvrir de lui-même à ses propres régions supérieures ; il peut s'apaiser et s'élargir jusqu'en l'Impersonnel, il peut aussi se spiritualiser en une sorte de libération statique ou nirvâna ; mais le supramental ne peut pas trouver de base suffisante dans le seul mental spiritualisé. Si l'âme la plus profonde est éveillée, s'il y a une naissance nouvelle, hors de la simple conscience mentale, vitale et physique, à la conscience psychique, alors on peut pratiquer notre yoga ; autrement (par le seul pouvoir du mental ou de n'importe quelle autre partie) c'est impossible... Si l'on refuse la nouvelle naissance psychique, si l'on refuse de devenir l'enfant nouvellement né de la Mère, par suite de son propre attachement à la connaissance intellectuelle ou à des idées mentales ou à quelque désir vital, alors la sâdhanâ aboutit à un échec.

***

J'ai dit que la voie la plus décisive par laquelle puissent venir la paix et le silence est une descente d'en haut. En fait, en réalité — bien que pas toujours en apparence — c'est ainsi qu'ils viennent toujours. Pas toujours en apparence, parce que le *sâdhak* ne se rend pas toujours compte de ce qui se passe ; il sent la paix s'établir en lui, ou tout au moins s'y manifester, mais il n'a pas été conscient de comment ni d'où elle est venue. Pourtant la vérité est que tout ce qui appartient à la conscience supérieure vient d'en haut ; non seulement la paix et le silence spirituels, mais encore la lumière, la puissance, la connaissance, la vision et la pensée supérieures, l'*ânanda*. Il leur est aussi possible jusqu'à un certain point de venir de l'intérieur, mais c'est parce que l'être psychique leur est ouvert directement ; ils y descendent d'abord et ils se révèlent ensuite dans le reste de l'être, soit en émergeant du psychique, soit parce que ce dernier passe au premier plan. Une révélation intérieure ou une descente d'en haut sont les deux voies souveraines de la *siddhi* du yoga. Un effort du mental superficiel externe ou des émotions, une *tapasyâ* d'une espèce ou d'une autre, peuvent sembler construire quelque réalisation de ce genre, mais les résultats sont généralement incertains et fragmentaires, comparés à ceux des deux voies radicales. C'est pourquoi dans notre yoga nous insistons toujours sur la nécessité de « s'ouvrir » pour que la sâdhanâ porte ses fruits, c'est-à-dire d'ouvrir vers le dedans du mental, le vital et le physique intérieurs, à la partie la plus profonde en nous — le psychique —, et de les ouvrir aussi vers le haut, à ce qui est au-dessus du mental.

La raison fondamentale en est que ce petit mental, ce petit vital, ce petit corps que nous appelons nous-même ne sont qu'un mouvement superficiel et pas du tout notre vrai « moi ». Tout cela n'est qu'une bribe tout extérieure de personnalité, mise en avant pendant une brève existence pour le jeu de l'ignorance. Elle est munie d'un mental ignorant qui trébuche à la recherche de fragments de vérité, d'un vital ignorant qui court çà et là à la recherche de fragments de plaisir, d'un physique obscur et surtout subconscient qui reçoit les chocs des objets et qui subit, plutôt qu'il ne possède, la douleur ou le plaisir qui en résultent. Tout cela est accepté jusqu'à ce que le mental le prenne en dégoût et se mette en quête de la vérité réelle sur lui-même et sur les choses, que le vital s'en dégoûte et commence à se demander s'il n'existe pas quelque chose qui soit la véritable béatitude et que le physique s'en fatigue et veuille être libéré de lui-même, de ses douleurs et de ses plaisirs. Il devient alors possible à cet ignorant petit fragment de personnalité de retourner à son soi réel, et en même temps à ces réalisations plus vastes, ou bien de parvenir à l'extinction de soi, au nirvâna.

Le vrai soi ne se trouve nulle part à la surface, mais profondément à l'intérieur et en haut. A l'intérieur est l'âme qui soutient le mental, le vital et le physique intérieurs et qui est susceptible d'une extension universelle ainsi que de procurer ce qui est demandé maintenant : être en contact direct avec la vérité de soi-même et des choses, goûter à une félicité universelle, être libéré de la petitesse prisonnière et des souffrances du corps physique grossier. Même en Europe, on admet aujourd'hui très fréquemment l'existence de quelque chose derrière la surface ; mais on se trompe sur sa nature et on l'appelle « subconscient » ou « subliminal », alors qu'en réalité il est très conscient à sa façon et qu'il n'est pas subliminal, mais seulement derrière le voile. D'après notre psychologie, il est relié à la petite personnalité extérieure par certains centres de conscience que nous révèle le yoga. Un petit peu seulement de l'être intérieur passe par ces centres dans la vie extérieure, mais ce peu est la meilleure partie de nous-mêmes ; c'est à lui que nous sommes redevables de notre art, notre poésie, notre philosophie, notre idéal, nos aspirations religieuses, nos efforts vers la connaissance et la perfection. Mais les centres intérieurs sont en majeure partie fermés ou endormis ; les ouvrir, les rendre éveillés et actifs est l'un des buts du yoga. A mesure qu'ils s'ouvrent, les pouvoirs et les possibilités de l'être intérieur s'animent en nous;

nous nous éveillons d'abord à une conscience plus vaste, puis à une conscience cosmique ; nous cessons d'être de petites personnalités séparées avec une existence limitée ; nous devenons des centres d'une action universelle, en contact direct avec des forces cosmiques. En outre, au lieu d'être sans le vouloir le jouet de ces forces, comme l'est la personnalité de surface, nous pouvons devenir conscients et maîtres du jeu de la nature jusqu'à un point qui dépend du développement de l'être intérieur et de son ouverture aux niveaux spirituels supérieurs. En même temps l'ouverture du centre du cœur libère l'être psychique, qui commence à nous rendre conscients du Divin en nous et de la vérité supérieure au-dessus de nous.

Car le Soi spirituel suprême n'est même pas derrière notre personnalité et notre existence corporelle ; il est au-dessus et il les dépasse tout à fait. Le plus élevé des centres internes est dans la tête, de même que le plus profond est dans le cœur ; mais le centre qui s'ouvre directement au Soi est au-dessus de la tête, tout à fait hors du corps physique, dans ce qu'on appelle le corps subtil, *sûkshma sharîra*. Ce Soi a deux aspects, et lorsqu'on le réalise, les résultats correspondent à ces deux aspects. L'un est statique, — c'est un état de paix, de liberté, de silence pleins d'ampleur ; le Soi silencieux n'est affecté par aucune action ou expérience ; il les soutient sans partialité et ne semble pas du tout leur donner naissance, mais plutôt se tenir en arrière, détaché ou indifférent, *udâsîna*. L'autre aspect est dynamique ; — on le perçoit comme un Soi ou Esprit cosmique qui non seulement soutient, mais engendre et contient toute l'action cosmique, non seulement la partie de cette action qui concerne notre moi physique, mais aussi tout ce qui est au-delà — ce monde-ci et tous les autres mondes, les domaines supraphysiques aussi bien que les domaines physiques de l'univers. En outre, on sent que le Soi est un en tout, mais on le sent aussi au-dessus de tout, transcendant, surpassant toute naissance individuelle ou toute existence cosmique. Entrer dans le Soi universel — un en tout — c'est être libéré de l'ego ; l'ego, ou bien devient une simple circonstance instrumentale dans la conscience, ou bien même disparaît tout à fait de celle-ci. C'est l'extinction ou nirvâna de l'ego. Pénétrer dans le Soi transcendant au-dessus de tout nous rend capable de dépasser complètement la conscience et l'action cosmiques elles-mêmes, — cela peut être la voie vers cette libération complète hors de l'existence dans le monde qu'on appelle aussi extinction, *laya*, *moksha*, nirvâna.

Il faut remarquer cependant que la paix, le silence et le nirvâna ne sont pas nécessairement le seul aboutissement de l'ouverture vers le haut. Non seulement le *sâdhak* prend conscience d'une paix, d'un silence, d'une étendue immenses — en fin de compte infinis — au-dessus de lui, au-dessus de sa tête pour ainsi dire, et s'étendant dans tout l'espace physique et supraphysique ; mais il peut prendre conscience d'autres choses aussi : une Force vaste en laquelle est tout pouvoir, une Lumière vaste en laquelle est toute connaissance, un Ananda vaste en lequel sont toute béatitude et tout ravissement. Tout d'abord ces choses apparaissent comme essentielles, indéterminées, absolues, simples, *kevala* ; un nirvâna semble possible dans l'une quelconque d'entre elles. Mais nous pouvons arriver aussi à voir que cette Force contient toutes les forces, cette Lumière toutes les lumières, cet Ananda toute la joie et toute la félicité possibles. Et tout cela peut descendre en nous. Toutes ces choses, et non pas seulement la paix, peuvent descendre, isolées ou ensemble ; mais le plus prudent est de faire descendre d'abord une paix et un calme absolus, car cela donne plus de sécurité à la descente du reste ; sinon il peut être difficile à la nature extérieure de contenir ou de supporter tant de force, de lumière, de connaissance ou d'*ânanda*. L'ensemble de toutes ces choses constitue ce que nous appelons la conscience spirituelle supérieure ou conscience divine. L'ouverture psychique par l'intermédiaire du cœur nous met en premier lieu en rapport avec le Divin individuel, le Divin dans sa relation intime avec nous ; c'est particulièrement la source de l'amour et de la *bhakti*. L'ouverture vers le haut nous met en rapport direct avec le Divin intégral et peut créer en nous la conscience divine, — une nouvelle naissance ou des nouvelles naissances de l'esprit.

Lorsque la paix est établie, cette force supérieure ou divine qui vient d'en haut peut descendre et travailler en nous. D'habitude elle descend d'abord dans la tête et libère les centres du mental interne, puis dans le centre du cœur et libère entièrement l'être psychique et émotif, puis dans le centre ombilical et les autres centres vitaux et libère le vital intérieur, puis dans le *mûlâdhâra* et au-dessous et libère l'être physique interne. Elle travaille pour la perfection aussi bien que pour la libération ; elle prend la nature tout entière élément par élément, et la traite, éliminant ce qui doit être éliminé, sublimant ce qui doit être sublimé, créant ce qui doit être créé. Elle complète, elle harmonise, elle établit dans la nature un rythme nouveau. Elle peut aussi faire descendre une force et un domaine de plus en plus élevés de la nature supérieure jusqu'à ce qu'il devienne possible, si tel est le but de la sâdhanâ, de faire descendre la force et l'existence supramentales. Tout cela est préparé, facilité, soutenu par le travail de l'être psychique dans le centre du cœur ; plus il est ouvert, apparent, actif, plus le travail de la force sera prompt, sûr et aisé. Plus l'amour, la *bhakti* et la soumission grandissent dans le cœur, plus l'évolution de la sâdhanâ devient rapide et parfaite. Car la descente et la transformation impliquent en même temps une union et un contact croissants avec le Divin.

Telle est l'analyse fondamentale de la sâdhanâ. Il apparaîtra clairement qu'ici les deux choses les plus importantes sont l'ouverture du centre du cœur et celle des centres du mental à tout ce qui est derrière et au-dessus d'eux. Car le cœur s'ouvre à l'être psychique et les centres du mental s'ouvrent à la conscience supérieure ; or, la conjonction de l'être psychique et de la conscience supérieure est le principal moyen d'obtenir la *siddhi*. La première ouverture s'effectue par une concentration dans le cœur, un appel au Divin pour qu'il se manifeste en nous et pour que, à travers le psychique, il se saisisse de notre nature tout entière et la dirige. L'aspiration, la prière, la *bhakti*, l'amour, la soumission sont les principaux soutiens de cette partie de la sâdhanâ — accompagnés du rejet de tout ce qui barre la route vers ce à quoi nous aspirons. La seconde ouverture s'effectue par une concentration de la conscience dans la tête (ensuite au-dessus de la tête), une aspiration, un appel, une volonté soutenue pour faire descendre dans l'être la paix, la puissance, la lumière, la connaissance, la béatitude (*ânanda*) divines ; — la paix d'abord ou la paix et la force ensemble. Quelques-uns, en vérité, reçoivent en premier lieu la lumière ou l'*ânanda* ou un brusque envahissement de la connaissance. Certains éprouvent d'abord une ouverture qui leur révèle un silence, une force, une lumière ou une béatitude vastes et infinis au-dessus d'eux, et ensuite ils s'élèvent jusque-là, ou ces choses commencent à descendre dans la nature inférieure. Chez d'autres, il y a soit une descente, d'abord dans la tête, puis jusqu'au niveau du cœur, puis au nombril et au-dessous et dans le corps tout entier, soit une ouverture inexplicable — sans aucun sens de descente — de paix, de lumière, d'étendue ou de pouvoir, soit encore une ouverture horizontale dans la conscience cosmique, ou un jaillissement de connaissance dans un mental soudain élargi. On doit faire bon accueil à tout ce qui vient, car il n'y a pas de règle absolue qui s'applique à tous ; mais si la paix n'est pas venue la première, il faut prendre garde de s'enorgueillir dans une exaltation vaniteuse ou de perdre l'équilibre. De toutes façons, le mouvement capital se produit lorsque la force ou Shakti divine, le pouvoir de la Mère, descend et prend le contrôle, car alors l'organisation de la conscience commence et la base du yoga devient plus vaste.

En général, le résultat de la concentration n'est pas immédiat, bien que chez certains il y ait épanouissement brusque et rapide ; mais la plupart passent par une période plus ou moins longue d'adaptation ou de préparation, surtout si la nature n'a pas été déjà préparée jusqu'à un certain point par l'aspiration et la *tapasyâ*. L'obtention du résultat peut parfois être facilitée en associant à la concentration un des procédés de l'ancien yoga. Il y a la méthode advaïtique du chemin de la connaissance : rejeter l'identification de soi avec le mental, le vital et le corps, en se disant sans cesse : « je ne suis pas le mental, je ne suis pas le vital, je ne suis pas le corps », et en regardant ces éléments comme séparés de son soi véritable ; au bout d'un certain temps on sent toutes les activités mentales, vitales et corporelles, et jusqu'au sens même du mental, du vital et du corps, s'extérioriser et devenir une action en dehors de soi, tandis qu'à l'intérieur et détaché d'eux se développe le sens d'un être distinct et autonome, qui s'ouvre à la réalisation de l'Esprit cosmique et transcendant. Il y a aussi la méthode, très puissante, des Sâmkhyas, la séparation du *purusha* et de la *prakriti*. On oblige le mental à prendre le rôle de témoin : toute action du mental, du vital et du physique devient un jeu extérieur qui n'est ni moi ni à moi, mais qui appartient à la nature et a été imposé à un moi extérieur. Je suis le *purusha* témoin ; je suis silencieux, détaché et ne suis lié par aucune de ces choses. En conséquence une division se produit dans l'être ; le *sâdhak* sent croître en lui une conscience distincte, calme et silencieuse, qui se sait tout à fait séparée du jeu superficiel de la nature mentale, vitale et physique. D'habitude, lorsque cela a lieu, il est possible de faire descendre très rapidement la paix de la conscience supérieure et l'action de la force supérieure, et le plein mouvement du yoga. Mais souvent la force elle-même descend d'abord, en réponse à la concentration et à l'appel ; après quoi, si ces procédés sont nécessaires, elle les accomplit ou bien elle emploie tout autre moyen ou tout autre procédé qui serait utile ou indispensable.

Autre chose encore. Dans ce processus de descente et de travail, il est extrêmement important de ne pas compter exclusivement sur soi-même, mais de s'en remettre à la direction du gourou et de soumettre tout ce qui se produit à son jugement, à son arbitrage, à sa décision. Car il arrive souvent que les forces de la nature inférieure soient stimulées et excitées par la descente et veuillent s'y mêler et la détourner à leur profit. Il arrive souvent aussi qu'une ou plusieurs Puissances, de nature non divine, veulent se faire passer pour le Seigneur suprême ou la Mère divine et exigent de l'être service et soumission. Si l'on y consent, il en résulte des conséquences absolument désastreuses. Si en fait le *sâdhak* donne son consentement seulement au travail du Divin et se soumet et s'abandonne à sa direction seule, alors tout peut se passer harmonieusement. Ce consentement et le rejet de toutes les forces égoïstes ou de celles qui plaisent à l'ego, sont la sauvegarde du *sâdhak*, d'un bout à l'autre de la sâdhanâ. Mais les voies de la nature sont pleines d'embûches, les travestissements de l'ego sont innombrables, les tromperies des Puissances des ténèbres, *râkshasî mâyâ*, sont extraordinairement habiles. La raison est un guide insuffisant et nous trahit souvent ; le désir vital nous accompagne toujours et nous pousse à répondre à tout appel alléchant. C'est pour cette raison que dans notre yoga nous insistons tellement sur ce que nous appelons *samarpana* — que rend assez mal le mot français « soumission » (1). Si le centre du cœur est pleinement ouvert et que le psychique garde toujours le contrôle, aucune question ne se pose ; on est en sûreté. Mais le psychique peut à tout moment être voilé par une vague venant d'en bas. Peu nombreux sont ceux qui sont exempts de ces dangers, mais ce sont justement ceux à qui la soumission est facile. Dans cette entreprise difficile, la direction de quelqu'un qui est lui-même, par identification le Divin, ou qui le représente, s'impose et est indispensable.

Ce que je viens d'écrire pourra vous aider à vous faire une idée claire de ce que j'entends par le processus central du yoga. J'ai écrit un peu longuement, mais évidemment je n'ai pu traiter que les points fondamentaux. Tout ce qui est du domaine des circonstances et du détail doit se présenter au fur et à mesure que l'on élabore la méthode, ou plutôt que la méthode s'élabore elle-même,

(1) *Surrender*, en anglais.

— car c'est cela qui se produit d'habitude lorsque commence réellement l'action de la sâdhanâ.

***

Passons maintenant à la concentration. D'ordinaire, la conscience se répand partout, se disperse et court dans toutes les directions, après ce sujet-ci, après cet objet-là, sans limitation. Quand on doit effectuer n'importe quoi de soutenu, la première chose que l'on fait est de retirer à soi toute cette conscience dispersée et de se concentrer. Alors, si l'on regarde de près, la conscience est forcément concentrée en un seul endroit et sur une seule occupation, sujet ou objet, — comme lorsque vous composez un poème ou qu'un botaniste étudie une fleur. L'endroit est généralement quelque part dans le cerveau ou dans le cœur, suivant que l'on se concentre dans la pensée ou dans le sentiment. La concentration yoguique est simplement une extension et une intensification de la même opération. Elle peut se faire sur un objet, comme lorsqu'on fait *trâtak* sur un point brillant — on doit alors se concentrer de façon à ne voir que ce point et à n'avoir aucune autre pensée. Elle peut se faire sur une idée, sur un mot ou un nom : l'idée du Divin, le mot AUM, le nom de Krishna, ou sur une combinaison d'une idée et d'un mot ou d'une idée et d'un nom. Mais quand on est plus avancé dans le yoga, on se concentre aussi dans un endroit particulier. Il y a la règle bien connue de se concentrer entre les sourcils — c'est là que se trouve le centre du mental interne, de la vision occulte, de la volonté. Ce qu'on fait est de penser fixement, de là, à l'objet qu'on a choisi pour sa concentration, ou encore d'essayer, de là, d'en voir l'image. Si l'on y parvient, on sent après quelque temps que sa conscience entière est centrée en cet endroit — pour l'instant, bien entendu. Après l'avoir fait pendant quelque temps et souvent, cela devient facile et normal.

J'espère que cela est clair. Eh bien, dans notre yoga, vous faites la même chose, pas nécessairement à cet endroit particulier entre les sourcils, mais n'importe où dans la tête, ou au centre de la poitrine, là où les physiologistes ont placé le plexus cardiaque. Au lieu de vous concentrer sur un objet, vous vous concentrez dans la tête dans une volonté, dans un appel pour que la paix d'en haut descende ou, comme certains le font, pour que s'ouvre la barrière invisible et que la conscience s'élève vers les hauteurs. Dans le centre du cœur, on se concentre dans une aspiration, pour une ouverture, pour la présence là de la vivante image du Divin ou pour tout autre résultat. On peut faire le *japa* (répétition) d'un nom, mais, dans ce cas, il faut en même temps se concentrer sur ce nom qui doit se répéter de lui-même dans le centre du cœur.

On peut demander ce qu'il advient du reste de la conscience lorsque l'on fait une telle concentration locale. Ou bien elle tombe dans le silence comme dans toute concentration ; ou bien des pensées ou d'autres choses peuvent s'y mouvoir, comme si elles étaient à l'extérieur, mais la partie concentrée ne s'en occupe pas ni ne les remarque. Il en est ainsi lorsque la concentration est raisonnablement réussie.

On ne doit pas se fatiguer au début par une longue concentration, si l'on n'y est pas habitué, car dans un mental épuisé, elle perd alors son pouvoir et sa valeur. On peut se détendre et méditer au lieu de se concentrer. C'est seulement lorsque la concentration devient normale qu'on peut la prolonger pendant un temps de plus en plus long.

Chapitre quatrième

Travail

Rentrer entièrement en soi-même pour avoir des expériences, et négliger le travail, la conscience extérieure, c'est être déséquilibré et trop pencher d'un côté dans la sâdhanâ — car notre yoga est intégral ; de même se jeter au-dehors et vivre uniquement dans l'être extérieur, c'est aussi être déséquilibré, trop pencher d'un côté de la sâdhanâ. On doit avoir la même conscience dans l'expérience intérieure et dans l'action extérieure, et on doit remplir l'une et l'autre de la Mère.

***

Poursuivre le travail aide à conserver l'équilibre entre l'expérience intérieure et le développement extérieur ; autrement on risque de trop pencher d'un côté et de manquer de mesure et de pondération. De plus, il est nécessaire de poursuivre la sâdhanâ du travail pour le Divin, parce qu'elle permet à la fin au *sâdhak* de faire passer dans la nature et la vie extérieures le progrès réalisé intérieurement et qu'elle contribue à l'intégralité de la sâdhanâ.

***

Tout dépend de l'état intérieur ; la condition extérieure est utile seulement comme un moyen et une aide pour exprimer ou confirmer l'état intérieur, pour le rendre dynamique et efficace. Si vous faites ou dites une chose avec le psychique prédominant ou avec le contact interne approprié, ce sera efficace ; si vous faites ou dites la même chose sous l'impulsion du mental ou du vital ou dans une ambiance mauvaise ou trouble, cela pourra être tout à fait inefficace. Pour faire la chose vraie de la manière vraie dans tous les cas et à tout moment, il faut être dans la conscience vraie ; on ne saurait y parvenir en suivant une règle mentale fixe, car celle-ci pourrait convenir dans certaines circonstances et ne pas convenir du tout dans d'autres. On peut poser un principe général s'il est conforme à la vérité, mais son application doit être déterminée par la conscience intérieure qui voit à chaque pas ce qu'il faut faire et ce qu'il ne faut pas faire. Cela est possible, d'une manière croissante, si le psychique prédomine et que l'être soit entièrement tourné vers la Mère et obéisse au psychique.

***

Il ne faut pas se contenter d'une attitude générale ; on doit offrir chaque travail à la Mère afin de conserver toujours vivante cette attitude. Au moment du travail, il ne faut pas méditer, car cela détournerait l'attention du travail, mais on doit avoir constamment présent à l'esprit Celui à qui on offre le travail. Ce n'est là qu'une première étape. Car, lorsque vous pourrez avoir constamment la sensation d'un être intérieur calme, concentré dans la perception de la Présence divine, tandis que le mental superficiel fait le travail, ou lorsque vous pourrez commencer à sentir toujours que c'est la force de la Mère qui fait le travail et que vous êtes seulement un canal ou un instrument, alors au lieu du souvenir aura commencé la réalisation automatique et constante du yoga, l'union divine, dans le travail.

***

Le seul travail qui purifie spirituellement est celui qu'on fait sans motifs personnels, sans chercher la renommée ou la notoriété ou les honneurs de ce monde, sans mettre en avant ses propres mobiles mentaux, ses exigences ou convoitises vitales, ses préférences physiques, sans vanité, sans vouloir brutalement s'imposer ni chercher place ou prestige ; c'est le travail fait pour l'amour du Divin seul et sur l'ordre du Divin. Tout travail fait dans un esprit égoïste, si bon qu'il soit pour les gens dans le monde de l'ignorance, n'est d'aucune utilité pour l'aspirant au yoga.

***

La vie ordinaire consiste en travail pour des fins personnelles et en satisfaction de désirs sous un contrôle mental ou moral, influencé parfois par un idéal mental. Le yoga de la Gîtâ consiste à offrir son travail en sacrifice au Divin, à conquérir le désir, à agir sans ego et sans convoitise, à vivre avec *bhakti* pour le Divin, à entrer dans la conscience cosmique, à sentir son unité avec toutes les créatures et à s'unir avec le Divin. Notre yoga y ajoute la descente de la lumière et de la force supramentales (ce qui est son but ultime) et la transformation de la nature.

***

La consécration de soi ne dépend pas du travail particulier que l'on fait, mais de l'esprit dans lequel est accompli ce travail, de quelque sorte qu'il soit. Tout travail, bien et soigneusement accompli, comme un sacrifice au Divin, sans désir ni égoïsme, mais d'un esprit égal, avec une calme tranquillité dans la bonne comme dans la mauvaise fortune, pour l'amour du Divin et non en vue d'un bénéfice, d'une récompense ou d'un résultat personnels, avec la conscience que c'est à la puissance divine qu'appartient tout travail, est un moyen de consécration de soi par le karma.

***

Même le travail le plus exclusivement physique et mécanique ne peut être fait convenablement si l'on accepte d'être incapable, inerte, passif. Le remède ne consiste pas à se confiner dans un travail mécanique, mais à repousser, à rejeter l'incapacité, la passivité et l'inertie et à s'ouvrir à la force de la Mère. Si la vanité, l'ambition, la suffisance vous barrent la route, rejetez-les loin de vous. Vous ne vous débarrasserez pas de ces obstacles en attendant tout simplement qu'ils disparaissent. Si vous vous bornez à attendre que les choses arrivent, il n'y a aucune raison pour qu'elles arrivent. Si cependant c'est l'incapacité et la faiblesse qui font obstacle, au fur et à mesure que vous vous ouvrirez vraiment et de plus en plus à l'énergie de la Mère, la force et l'aptitude nécessaires au travail seront données et croîtront dans l'*âdhâra*.

***

Ceux qui travaillent pour la Mère en toute sincérité sont préparés par ce travail même pour recevoir la conscience véritable, même s'ils ne s'associent pas pour méditer ni ne suivent aucune pratique particulière du yoga. Il n'est pas nécessaire de vous dire comment méditer ; tout ce qui peut être utile viendra de soi-même si dans votre travail et à tout moment vous êtes sincère et que vous vous gardiez ouvert à la Mère.

***

S'ouvrir dans le travail signifie la même chose que s'ouvrir dans la conscience. La même force qui travaille dans votre conscience pendant la méditation et qui dissipe les nuages et la confusion toutes les fois que vous vous ouvrez à elle, peut aussi se charger de votre action ; non seulement elle peut vous en faire connaître les défauts, elle peut encore vous rendre conscient de ce qu'il faut faire et diriger votre esprit et vos mains pour l'accomplir. Si vous vous ouvrez à elle dans votre travail, vous commencerez à sentir sa direction de plus en plus jusqu'à ce que derrière toutes vos activités vous perceviez la force de la Mère.

***

Il n'y a dans la sâdhanâ aucune étape où le travail soit impossible ; il n'y a sur le sentier aucun passage où l'on soit sans point d'appui et où il faille renoncer à l'action parce qu'elle est incompatible avec la concentration sur le Divin. Le point d'appui est toujours là : c'est de compter sur le Divin, d'ouvrir au Divin son être, sa volonté, ses énergies, de faire sa soumission au Divin. Tout travail fait dans cet esprit peut être utilisé comme un moyen pour la sâdhanâ. Il peut devenir nécessaire pour un individu par-ci, par-là de se plonger quelque temps dans la méditation et pendant ce temps d'interrompre son travail ou de ne lui donner qu'une importance secondaire ; mais cela ne saurait être que dans des cas individuels et pour une retraite temporaire. En outre, une cessation complète du travail et le retrait total en soi-même sont rarement à conseiller ; cela peut encourager un état trop unilatéral et visionnaire dans lequel on vit dans une sorte de monde intermédiaire d'expérience purement subjective, sans avoir prise ni sur la réalité extérieure, ni sur la Réalité suprême, sans l'utilisation appropriée de l'expérience subjective pour créer une étroite liaison et ensuite l'unification entre la Réalité suprême et la réalisation extérieure dans la vie.

Le travail peut être de deux sortes : celui qui est un champ d'expériences utilisé pour la sâdhanâ, pour une harmonisation et une transformation progressives de l'être et de ses activités, et celui qui est une expression réalisée du Divin. Mais le moment de ce dernier travail ne peut venir que lorsque la réalisation a été amenée pleinement d'en haut dans la conscience terrestre ; jusqu'alors, tout travail doit être un champ d'entraînement, une école d'expérience.

***

Je n'ai jamais mis d'interdiction contre la *bhakti*. Et je ne suis pas conscient d'avoir jamais non plus interdit la méditation. Dans mon yoga, j'ai insisté sur la *bhakti* et sur la connaissance autant que sur le travail, même si je n'ai donné ni à l'une ni à l'autre une importance exclusive, comme l'ont fait Shankara ou Chaitanya.

La difficulté que vous éprouvez ou que n'importe quel *sâdhak* éprouve à propos de la sâdhanâ ne provient pas en réalité d'une opposition entre la méditation et la *bhakti* ou le travail. La difficulté réside dans l'attitude à prendre, dans la voie d'approche, de quelque nom qu'on veuille l'appeler.

Si vous ne pouvez pas encore vous souvenir continuellement du Divin quand vous travaillez, cela n'a pas grande importance. Il doit vous suffire pour le moment de vous souvenir et de consacrer votre travail quand vous le commencez et de rendre grâces quand vous le terminez. Ou tout au plus de vous souvenir aussi lorsque vous vous arrêtez un moment. Votre méthode me paraît plutôt pénible et difficile ; vous semblez essayer de vous souvenir et de travailler avec une seule et même partie de votre mental. Je ne sais si cela est possible. Lorsqu'on se souvient continuellement pendant son travail (ce qui peut se faire), c'est généralement avec l'arrière-plan du mental, ou alors on se crée progressivement une faculté de dédoublement de la pensée, ou encore un dédoublement de la conscience, — une partie en façade qui travaille et une à l'intérieur qui reste témoin et qui se souvient. Il y a aussi une autre manière, qui fut la mienne pendant longtemps ; c'est un état dans lequel le travail se fait automatiquement et sans intervention de la pensée personnelle ou de l'action mentale, tandis que la conscience reste silencieuse dans le Divin. Cet état néanmoins ne s'obtient pas tant par des efforts que par une aspiration et une volonté de consécration très simples et constantes — ou encore par un mouvement de la conscience qui sépare l'être intérieur de l'être instrumental. Par l'aspiration et la volonté de consécration, faire descendre une force plus grande pour accomplir le travail est une méthode qui donne de grands résultats, même si chez certains elle demande assez longtemps. C'est un grand secret de la sâdhanâ de savoir comment faire faire les choses par le pouvoir qui est derrière nous ou au-dessus de nous, au lieu de tout faire par un effort du mental. Je ne veux pas dire par là que cet effort ne soit pas nécessaire ou n'ait pas de résultat, mais si le mental essaie de tout faire par lui-même, cela devient un effort laborieux pour tous sauf les athlètes spirituels. Je ne veux pas dire non plus que l'autre méthode offre le raccourci tant désiré ; comme je l'ai dit, le résultat peut se faire attendre longtemps. Dans toute méthode de sâdhanâ, il est nécessaire d'avoir de la patience et une ferme résolution.

La force va très bien pour les forts, mais l'aspiration et la Grâce qui lui répond ne sont pas tout à fait des mythes ; ce sont de grandes réalités de la vie spirituelle.

***

Par « travail », je ne veux pas dire l'action faite dans l'ego et l'ignorance, pour la satisfaction de l'ego et sous l'impulsion du désir rajasique. Il ne peut pas y avoir de Karma-yoga sans la volonté de se débarrasser de l'ego, de *rajas* et du désir, qui sont les sceaux de l'ignorance.

Je ne veux pas parler non plus de la philanthropie, ni du service de l'humanité ni de tous les autres objets, moraux ou idéalistes, que le mental humain substitue à la vérité plus profonde du travail.

Par « travail », j'entends l'action faite pour le Divin et de plus en plus en union avec le Divin — pour le Divin seul, et rien d'autre. Naturellement, cela n'est pas facile au début, pas plus que ne le sont la méditation profonde et la connaissance lumineuse, ou même l'amour et la *bhakti* véritables. Mais comme le reste, le travail doit être entrepris dans l'esprit et l'attitude véritables, avec en vous la volonté vraie, et toutes les autres choses viendront d'elles-mêmes.

Le travail accompli dans cet esprit est tout à fait aussi

efficace que la *bhakti* ou la contemplation. Par le dépouillement du désir, de *rajas* et de l'ego, on obtient une quiétude et une pureté dans lesquelles peut descendre la paix ineffable ; par la consécration de sa volonté au Divin, par l'immersion de sa volonté dans la volonté divine, on obtient l'extinction de l'ego et l'expansion dans la conscience cosmique ou bien l'élévation en ce qui est au-dessus du cosmique ; on éprouve la séparation du *purusha* et de la *prakriti*, on est délivré des entraves de la nature extérieure ; on prend conscience de son être intérieur et on perçoit l'être extérieur comme un instrument ; on sent que son travail est accompli par la force universelle et que le soi ou *purusha* surveille, ou observe, mais reste libre ; on se sent enlever tout son travail, qui est fait désormais par la Mère universelle ou suprême, ou par le pouvoir divin, dirigeant et agissant de derrière le cœur. Si l'on reporte constamment toute sa volonté, tout son travail vers le Divin, l'amour et l'adoration grandissent, l'être psychique passe au premier plan. En se tournant vers le pouvoir qui est en haut, on peut arriver à le sentir au-dessus de soi, à sentir sa descente et l'ouverture à une conscience et à une connaissance croissantes. Finalement, travail, *bhakti* et connaissance vont de pair, et la perfection de soi, ce que nous appelons la transformation de la nature, devient possible.

Ces résultats ne se produisent certainement pas tous en même temps ; ils viennent plus ou moins lentement, plus ou moins complètement selon l'état de l'être et sa croissance. Il n'est pas de chemin privilégié menant vers la réalisation du Divin.

Voilà le Karma-yoga exposé dans la Gîtâ, tel que je l'ai développé pour la vie spirituelle intégrale. Il ne repose pas sur des spéculations et des raisonnements, mais sur l'expérience. Il n'exclut pas la méditation, et certainement il n'exclut pas la *bhakti*, car l'offrande de soi au Divin, qui est l'essence de ce Karma-yoga, est essentiellement un mouvement de *bhakti*. Par contre, il rejette une méditation exclusive qui fuit la vie ou une *bhakti* émotive enfermée dans son propre rêve intérieur, méditation et *bhakti* qui seraient considérées comme le mouvement total du yoga. On peut avoir ses heures d'absorption dans la méditation pure ou d'immobiles adorations et extases intérieures ; mais elles ne constituent pas la totalité du yoga intégral.

TROISIÈME PARTIE

Nouvelles lumières sur le Yoga

Traduction française
par JEAN HERBERT

Chapitre premier

But et objet

Dans le Yoga, le but est d'ouvrir la conscience au Divin, de vivre de plus en plus dans la conscience intérieure tout en agissant de là sur la vie extérieure, d'amener en avant le psychique le plus intérieur, et, par la puissance du psychique, de purifier et de changer l'être de telle sorte qu'il puisse devenir prêt pour la transformation, en union avec la Connaissance, la Volonté et l'Amour divins. Deuxièmement, de développer la conscience yoguique, c'est-à-dire d'universaliser l'être dans tous les plans, de prendre conscience de l'être cosmique et des forces cosmiques et d'être en union avec le Divin sur tous les plans jusqu'au Surmental. Troisièmement, d'entrer en contact avec le Divin transcendant, au-delà du Surmental, par la conscience supramentale, de supramentaliser la conscience et la nature, et de faire de soi-même un instrument pour la réalisation de la Vérité divine dynamique et sa descente transformatrice dans la nature terrestre.

***

Je ne sache pas qu'il existe quelque chose comme une conscience de Purushottama que l'être humain puisse atteindre ou réaliser *pour lui-même*, car, dans la Gîtâ, le Purushottama est le Seigneur suprême, l'Être suprême qui est au-delà de l'Immuable et du Muable et qui contient à la fois l'Un et le Multiple. L'homme, dit la Gîtâ, peut atteindre la conscience brahmique, se réaliser comme un éternel fragment du Purushottama et vivre dans le Purushottama. La conscience de Purushottama est la conscience de l'Être suprême et l'homme peut *vivre en elle*, par la perte de son ego et la réalisation de son essence vraie.

***

1° Perte de l'égoïsme — y compris toute ambition (même « spirituelle »), tout orgueil, tout désir, et toute vie, tout mental, toute volonté centrés sur soi-même.
2° Universalisation de la conscience.
3° Absolu don de soi au Divin transcendantal.

***

Il ne saurait y avoir de règle ou de définition mentales. Il faut d'abord vivre dans le Divin et atteindre la Vérité — la volonté et la conscience de la Vérité organiseront la vie.

Si l'on recherche *laya* ou *moksha*, c'est dans le Brahman inactif que l'on se fond. On peut vivre dans le Divin personnel, mais on ne se fond pas en lui. Quant au Divin suprême, il contient en soi l'existence du monde et c'est en sa conscience que le monde se meut ; aussi en entrant dans le Suprême s'élève-t-on au-dessus de la sujétion à la nature, mais ne disparaît-on pas de toute conscience d'existence cosmique.

La Volonté divine générale dans l'univers est pour la manifestation progressive dans l'univers. Mais c'est la volonté générale ; elle admet le retrait d'âmes individuelles qui ne sont pas prêtes à persévérer dans le monde.

Ce n'est pas l'immortalité du corps, mais la conscience d'immortalité *dans* le corps qui peut venir avec la descente du Surmental dans la matière ou même dans le mental physique ou avec le contact de la Lumière supramentale modifiée sur la conscience mentale physique. Il y a des ouvertures préliminaires, mais elles ne sont pas l'accomplissement supramental dans la Matière.

Si le Supramental est décrété, rien ne peut l'empêcher ; mais toutes choses s'élaborent ici par un jeu de forces, et une atmosphère défavorable, ou des conditions défavorables peuvent retarder, même lorsqu'elles ne peuvent empêcher. Même lorsqu'une chose est « destinée », elle ne se présente pas comme une certitude dans la conscience ici-bas (surmentale — mentale — vitale — physique) tant que le jeu des forces n'a pas été élaboré jusqu'à un certain point où la descente non seulement est inévitable mais apparaît inévitable.

***

Comment concilier :

(1) « Par le Moi tu dois délivrer le moi » (Bhagavad-Gîtâ, VI, 5).

(2) « Abandonne tous les *dharmas* » (*ibid.*, XVIII, 66).

Il n'y a pas vraiment contradiction. Les deux passages indiquent dans le système de la Gîtâ deux mouvements différents de son yoga, et le complet don de soi est le mouvement qui couronne le tout. Il faut d'abord conquérir la nature inférieure, délivrer le soi impliqué dans le mouvement inférieur par le soi supérieur qui s'élève en la nature divine ; en même temps on offre toutes ses actions — y compris l'action intérieure du yoga — comme sacrifice au Purushottama, le Divin transcendant et immanent. Lorsqu'on s'est élevé en le Soi supérieur, qu'on a la connaissance et qu'on est libre, on fait au Divin le complet don de soi, abandonnant tous autres *dharmas*, vivant seulement par la Conscience divine, la Volonté et la Force divines, l'Ananda divin.

Notre Yoga n'est pas identique au Yoga de la Gîta, bien qu'il en contienne tout ce qui y est essentiel. Dans notre yoga nous débutons avec l'idée, la volonté, l'aspiration de faire le complet don de soi, mais il nous faut en même temps rejeter la nature inférieure, en libérer notre conscience, libérer le soi enchevêtré dans la nature inférieure par le soi qui s'élève à la liberté dans la nature supérieure. Si nous n'effectuons pas ce double mouvement, nous risquons d'opérer un don de soi tamasique, donc irréel, sans faire d'effort, ni de *tapas*, ni par conséquent de progrès. Ou encore nous pouvons opérer un don de soi rajasique, non pas au Divin, mais à quelque fausse idée ou image du Divin, fabriquée par nous et qui masque notre ego rajasique ou quelque chose d'encore pire.

***

La réalisation spirituelle peut être obtenue sur n'importe quel plan par contact avec le Divin (qui est partout) ou par perception du Soi au-dedans, qui est pur et non touché par les mouvements extérieurs. Le Supramental est quelque chose de transcendant, une Vérité-Conscience dynamique qui n'est pas encore ici, quelque chose qu'il faut faire descendre d'en haut.

***

Il n'est pas possible d'avoir maintenant l'action supramentale directe. L'*âdhâra* n'est pas encore prêt. Il faut d'abord accepter une action indirecte qui prépare les plans inférieurs à la transformation supramentale.

***

La conscience que vous appelez supramentale est sans aucun doute au-dessus du mental humain, mais il faudrait l'appeler, non pas supramentale, mais simplement la conscience supérieure. Dans cette conscience supérieure il y a beaucoup de degrés, dont le supramental est le sommet ou la source. Il n'est pas possible d'atteindre tout de suite le sommet ou la source ; il faut tout d'abord purifier et préparer la conscience inférieure. C'est la signification de la Lumière que vous avez vue, et dont le corps (ou substance) intérieur est trop dense et puissant pour être pénétré actuellement.

***

Il emploie trop facilement le mot : supramental. Ce qu'il décrit comme tel est une conscience hautement illuminée ; une lumière supramentale modifiée peut la toucher, mais non le plein pouvoir du Supramental ; et en tout cas ce n'est pas le Supramental. Il parle d'une partie supramentale qui n'est pas réceptive ; or, c'est impossible, car le Supramental ne peut pas ne pas être réceptif. Le Supramental est la Conscience-Vérité elle-même ; il possède déjà la Vérité et n'a même pas besoin de la recevoir. On emploie parfois le mot *vijnâna* pour désigner l'Intelligence illuminée supérieure en communication avec la Vérité, et c'est sans doute la partie en lui qu'il a sentie, mais ce n'est pas le Supramental. On ne peut entrer dans le Supramental que tout à la fin de la sâdhanâ, lorsque toutes difficultés ont disparu et qu'il ne reste plus d'obstacle sur la voie de la réalisation.

***

En apparence, l'univers est certainement — ou a été jusqu'ici un jeu brutal et gaspilleur, où les dés du hasard sont pipés en faveur des Puissances de ténèbres, des Seigneurs de l'obscurité, mensonge, mort et souffrance. Mais il nous faut le prendre tel qu'il est et découvrir le moyen de triompher — si nous rejetons le mode d'évasion des anciens sages. L'expérience spirituelle montre qu'il y a derrière tout cela un vaste terrain d'égalité, de paix, de calme, de liberté, et que c'est seulement en y pénétrant que nous pouvons avoir l'œil qui voit, et espérer acquérir le pouvoir qui conquiert.

***

Tout ce qui est Vérité vraie est, d'une façon ou d'une autre, l'expression directe de la Conscience divine. La Vie est l'expression dynamique de la Force-Conscience lorsque projetée vers le dehors pour se réaliser en concrète harmonie de formation ; l'Amour est une intense expression de soi de l'âme d'Ananda ; la Lumière est ce qui accompagne toujours la Conscience supramentale et en est le Pouvoir le plus essentiel.

***

C'est la Puissance supramentale qui transforme le mental, la vie et le corps, et non la Conscience de Sachchidânanda, qui soutient toutes choses impartialement. Mais c'est le fait d'avoir l'expérience du Sachchidânanda, existence-conscience-béatitude pure, qui rend possible — à une étape très postérieure — la montée au Supramental et la descente du Supramental. Car il faut d'abord se libérer de la limitation ordinaire par les formations mentales, vitales et physiques, et c'est l'expérience de la paix, du calme, de la pureté et de l'amplitude de Sachchidânanda qui donne cette libération.

Le Supramental n'a rien à voir avec le fait d'entrer dans un « blanc ». Le grand « blanc » est atteint par le Mental qui outrepasse ses propres limites et qui pour ce faire suit une voie végétative et quiétiste. Étant l'Ignorance, le Mental doit s'annuler lui-même pour pénétrer dans la suprême Vérité — ou du moins c'est ce qu'il croit. Mais le Supramental, étant la Conscience-Vérité et la Connaissance-divine, n'a pas besoin pour cela de s'annuler lui-même.

***

La transformation supramentale est l'étape ultime de *siddhi* et elle ne risque pas d'arriver si vite. Mais entre le mental normal et le Supramental il y a beaucoup de niveaux, et il est facile de prendre pour une transformation supramentale ce qui est la montée en l'un d'eux ou une descente de leur conscience ou de leur influence.

Il est tout à fait impossible de monter sur le *vrai plan* de l'Ananda (excepté dans une profonde extase) avant que la conscience supramentale ait été pénétrée, réalisée et possédée, mais il est tout à fait possible et normal de ressentir quelque forme de *conscience* d'Ananda sur n'importe quel niveau. Partout où elle est éprouvée, cette conscience dérive du plan de l'Ananda, mais elle est très réduite comme puissance et très modifiée pour convenir au moindre pouvoir de réceptivité des niveaux inférieurs.

***

La question s'est posée, et se pose toujours, à cause du désir ardent qu'éprouve le vital de considérer comme l'étape finale n'importe quel stade de forte expérience et même de le prendre pour le Surmental, le Supramental, le plein *siddhi.* Il n'est pas si aisé que cela d'atteindre le Supramental, ni le Surmental, même uniquement par le côté de la Connaissance ou de l'expérience intérieure. Ce que vous éprouvez appartient au mental spiritualisé et libéré. A ce stade il peut y avoir des intimations provenant des niveaux mentaux supérieurs, mais ce sont uniquement des expériences isolées et non une pleine transformation de conscience. Le Supramental n'est ni une partie du mental, ni un niveau supérieur du mental — c'est quelque chose d'entièrement différent. Aucun *sâdhak* ne peut atteindre le Supramental par ses propres efforts, et la tentative d'y parvenir par une *tapasyâ* personnelle a été la source de beaucoup de mésaventures. Il faut avancer tranquillement, étape par étape, jusqu'à ce que l'être soit prêt, et même alors c'est seulement la Grâce qui peut amener la réelle transformation supramentale.

***

La réalisation de l'Esprit vient longtemps avant le développement du Surmental ou du Supramental ; à toutes les époques des centaines de *sâdhaks* ont eu la réalisation de l'Atman dans les plans mentaux supérieurs, *buddheh paratah,* mais la réalisation supramentale ne leur a pas appartenu. On peut obtenir des réalisations partielles du Soi ou de l'Esprit ou du Divin sur n'importe quel plan, mental, vital et même physique, et lorsqu'on s'élève au-dessus du plan mental ordinaire de l'homme jusqu'en un mental plus haut et plus vaste, le Soi commence d'apparaître dans toute sa consciente vastitude.

C'est par la pleine entrée en cette vastitude du Soi que devient possible la cessation de l'activité mentale ; on obtient le Silence intérieur. Après quoi ce Silence intérieur peut subsister même quand il y a activité de n'importe quel genre ; l'être reste silencieux à l'intérieur, l'action continue dans les instruments, et l'on reçoit d'une source plus haute toutes les initiations nécessaires à l'exécution de l'acte, mental, vital ou physique, sans que soient troublés la paix et le calme fondamentaux de l'Esprit.

Les états de Surmental et de Supramental sont quelque chose d'encore plus haut que cela ; mais avant que l'on puisse les comprendre, il faut d'abord avoir la réalisation de soi, la pleine action du mental et du cœur spiritualisés, l'éveil psychique, la libération de la conscience emprisonnée, la purification et l'entière ouverture de l'*âdhâra*. Ne pensez pas maintenant à ces choses ultimes (Surmental, Supramental), mais assurez-vous d'abord ces fondements dans la nature libérée.

***

Cette transformation ne peut pas se faire individuellement, ni de façon solitaire seulement. Nulle transformation solitaire individuelle sans souci du travail pour la Terre (qui a une signification bien plus grande que n'importe quelle transformation individuelle) ne serait soit possible, soit utile. Et aussi nul être humain individuel ne peut par son propre pouvoir opérer seul la transformation. D'ailleurs le but du Yoga n'est pas de créer un surhomme individuel par-ci, par-là. Le but du Yoga est de faire descendre la conscience supramentale sur terre, de l'y fixer, de créer une race nouvelle où le principe de la conscience supramentale gouverne la vie intérieure et extérieure, individuelle et collective.

Cette force, acceptée par des individus l'un après l'autre, selon leur préparation, établirait la conscience supramentale dans le monde physique et créerait ainsi un noyau pour sa propre expansion.

***

Il est tout à fait possible qu'il y ait eu sur différents plans — non supramentaux — des périodes d'harmonie qui aient ensuite été troublées, mais cela n'a pu être que des étapes ou des temps de repos dans un arc d'évolution spirituelle partant de l'Inconscience.

***

Forces hostiles.

Dans le monde elles servent à donner aux possibilités de l'Inconscience et de l'Ignorance une pleine occasion [de se manifester], car ce monde a été conçu pour permettre une élaboration de ces possibilités, avec pour ultime résultat l'harmonisation supramentale. La vie, le travail qui s'accomplissent ici dans l'âshram ont affaire au problème mondial et doivent par conséquent faire face au conflit — qu'ils ne pouvaient éviter — avec l'action des Puissances hostiles dans l'être humain.

***

Parler de « recevoir de la puissance du Supramental quand nous ne sommes pas conscients » est étrange. Lorsqu'on n'est pas conscient, on peut pourtant recevoir une force supérieure : la Shakti divine œuvre souvent de derrière le voile, sinon elle ne pourrait pas travailler du tout dans l'état ignorant et inconscient de l'être humain. Mais la nature de la force et de l'action se modifie pour s'adapter aux conditions du *sâdhak*. Il faut acquérir une très pleine conscience avant de pouvoir rien recevoir de la Puissance supramentale directe, et il faut même être très avancé dans la conscience pour en recevoir quelque chose de modifié par le passage à travers le Surmental ou quelque autre région intermédiaire.

***

Ce Yoga ne signifie pas un rejet des puissances de vie, mais une transformation intérieure et un changement de l'esprit dans la vie et dans l'utilisation des puissances. Celles-ci sont actuellement employées dans un esprit égoïste et pour des fins non divines ; elles doivent être utilisées dans un esprit de don de soi au Divin et pour les fins de l'Œuvre divine. C'est ce que l'on entend par « les reconquérir pour la Mère ».

***

Quant à ce que vous écrivez sur votre expérience et vos idées, il semble que ce soient simplement les vieilles pensées et les vieux mouvements qui s'élèvent, comme ils le font souvent, pour entraver le cours droit de la sâdhanâ. Les réalisations et idées mentales de ce genre sont toujours au plus des demi-vérités, et même ne le sont pas toujours ; une fois que l'on s'est engagé dans une sâdhanâ allant au-delà du mental, c'est une erreur de leur accorder trop d'importance. Par mauvaise application, elles peuvent facilement devenir un terrain fructueux pour l'erreur.

Si vous examinez les idées qui vous sont venues, vous verrez qu'elles sont tout à fait inadéquates. Par exemple :

(1) La Matière n'est *jada* qu'en apparence. Comme l'admet même la science moderne, la Matière n'est qu'énergie en action. Et, comme nous le savons dans l'Inde, l'énergie est force de conscience en action.

(2) Prakriti dans le monde matériel paraît être *jada*, mais cela aussi n'est qu'une apparence. Prakriti est en réalité le pouvoir conscient de l'Esprit.

(3) Faire descendre l'Esprit dans la Matière ne peut conduire à un *laya* en *jada Prakriti*. Une descente de

l'Esprit peut seulement signifier une descente de lumière, de conscience et de puissance, non pas une croissance d'inconscience et d'inertie, qui est ce que signifie le *jada laya.*

(4) L'Esprit est déjà présent dans la Matière comme partout ailleurs ; seule une inconscience apparente de surface ou une inconscience involuée en voile la présence. Ce qui nous incombe, c'est d'éveiller la Matière à la conscience spirituelle qui est cachée en elle.

(5) Ce que nous visons à faire descendre dans le monde matériel, c'est la conscience, la lumière et l'énergie supramentales, car cela seul peut véritablement le transformer.

S'il se produit jamais une croissance d'inconscience et d'inertie, c'est à cause de la résistance de la nature ordinaire à la transformation spirituelle. Mais cela est généralement soulevé afin d'être traité et éliminé. S'il lui est permis de rester caché et de ne pas se soulever, la difficulté ne sera jamais abordée et nulle transformation réelle ne se fera.

L'idée d'être utile à l'humanité est cette vieille confusion due à des idées de seconde main importées d'Occident. Évidemment, pour être « utile » à l'humanité, il n'y a pas besoin de Yoga. Tous ceux qui vivent une vie humaine sont utiles à l'humanité d'une façon ou d'une autre.

Le Yoga est dirigé vers Dieu, non vers l'homme. Si une conscience et un pouvoir supramentaux divins peuvent être amenés d'en haut et installés dans le monde matériel, cela entraînera évidemment un immense changement pour la terre, y compris l'humanité et sa vie. Mais l'effet sur l'humanité ne sera que l'une des conséquences du changement ; il ne saurait être le but de la sâdhanâ. Celui-ci ne peut être que de vivre dans la conscience divine et de la manifester dans la vie.

***

Le véritable but du Yoga n'est pas la philanthropie ; c'est de trouver le Divin, d'entrer dans la conscience divine, et de trouver dans le Divin son être vrai — qui n'est pas l'ego.

Damana ne peut pas triompher des *ripus*. Même s'il y parvient jusqu'à un certain point, il ne fait que les empêcher de s'élever, il ne les détruit pas ; souvent même cette compression ne fait qu'en accroître la force. Cela ne peut se réaliser que lorsque la purification par la Conscience divine pénètre dans la nature égoïste et la transforme.

Il ne pourra réussir que s'il se donne du profond de lui-même et s'il persévère rigoureusement sur la Voie.

***

Ce monde est, comme le dit la Gîtâ, *anityam-asukham*, tant que nous vivons dans l'actuelle conscience du monde ; c'est seulement en se détournant d'elle vers le Divin et en pénétrant dans la Conscience divine que l'on peut posséder — aussi par le monde — l'Éternel.

***

En beaucoup de matières, le langage de la Gîtâ semble parfois contradictoire parce qu'elle admet deux vérités en apparence opposées et cherche à les concilier. Elle admet comme étant une possibilité l'idéal qui consiste à quitter le *samsâra* pour entrer dans le Brahman ; elle affirme également la possibilité de vivre libre dans le Divin (en Moi, y est-il dit) et d'agir dans le monde comme *jîvanmukta*. C'est sur ce dernier genre de solution qu'elle insiste le plus. De même Râmakrishna plaçait les « âmes divines » (*îshvarakotis*), qui peuvent descendre l'échelle aussi bien que la monter, plus haut que les *jîvas* (*jîvakotis*) qui, une fois qu'ils ont atteint le sommet, n'ont pas la force de redescendre pour l'œuvre divine. La pleine vérité est dans la conscience supramentale et dans le pouvoir d'œuvrer de là sur la vie et la matière.

***

Le Divin peut être et est partout, masqué ou à demi manifesté, ou commençant d'être manifesté, dans tous les plans de conscience. Dans le Supramental il commence d'être manifesté sans déguisement ni voile dans sa propre *svarûpâ*.

Quand l'âme regarde de derrière, elle fait très souvent usage d'une très légère coïncidence pour pousser mental et vital sur le chemin.

***

Shiva est le Seigneur de Tapas. Le pouvoir est le pouvoir de Tapas.

Krishna, comme divinité, est le Seigneur d'Ananda, d'Amour et de Bhakti ; comme incarnation, il manifeste l'union de la sagesse (*jnâna*) et des œuvres et conduit l'évolution terrestre à travers cela vers l'union avec le Divin par Ananda, Amour et Bhakti.

La Devî est la Shakti divine, la Conscience et la Puissance du Divin, la Mère et l'Énergie des mondes. Tous pouvoirs lui appartiennent. Parfois « puissance de la Devî » peut signifier le pouvoir de la Force cosmique universelle ; mais ce n'est qu'un des côtés de la Shakti.

Chapitre deuxième

Plans et parties de l'Être

Le mental supérieur est l'un des plans du mental spirituel, le premier et le plus bas d'entre eux ; il est au-dessus du niveau mental normal. Le mental intérieur est ce qui se trouve derrière le mental de surface (notre mentalité ordinaire) et, en dehors de ses *vrittis* dans le mental de surface (tels que philosophie, poésie, idéalisme), on ne peut en avoir l'expérience directe que par la sâdhanâ, en rompant l'habitude d'être à la surface et en pénétrant plus profondément au-dedans.

« Mental plus vaste » est un terme général embrassant les domaines du mental qui deviennent notre champ lorsque nous allons au-dedans ou que nous nous élargissons en la conscience cosmique.

L'être mental vrai n'est pas le même que le mental intérieur. L'être mental vrai, l'être vital vrai, l'être physique vrai désignent le Purusha de ce niveau, libéré de l'erreur et de la pensée et de la volonté ignorantes de la Prakriti inférieure, et directement ouvert à la connaissance et aux directions d'en haut.

« Vital supérieur » se rapporte généralement au mental vital et à l'être émotif, par opposition au vital moyen qui a son siège dans le nombril et qui est dynamique, sensoriel et passionné, et au vital inférieur, qui est composé des moindres mouvements du désir vital et des réactions vitales de l'homme.

***

Le mental à proprement parler est divisé en trois parties : le mental pensant, le mental dynamique et le mental extériorisateur. Le premier s'occupe d'idées et de connaissance de soi, le second de l'émission de forces mentales pour la réalisation de l'idée, le troisième de leur expression dans la vie, non pas seulement par la parole, mais par toute forme qu'il peut donner. Le terme « mental physique » est assez ambigu, car il peut désigner ce mental extériorisateur et le mental dans le physique considérés ensemble.

Le Mental vital propre est une sorte de médiateur entre l'émotion, le désir, l'impulsion, etc. vitaux et le mental propre. Il exprime les désirs, sentiments, émotions, passions, ambitions, tendances possessives et actives du vital et les projette en des formes mentales (les imaginations pures, les rêves de grandeur, de bonheur, etc., auxquels les hommes se laissent aller sont une forme spéciale de l'activité du mental vital). Il y a dans le vital un stade encore inférieur du mental qui exprime simplement la matière vitale sans la soumettre à aucun jeu de l'intelligence. C'est par ce vital mental que les passions, impulsions et désirs vitaux s'élèvent et pénètrent dans le *buddhi*, qu'ils obnubilent ou déforment.

De même que le Mental vital est limité par la vision et la sensation vitales des choses — tandis que l'Intelligence dynamique ne l'est pas, car elle agit par l'idée et la raison — le mental dans le physique ou physique mental est limité par la vision et l'expérience physiques des choses ; il mentalise les expériences apportées par les contacts de la vie et des choses extérieures, et ne va pas plus loin (encore qu'il puisse faire cela fort habilement), à la différence du mental extériorisateur, qui les traite davantage à partir de la raison et de son intelligence supérieure. Mais dans la pratique en général les deux se mélangent. Le mental mécanique est une action très inférieure du mental physique ; laissé à lui-même, il se bornerait à répéter des idées courantes et à enregistrer les réflexes naturels de la conscience physique au contact de la vie et des choses extérieures.

Le vital inférieur, par opposition au supérieur, s'occupe seulement des petits appétits, des petits désirs, des petites passions, etc., qui composent la matière quotidienne de la vie pour l'homme sensoriel ordinaire — tandis que le physique vital à proprement parler est l'être nerveux donnant des réflexes vitaux au contact des choses avec la conscience physique.

***

Comme les animaux, la plupart des hommes sont poussés par les forces de la Nature ; quels que soient les désirs qui se présentent, ils les assouvissent ; quelles que soient les émotions qui viennent, ils les laissent jouer ; quels que soient les besoins physiques qu'ils éprouvent, ils cherchent à les satisfaire. Nous disons qu'alors les activités et les sentiments des hommes sont dirigés par leur Prakriti et surtout par la nature vitale et physique. Le corps est l'instrument de la Nature ou Prakriti — il obéit à sa propre nature ou il obéit aux forces vitales de désir, passion, etc.

Mais l'homme a aussi un mental et, à mesure qu'il se développe, il apprend à maîtriser sa nature vitale et physique par sa raison et sa volonté. Cette maîtrise est très partielle, car la raison est souvent induite en erreur par les désirs vitaux et l'ignorance du physique, elle se range de leur côté et elle essaie de justifier par ses idées, ses raisonnements et ses arguments leurs erreurs et leurs faux mouvements. Même quand la raison reste libre et dit au vital ou au corps : « Ne fais pas cela », le vital et le corps suivent souvent leur propre mouvement malgré l'interdiction — la volonté mentale de l'homme n'est pas assez forte pour les contraindre.

Lorsque les gens font de la sâdhanâ, il y a une Nature supérieure qui œuvre au-dedans, physique et spirituelle, et ils doivent placer leur nature sous l'influence de l'être psychique et du moi spirituel supérieur ou du Divin.

Non seulement le vital et le corps, mais aussi le mental doivent apprendre la Vérité divine et obéir à la règle divine. Mais à cause de la nature inférieure et de l'emprise qu'elle exerce continuellement sur eux, ils sont au début et pendant longtemps encore incapables d'empêcher leur nature de suivre les vieux tracés, même lorsqu'ils savent — ou qu'il leur est dit de l'intérieur — ce qu'il faut faire et ne pas faire. C'est seulement par une sâdhanâ persistante, en entrant dans la conscience spirituelle supérieure et la nature spirituelle que cette difficulté peut être surmontée ; mais même pour les *sâdhaks* les meilleurs et les plus forts, cela prend longtemps.

***

Le cœur est le centre de l'être émotif, la partie la plus haute du vital. Le nombril est le centre du vital dynamique et sensoriel. Le centre au-dessous du nombril et le *mûlâdhâra* dirigent le vital inférieur (désirs physiques, petits appétits, passions, etc.). Le centre de la gorge n'est pas le vital ; c'est le mental physique, la conscience extériorisatrice qui exprime. Ce que vous éprouvez peut être le vital s'emparant du mental physique et le poussant vers l'expression (c'est la source de l'orgueil, du sens de possession, de l'ambition, de la colère et des autres passions), mais il exprime assez souvent ces éléments par le centre du cœur.

***

L'être intérieur est le mental intérieur, le vital intérieur, le physique intérieur, avec le psychique derrière eux. L'expression « l'être supérieur » est employée pour indiquer le moi conscient sur les plans supérieurs à la conscience humaine habituelle.

***

Le psychique a la position dont vous parlez parce qu'il est en contact avec le Divin dans la nature inférieure. Mais le mental, le vital et le physique intérieurs sont une partie de l'universel et sont ouverts aux dualités ; seulement ils sont plus vastes que le mental, la vie et le corps extérieurs, et peuvent recevoir plus largement et plus facilement l'influence divine.

***

Notre être intérieur est en contact avec le mental, la vie et la Matière universels. Il est partie de tout cela, mais par ce fait même il ne peut pas être en possession de la libération et de la paix. Vous pensez probablement à l'Atman et vous le confondez avec l'être intérieur.

***

Dans le nombril se trouve le siège principal de la conscience vitale dynamique qui s'étend du niveau du cœur au centre au-dessous du nombril (vital inférieur, centre du désir sensoriel). Ces trois marquent le domaine de l'être vital. Le centre du psychique est derrière le cœur, et c'est par les émotions purifiées que le psychique trouve le plus facilement un débouché. Tout ce qui est au-dessus, à partir du cœur, est le domaine de l'être mental, avec aussi trois centres, un dans la gorge (le mental tourné vers l'extérieur, ou extériorisateur), un entre les yeux, ou plutôt au milieu du front (le centre de vision et de volonté) et un au-dessus, appelé lotus aux mille pétales, communiquant avec le cerveau, et où sont centralisés le mental pensant et l'intelligence supérieure, qui communiquent avec les plans du plus grand mental (mental illuminé, intuition, surmental) au-dessus.

Dans la nature extérieure de surface, mental, psychique, vital et physique sont tout pêle-mêle et il faut un grand pouvoir d'introspection, d'analyse de soi, d'observation attentive, de démêlage des fils de pensée, de sentiment et d'impulsion pour découvrir la composition de notre nature et le rapport et l'interaction de ces parties les unes sur les autres. Mais lorsque nous allons au-dedans, nous trouvons les sources de toute cette action de surface, et là les parties de notre être sont tout à fait clairement distinctes l'une de l'autre ; c'est comme si notre être était un groupe, où chaque membre a sa place et son rôle distincts tous étant dirigés par un être central qui est quelquefois en avant devant les autres, et quelquefois derrière la scène.

***

L'âme et la vie sont deux pouvoirs tout à fait différents. L'âme est une étincelle de l'Esprit divin qui soutient la nature individuelle ; le mental, la vie et le corps sont les instruments pour la manifestation de la nature. Chez la plupart des hommes, l'âme est cachée et recouverte par l'action de la nature extérieure ; ils prennent l'être vital pour l'âme, parce que c'est le vital qui anime et fait mouvoir le corps. Mais cet être vital est une chose faite de forces d'exécution et de désirs, bons et mauvais ; c'est l'âme de désir, ce n'est pas la vraie. C'est lorsque l'âme véritable (*psyché*) vient en avant et commence d'abord à influencer, ensuite à diriger les actions de la nature instrumentale, que l'homme commence à surmonter le désir vital et à croître vers une nature divine.

***

Les centres ou *chakras* sont au nombre de sept :

(1) le lotus aux mille pétales sur le sommet de la tête ;

(2) au milieu du front l'*âjnâ-chakra* — volonté, vision, pensée dynamique ;

(3) centre de la gorge — mental extériorisateur ;

(4) lotus du cœur — centre émotif. Le psychique est derrière lui ;

(5) nombril — vital supérieur (propre) ;

(6) au-dessous du nombril — vital inférieur ;

(7) *mûlâdhâra* — physique.

Tous les centres sont au milieu du corps ; ils sont censés être attachés à la moelle épinière. Mais en fait toutes ces choses sont dans le corps subtil, *sûkshma deha*, bien que l'on ressente leur activité comme si elle se déroulait dans le corps physique, lorsque la conscience est éveillée.

***

Vous raisonnez d'après l'analogie de votre propre conscience sensorielle, très chambrée et limitée, et de ses rapports assez maladroits avec ce qui se passe dans l'espace matériel. Après tout, qu'est-ce que l'espace, sinon une extension de l'être conscient où la Force-Conscience construit son propre milieu. Sur le plan physique subtil, il y a non pas une, mais beaucoup de strates de conscience, et chacune se meut dans son être propre, c'est-à-dire dans son propre espace. J'ai dit que chaque plan subtil est un conglomérat ou série de mondes. Chaque espace peut en n'importe quel point en rencontrer ou pénétrer un autre ou coïncider avec lui ; par conséquent en un même point de rencontre ou de coïncidence il pourrait y avoir plusieurs objets subtils occupant ce que nous pourrions assez arbitrairement appeler le même espace, et néanmoins ils pourraient n'avoir en fait aucun rapport les uns avec les autres. Si un rapport est créé, il l'est par la conscience multiple de celui qui voit, conscience où le lieu de rencontre devient apparent.

Par contre, il peut exister un rapport entre des objets situés dans différentes régions de l'espace et reliés l'un à l'autre, comme dans le cas de l'objet physique grossier et de sa contrepartie subtile. Là vous pouvez plus aisément raisonner de rapports entre un espace et un autre.

***

Patala, ici, est évidemment un nom qui désigne le subconscient — là les êtres « n'ont pas de tête », c'est-à-dire qu'il n'y a pas de conscience mentale : les hommes ont tous en eux-mêmes un tel plan de subconscient et de là s'élèvent toutes sortes d'instincts, d'impulsions, de souvenirs irrationnels et ignorants (acéphales), qui ont un effet sur leur actions et leurs sensations sans que les hommes en décèlent la vraie source. La nuit, beaucoup de rêves incohérents viennent de ce monde, de ce plan. Le monde au-dessus est le plan supraconscient de l'être, au-dessus de la conscience humaine. Il y a beaucoup de mondes de ce genre ; ce sont des mondes divins.

***

L'individu n'est pas limité au corps physique, c'est seulement la conscience extérieure qui en a l'impression. Dès que l'on surmonte ce sentiment de limitation, on peut sentir d'abord la conscience intérieure, qui est reliée au corps, mais ne lui appartient pas, ensuite les plans de conscience qui entourent le corps tout en faisant partie de nous, de l'être individuel, et par lesquels on est en contact avec les forces cosmiques et aussi avec les autres êtres ; c'est la conscience du milieu.

***

Le centre de la vision est entre les sourcils, au milieu du front. Quand il s'ouvre, on obtient la vision intérieure, on voit les formes et images intérieures des choses et des gens, on commence à comprendre choses et gens de l'intérieur et non plus seulement de l'extérieur, on acquiert une puissance de volonté qui agit aussi à la façon intérieure (yoguique) sur les choses et les gens, etc. Son ouverture est souvent le début de la conscience yoguique — par opposition à la conscience mentale ordinaire.

***

Je n'ai jamais entendu parler de deux lotus dans le centre du cœur ; mais c'est le siège de deux pouvoirs : en avant, le vital supérieur ou être émotif ; en arrière et cachée, l'âme, ou être psychique.

***

Les couleurs des lotus et le nombre de leurs pétales sont respectivement de bas en haut : (1) *mûlâdhâra* ou centre de la conscience physique, quatre pétales, rouge ; (2) centre abdominal, six pétales, rouge pourpre profond ; (3) centre du nombril, dix pétales, violet ; (4) centre du cœur, douze pétales, rose doré ; (5) centre de la gorge, seize pétales, gris ; (6) centre du front, entre les sourcils, deux pétales, blanc ; (7) le lotus aux mille pétales, au-dessus de la tête, bleu et entouré de lumière d'or. D'après notre yoga, les fonctions en sont : (1) diriger la conscience physique et le subconscient ; (2) diriger les petits mouvements vitaux, petites envies, luxures, désirs, les petits mouvements sensoriels ; (3) diriger les plus vastes forces vitales et les passions et les plus vastes mouvements de désir ; (4) diriger l'être émotif supérieur, avec le psychique qui est profondément par derrière ; (5) diriger l'expression et toute l'extériorisation des mouvements mentaux et des forces mentales ; (6) diriger la pensée, la volonté, la vision ; (7) diriger le mental pensant supérieur et le mental illuminé et s'ouvrir vers l'intuition et le surmental. Certains identifient parfois le septième centre avec le cerveau, mais c'est une erreur ; le cerveau n'est qu'un chenal de communication situé entre le centre aux mille pétales et le centre du front. Le centre aux mille pétales est parfois appelé le centre vide, *shûnya*, soit parce qu'il n'est pas dans le corps, mais dans le vide apparent qui est au-dessus, soit parce que s'élevant au-dessus de la tête on entre d'abord dans le silence du Soi ou être spirituel.

***

Un vital fort est un vital plein de force de vie ; il a de l'ambition, du courage, une grande énergie, une force d'action ou de création, un vaste mouvement expansif, soit pour la générosité à donner, soit pour la possession, la direction et la domination, une puissance d'accomplir et de matérialiser — et il y a encore bien d'autres formes de force vitale. Pour un tel vital, il est souvent difficile de faire le don de soi, à cause du sentiment qu'il a de ses propres pouvoirs — mais s'il peut le faire, il devient un instrument admirable pour l'Œuvre divine.

*
* *

Non, un vital faible n'a pas la force de se tourner vers le spirituel, et, étant faible, il tombe plus facilement sous une mauvaise influence ; même lorsqu'il le veut, il trouve difficile de rien accepter au-delà de sa propre nature habituelle. Le vital fort, lorsque la volonté y est, peut faire cela beaucoup plus facilement ; pour lui la difficulté centrale est l'orgueil de l'ego et l'attraction de ses pouvoirs.

La poitrine a plus de rapports avec le psychique qu'avec le vital. Un vital fort peut avoir un bon physique, mais tout aussi souvent ce n'est pas le cas — il pompe trop le physique, il le dévore pour ainsi dire.

Chapitre troisième

Conditions pour la sâdhanâ

Ouverture et, toutes les fois que c'est nécessaire, passivité ; mais à la conscience la plus haute, pas à tout ce qui se présente.

Il doit par conséquent y avoir une certaine vigilance tranquille, même dans la passivité. Sinon il peut y avoir faux mouvements ou inertie.

***

Votre sâdhanâ antérieure était surtout sur le plan vital. Les expériences du plan vital sont très intéressantes pour les *sâdhaks*, mais elles sont mélangées, c'est-à-dire qu'elles ne sont pas toutes reliées à la Vérité supérieure. Il faut établir pour la sâdhanâ une base plus grande, plus vaste et plus ferme, la base psychique. Pour cette raison toutes les anciennes expériences sont arrêtées. Il faut faire du cœur le centre et il faut, par la *bhakti* et l'aspiration, amener en avant l'être psychique et entrer en contact étroit avec la Shakti divine. Si vous pouvez le faire, votre sâdhanâ recommencera, avec un meilleur résultat.

***

Lorsque la lumière et la paix sont pleines dans la conscience vitale et physique, c'est cela qui reste toujours comme base pour le juste mouvement de la nature entière.

Rester à l'intérieur, au-dessus et non affecté, plein de la conscience intérieure et de l'expérience intérieure — écoutant tel ou tel, quand besoin est, avec la conscience de surface, mais sans que même cette conscience soit troublée, ni tirée vers l'extérieur, ni envahie — telle est la condition parfaite pour la sâdhanâ.

***

L'aide de la Mère est toujours présente pour ceux qui sont disposés à la recevoir. Mais il vous faut être conscient de votre nature vitale, et la nature vitale doit consentir à changer. Il ne sert à rien de se borner à constater qu'elle n'est pas consentante et que, lorsque vous la contraignez, elle crée en vous de la dépression. Toujours la nature vitale est réfractaire au début, et toujours, lorsqu'elle est contrainte ou sollicitée de changer, elle crée cette dépression par sa révolte ou son refus. Il vous faut insister jusqu'à ce qu'elle reconnaisse la vérité et qu'elle soit disposée à se transformer et à accepter l'aide et la grâce de la Mère. Si le mental est sincère et l'aspiration psychique complète et vraie, on peut toujours faire changer le vital.

***

Lire ce qui aide le Yoga, ou ce qui sera utile pour l'œuvre ou ce qui développera les facultés pour les fins divines. Ne pas lire ce qui est sans valeur, ni simplement pour se distraire, ni par curiosité intellectuelle de dilettante — car c'est une sorte d'intoxication mentale à petite dose. Lorsqu'on s'est installé dans la conscience la plus haute, on peut lire soit tout, soit rien, cela ne fait aucune différence — mais ce n'est pas pour tout de suite !

***

Je ne vois pas d'objection à ce qu'il poursuive ses études ; quant à savoir si elles lui seront d'aucune utilité pour une vie de sâdhanâ, cela dépendra de l'esprit dans lequel il les fait. Ce qui est réellement important, c'est d'acquérir un état de conscience où l'on puisse vivre dans le Divin et d'agir de là sur le monde physique. Un entraînement et une discipline mentaux, la connaissance des hommes et des choses, la culture, des facultés de l'espèce utile constituent une préparation que le *sâdhak* se trouvera bien d'avoir, même si elles ne sont pas l'unique chose indispensable. Dans l'Inde l'éducation donne très peu de cela, mais si l'on sait comment étudier sans beaucoup s'inquiéter de la forme ni de simples succès universitaires, on peut utiliser à cette fin la vie d'étudiant.

***

Presque tout artiste (il y a de rares exceptions) a en lui quelque chose de l'homme « public », dans ses parties vitales-physiques, le besoin du stimulant que donne l'auditoire, l'appréciation sociale, la satisfaction de la vanité ou de la gloire. Cela doit disparaître complètement s'il veut être un yogin, et s'il veut que son art soit au service non pas de l'homme, ni de son propre ego, mais du Divin.

***

Dans les choses les plus physiques, il faut vous fixer un programme pour vous en occuper, sinon tout devient un océan de confusion et de hasard. Il faut aussi poser des règles fixes pour l'administration des choses matérielles tant que les gens ne sont pas assez développés pour s'en occuper comme il faut sans avoir de règles. Mais en matière de développement intérieur et de sâdhanâ, il est impossible de tracer un plan fixe dans tous les détails et de dire : « Chaque fois vous vous arrêterez ici, là, de telle façon, sur cette ligne et pas sur une autre ». Tout deviendrait si rigide et ligoté que rien ne pourrait se faire ; il ne pourrait y avoir aucun mouvement vrai et effectif.

Tout dépend de la condition intérieure ; la condition extérieure n'est utile que comme moyen et comme aide pour exprimer ou confirmer la condition intérieure et pour la rendre dynamique et effective. Si vous dites ou faites quelque chose avec le psychique dominant, ou avec le juste toucher intérieur, ce sera efficace ; si vous dites ou faites cette même chose par action mentale ou vitale, ou dans une atmosphère fausse ou mélangée, elle pourra être tout à fait inefficace. Pour faire la chose juste de la manière juste dans tous les cas et à tout instant, il faut être dans la conscience juste — on ne peut y arriver en suivant une règle mentale fixe qui peut cadrer dans certaines circonstances et ne pas cadrer du tout dans d'autres. On peut poser un principe général s'il concorde avec la Vérité, mais il faut en déterminer l'application par la conscience intérieure qui voit à chaque pas ce qu'il faut faire et ne pas faire. Si le psychique domine, si l'être est entièrement tourné vers la Mère et suit le psychique, on réalise cela de plus en plus.

***

Il est exact que l'on doit essayer de maintenir la condition intérieure en toute circonstance et même dans les plus défavorables ; mais cela ne signifie pas que l'on doive accepter, sans nécessité, des conditions défavorables, lorsqu'on n'a aucune bonne raison pour leur permettre de continuer. En particulier le système nerveux et le physique ne peuvent pas supporter une tension excessive — le mental non plus, ni le vital supérieur ; votre fatigue provient de la tension de ce que vous vivez dans la Conscience une et qu'en même temps vous vous exposez trop à des contacts prolongés de la conscience ordinaire. L'autodéfense est nécessaire dans une certaine mesure, afin que la conscience ne soit pas constamment tirée vers le bas ou vers le dehors dans l'atmosphère ordinaire, ou que le physique ne soit pas tendu parce qu'on le contraint à des activités qui vous sont devenues étrangères. Ceux qui pratiquent le yoga cherchent souvent dans la solitude un refuge contre ces difficultés ; ce n'est pas nécessaire ici, mais malgré cela vous n'avez pas besoin de toujours accepter d'être soumis à ce genre de tension inutile.

***

Le gaspillage effronté, le gâchage insouciant d'objets physiques en un laps de temps incroyablement court, le désordre négligent, la mauvaise utilisation de services ou de matériaux par suite, soit d'appétits vitaux, soit d'inertie tamasique, sont funestes à la prospérité et tendent à chasser ou à décourager la Puissance de richesses. Ces choses existent depuis longtemps dans la société, à l'état larvé, et si cela continue, un accroissement de nos moyens pourrait fort bien signifier une augmentation proportionnelle du gaspillage et du désordre et neutraliser l'avantage matériel. S'il doit y avoir un sain progrès, il faut porter remède à cela.

L'ascétisme pour lui-même n'est pas l'idéal de notre yoga, mais la maîtrise de soi dans le vital et un ordre juste dans le matériel en sont une partie fort importante — et une discipline ascétique vaut mieux qu'une absence négligente de véritable maîtrise. Être maître du matériel ne signifie pas posséder beaucoup et le dissiper avec prodigalité ou le gâcher aussi vite qu'on l'acquiert ou même plus vite. En être maître signifie une juste et soigneuse utilisation des choses et aussi la maîtrise de soi dans leur emploi.

***

Lorsqu'on doit vivre dans un milieu ordinaire, avec des occupations ordinaires, le meilleur moyen de se préparer à la vie spirituelle est de cultiver une équanimité et un détachement entiers et la *samatâ* de la Gîtâ, avec la foi que le Divin est présent et que la Volonté divine est à l'œuvre en toutes choses, même si c'est pour le moment dans les conditions d'un monde d'Ignorance. Et, au-delà, la Lumière et l'Ananda vers lesquels la vie s'efforce, mais la meilleure voie pour leur arrivée dans l'être et la nature de l'individu et pour leur installation, c'est de croître en cette égalité spirituelle. Cela résoudrait aussi votre difficulté à propos des choses déplaisantes et désagréables. A tout désagrément il faut faire face avec cet esprit de *samatâ*.

Rester ouvert à la Mère, c'est rester toujours paisible, heureux, confiant, non pas agité, ni peiné, ni découragé, pour que Sa force puisse œuvrer en vous, vous guider, vous donner la connaissance, vous donner paix et *ânanda*. Si vous ne pouvez pas vous garder ouvert, alors aspirez constamment, mais paisiblement à vous ouvrir.

***

Vous êtes l'enfant de la Mère, et l'amour de la Mère pour ses enfants est sans limite ; elle supporte avec patience les défauts de leur nature. Essayez d'être le véritable enfant de la Mère ; cet enfant est là, en vous, mais votre mental extérieur s'occupe de petites choses futiles et trop souvent se met à leur sujet dans une terrible agitation. Il ne faut pas seulement voir la Mère en rêve, mais apprendre à la voir et à la sentir avec vous et en vous à tout moment. Alors vous trouverez plus facile de vous maîtriser et de changer, car, étant là, Elle pourra le faire pour vous.

***

La maîtrise psychique de soi qui est souhaitable dans cette ambiance et au milieu de la discussion signifierait notamment :

(1) Ne pas permettre à l'impulsion de parler, de trop s'affirmer ou de rien dire sans réflexion, mais toujours parler avec une maîtrise consciente, pour dire uniquement ce qui est nécessaire et utile.

(2) Éviter tout débat, dispute ou discussion trop animée ; dire simplement ce que vous avez à dire et vous en tenir là. Vous ne devriez pas non plus soutenir que vous avez raison et les autres tort ; ce qui est dit

doit simplement être offert comme une contribution à la recherche de la vérité en la matière.

(3) Maintenir le ton de la parole et le choix des termes très paisibles, calmes, sans insistance.

(4) Ne pas se troubler de ce que d'autres peuvent s'échauffer et disputer, mais rester calme, sans agitation, et ne dire que ce qui peut contribuer à ramener le calme.

(5) S'il y a sur autrui (surtout sur des *sâdhaks*) des commérages et des critiques acerbes, ne pas s'y mêler, car ces choses ne sont utiles en aucune façon et ne servent qu'à faire descendre la conscience de son niveau plus élevé.

(6) Éviter tout ce qui peut froisser ou blesser autrui.

***

Comment allez-vous trouver les justes relations extérieures, en vous dégageant complètement des relations extérieures? Et comment vous proposez-vous d'être totalement transformé et unifié en vivant uniquement dans la vie intérieure, sans avoir aucune vérification de cette transformation et de cette unité par les contacts extérieurs et par les épreuves du travail et de la vie extérieurs? Cette totalité doit embrasser le travail et les rapports extérieurs et non pas seulement une vie intérieure retirée.

La transformation et l'unification ne peuvent se produire que lorsque l'ego vital renonce à ses exigences et à ses prétentions et aux réactions que celles-ci produisent lorsqu'elles ne sont pas satisfaites ; il n'y a pas d'autre voie.

***

L'attitude qu'il décrit, s'il la maintient correctement, est la bonne. Elle lui a apporté d'abord le début d'une expérience véritable, la Lumière (blanc et or) et la Force se déversant depuis le *sahasradala* et emplissant l'organisme, mais lorsque les parties vitales ont été touchées, cela doit avoir éveillé les énergies prâniques dans les centres vitaux (nombril et au-dessous), et, comme elles n'étaient pas pures, toutes les impuretés (colère, sexe, crainte, doute, etc.) se sont élevées, et tout le mental a été ennuagé par les forces vitales impures qui surgissaient. Il dit que tout cela maintenant s'apaise, que le mental devient calme et que dans le vital les impulsions viennent, mais ne restent pas. Il faut que non seulement le mental, mais aussi le vital deviennent calmes ; ces impulsions doivent perdre leur force de récurrence par le rejet et la purification. Une pureté et une paix entières doivent s'établir dans tout l'*âdhâra* ; c'est seulement alors qu'il aura une base sûre et certaine pour une nouvelle progression.

Si la force s'échappe de lui, ce doit être parce qu'il se laisse devenir trop inertement passif, et ouvert à tout. Il ne faut être passif qu'à la Force divine ; il faut veiller à ne pas se mettre à la merci de toutes les forces. S'il devient passif quand il essaie de voir Dieu dans une autre personne, il risque de se mettre à la disposition de toute force qui travaille à travers cette personne, et ses propres forces peuvent être draînées vers elle. Il vaut mieux qu'il ne procède pas ainsi ; qu'il aspire à la Paix et à la Force qui viennent d'en haut, et à l'entière pureté, et qu'il s'ouvre seulement à cette Force-là. Des expériences telles que sentir Dieu partout (pas seulement en telle ou telle personne) viendront alors toutes seules.

Notre but est la réalisation supramentale, et il nous faut faire tout ce qui est nécessaire pour cela ou en direction de cela, dans les conditions de chaque étape. Pour le moment, ce qui est nécessaire, c'est de préparer la conscience physique ; pour cela, ce qu'il faut établir, c'est dans les parties physiques et vitales inférieures une équanimité et une paix complètes et une consécration complète libre de toute exigence et tout désir personnels. Les autres choses pourront venir en leur temps. Ce qu'il faut maintenant, ce n'est pas exiger la proximité physique, qui est l'une de ces autres choses, c'est l'ouverture psychique dans la conscience physique et, là, la présence et la direction constantes

***

Il ne doit pas y avoir recherche du pouvoir, ni ambition, ni égoïsme de pouvoir. Le pouvoir ou les pouvoirs qui viennent doivent être considérés non comme nous appartenant, mais comme des dons du Divin pour les fins du Divin. Il faut prendre soin qu'il n'en soit pas mésusé par ambition ou égoïsme, qu'il n'y ait ni orgueil ou vanité, ni sens de supériorité, ni prétention ou égoïsme de l'instrument, seulement une pure et simple instrumentation psychique de la nature de n'importe quelle manière qui est appropriée pour le service du Divin.

***

Vous pouvez certainement continuer à développer la conscience du Purusha-Témoin au-dessus, mais si ce n'est qu'un témoin et si on laisse la Prakriti inférieure faire ce qu'elle veut, il n'y a aucune raison pour que ces conditions cessent jamais. Beaucoup de gens prennent cette attitude — que le Purusha doit se libérer en se tenant à l'écart, et qu'on peut jusqu'à la fin de la vie laisser la Prakriti libre d'aller son chemin ; c'est le *prârabdha karma* ; lorsque le corps tombera, la Prakriti tombera aussi et le Purusha s'en ira dans le Brahman sans attributs! C'est une théorie confortable, mais d'une vérité plus que douteuse ; je ne crois pas que la libération soit affaire si simple et si facile. En tout cas la transformation qui est le but de notre yoga ne se produirait pas.

Le Purusha au-dessus n'est pas seulement un Témoin, il est aussi celui qui donne (ou refuse) l'autorisation ; lorsqu'il refuse avec persistance son autorisation à un mouvement de Prakriti, en se tenant détaché, ce mouvement, même s'il continue quelque temps par la force de la vitesse acquise, perd généralement son emprise au bout de quelque temps, s'affaiblit, devient moins persistant, moins concret et finalement s'efface. Si vous prenez la conscience de Purusha, ce ne devrait pas être seulement comme Témoin, mais comme Anumanta, qui refuse l'autorisation aux mouvements créateurs de trouble, qui ne permet que la paix, le calme, la pureté, tout ce qui fait partie de la nature divine. Ce refus d'autorisation n'a pas besoin de signifier une lutte avec la Prakriti inférieure ; il faut que ce soit un refus tranquille, persistant, détaché, qui laisse l'action contraire de la nature sans support, sans approbation, sans signification ni justification.

Ne donnez jamais votre consentement aux idées, suggestions, sentiments qui ramènent le nuage, la confusion et la révolte. C'est ce consentement qui leur donne la force de revenir. Refusez-le et ils seront obligés de se retirer, soit immédiatement, soit au bout de quelque temps.

Restez fixé dans l'ensoleillement de la vraie conscience — car là seulement sont bonheur et paix. Ceux-ci ne dépendent pas d'événements extérieurs, mais de cela uniquement.

***

Emportez avec vous la paix, le calme, la joie et conservez-les en vous souvenant toujours du Divin.

Si les pensées relatives au passé et à l'avenir ne viennent que comme souvenirs et imaginations, elles ne servent à rien et il faut tranquillement en détourner votre esprit pour l'orienter vers le Divin et le yoga. Si elles ont quelque chose à voir avec le but, renvoyez-les au Divin, placez-les dans la lumière de la Vérité, afin d'avoir à leur sujet la vérité ou la juste décision ou formation pour l'avenir, s'il est besoin d'une décision.

Il n'y a aucun mal dans les larmes dont vous parlez ; elles viennent de l'âme, de l'être psychique ; elles sont une aide et non une entrave.

***

Un simple mécontentement agité de la vie ordinaire n'est pas une préparation suffisante pour notre yoga.

Un appel intérieur positif, une forte volonté et une grande stabilité sont nécessaires pour réussir dans la vie spirituelle.

***

La Mère ne discute pas ces problèmes mentaux avec les disciples. Il est tout à fait inutile de chercher à concilier ces choses avec l'intellect. Car il y a deux choses, l'Ignorance, d'où viennent la lutte et la discorde, et la Lumière secrète, l'Unité, la Béatitude et l'Harmonie. L'intellect appartient à l'Ignorance. C'est seulement en passant dans une meilleure conscience que l'on peut vivre dans la Lumière et la Béatitude et l'Unité et ne pas être touché par la discorde et la lutte extérieures. Ce changement de conscience est par conséquent la seule chose qui importe ; le concilier avec l'intellect ne ferait aucune différence.

***

La présence constante de la Mère vient par la pratique ; la Grâce divine est essentielle pour réussir dans la sâdhanâ, mais c'est la pratique qui prépare la descente de la Grâce.

Il vous faut apprendre à aller à l'intérieur, cessant de vivre uniquement dans les choses extérieures, apaiser l'esprit, aspirer à devenir conscient de l'action de la Mère en vous.

***

S'il veut se rendre un jour apte à la vie spirituelle, la première chose à éviter est l'agitation vitale. Faire le travail que l'on doit faire avec un mental paisible, en faire l'offrande au Divin, essayer de se débarrasser de l'égoïsme et du désir vital, tel est le meilleur moyen de se préparer.

***

Vivez toujours comme si vous étiez sous l'œil même du Suprême et de la Mère divine. Ne faites rien, essayez de ne rien faire ni penser qui serait indigne de la Puissance divine.

***

La Présence dont vous regrettez qu'elle se soit estompée ne peut se sentir que si l'être intérieur continue d'être consacré, et si la nature extérieure est mise en harmonie, ou tout au moins maintenue en contact avec l'esprit intérieur. Mais si vous faites des choses que votre être intérieur n'approuve pas, cet état finira par être terni et chaque fois la possibilité diminuera pour vous de sentir la Présence. Pour que la grâce de la Mère soit présente et effective, il vous faut une forte volonté de vous purifier et une aspiration qui ne flanche ni ne cesse.

***

Tout ce que je peux lui suggérer, c'est de pratiquer quelque sorte de Karma-Yoga, en se souvenant du Suprême dans toutes ses actions, de la plus petite à la plus grande, en les faisant avec un esprit paisible, sans attachement ni sens d'ego, en les Lui offrant en sacrifice. Il peut aussi chercher ou aspirer à sentir la présence de la Shakti divine derrière le monde et ses forces, distinguer entre la nature inférieure et l'Ignorance et la nature divine supérieure dont le caractère est calme, paix, puissance, Lumière et Béatitude absolus, aspirer à être élevé et conduit progressivement de l'inférieure à la supérieure.

S'il peut le faire, il deviendra un jour capable de se consacrer au Divin et de mener une vie entièrement spirituelle.

***

Si vous voulez faire des progrès dans votre sâdhanâ, il est nécessaire que vous rendiez sincères, réels et complets la soumission et l'abandon dont vous parlez. Cela ne peut pas se faire tant que vous mêlez vos désirs à vos aspirations spirituelles. Cela ne peut se faire tant que vous nourrissez un attachement vital pour votre famille, votre enfant, n'importe quoi ou n'importe qui. Si vous devez faire notre yoga, il faut n'avoir qu'un seul désir, une seule aspiration : recevoir la Vérité spirituelle et la manifester dans toutes vos pensées, tous vos sentiments, vos actions et votre nature. Il ne faut plus avoir soif de rapports avec qui que ce soit. Les rapports du *sâdhak* avec autrui doivent être créés pour lui de l'intérieur, quand il a la véritable conscience et vit dans la Lumière. Ils seront déterminés en lui par le pouvoir et la volonté de la Mère divine selon la vérité supramentale pour la vie divine et l'œuvre divine ; ils ne doivent pas être déterminés par son mental et ses désirs vitaux. C'est ce que vous devez vous rappeler. Votre être psychique est capable de se donner à la Mère et de vivre et croître dans la Vérité, mais votre être vital inférieur a été plein d'attachements et de *samskâras* et d'un mouvement impur de désir, et votre mental physique extérieur n'a pas pu secouer ses idées et habitudes ignorantes et s'ouvrir à la Vérité. C'est pourquoi vous n'avez pas pu progresser, parce que vous entreteniez un élément et des mouvements qui ne pouvaient être autorisés à rester ; ils étaient exactement l'opposé de ce qui doit être établi dans une vie divine. La Mère ne peut vous libérer de ces choses que si vous le désirez vraiment, non pas seulement dans votre être psychique, mais dans votre mental physique et dans toute votre nature vitale. Le signe en sera que vous ne choirez plus et ne mettrez plus en avant vos notions, attachements et désirs personnels et que, quelle que soit la distance, où que vous soyez, vous vous sentirez ouvert, vous sentirez la puissance et la présence de la Mère avec vous, travaillant en vous, et vous serez satisfait, paisible, confiant, sans rien vouloir d'autre, attendant toujours la volonté de la Mère.

***

Si votre foi s'affermit de jour en jour, vous progressez certainement dans votre sâdhanâ et il ne peut pas y avoir eu de chute. Une interruption d'expériences déterminées peut n'être qu'une période d'assimilation où l'on se prépare pour une nouvelle gamme d'expériences. Gardez-vous ouvert et aspirez.

***

Ceux qui tombent dans l'insanité ont perdu le vrai contact et obtenu le faux contact. Cela est dû soit à quelque impureté et désir non-spirituel avec lesquels le chercheur s'est engagé sur la voie, soit à quelque manque de sincérité, égoïsme, attitude fausse, soit à quelque faiblesse dans le cerveau ou le système nerveux, qui ne peut pas supporter le Pouvoir que le chercheur y a fait descendre.

Le moyen le plus sûr est de suivre les directives de quelqu'un qui a atteint la maîtrise sur le sentier. Mais ces directives doivent être suivies implicitement et sincèrement ; il ne faut pas laisser son propre mental, ses idées et ses fantaisies se mettre en travers. Il va sans dire que ce doit être une direction authentique, non les instructions d'un néophyte ou d'un imposteur.

***

L'état qui cherche à vous dominer et à vous saisir ne fait pas partie de votre vrai moi ; c'est une influence étrangère. Y céder et l'exprimer ne serait par conséquent pas de la sincérité, mais l'expression de quelque chose de faux envers votre être vrai, quelque chose qui vous deviendra de plus en plus étranger à mesure que vous avancerez. Rejetez-le toujours quand il se présente, même si vous sentez fortement son contact ; ouvrez-vous à la Mère dans votre mental et votre âme, gardez votre volonté et votre foi, et vous verrez qu'il recule. Même s'il revient obstinément, obstinez-vous autant et plus contre lui, rejetez-le avec autant et plus de fermeté — cela le découragera, l'usera, et finalement il s'affaiblira, ne sera plus que l'ombre de lui-même et disparaîtra.

Soyez toujours fidèle à votre vrai moi — c'est la vraie sincérité. Persistez et triomphez.

Je crois que vous avez toujours eu l'idée que donner expression à une impulsion ou un mouvement est la meilleure ou même la seule façon de s'en débarrasser. C'est une erreur. Si vous donnez expression à la colère, vous prolongez ou confirmez l'habitude de récurrence de la colère ; vous ne diminuez ni n'éliminez l'habitude. La toute première chose à faire pour affaiblir dans votre nature le pouvoir de la colère et ensuite vous en débarrasser complètement est de lui refuser toute expression, en actes ou en paroles. Ensuite on peut continuer avec davantage de chances de succès et la rejeter aussi de la pensée et du sentiment. Et de même pour tous les autres mouvements faux.

Tous ces mouvements viennent du dehors, de la Nature inférieure universelle, ou vous sont suggérés, ou sont projetés sur vous par des forces adverses — adverses à votre progrès spirituel. Votre méthode de les considérer comme vôtres est aussi fausse ; car en ce faisant vous augmentez leur pouvoir de revenir et de s'emparer de vous. Si vous les acceptez comme vôtres, cela leur donne une sorte de droit à être là. Si vous sentez au contraire qu'elles ne sont *pas vôtres*, alors elles n'ont aucun droit, et la volonté peut avoir plus de puissance pour les expulser. Ce que vous devez toujours avoir et sentir vôtre est cette volonté, ce pouvoir de refuser votre consentement, de refuser l'admission à un mouvement faux, ou, s'il vient, le pouvoir de le renvoyer, sans l'exprimer.

Évidemment, si vous le pouvez, la meilleure manière est de garder davantage le contact avec la Mère, sa Lumière et sa Force, et de ne recevoir, accepter et suivre que ce qui vient de cette force supérieure.

***

Donner libre cours aux instincts et aux désirs naturels n'est pas du yoga. Le yoga exige la maîtrise sur la nature, non la sujétion à la nature.

***

La seule façon de se débarrasser de ces mouvements vitaux est de faire avec persistance ce qu'il explique faire lui-même en face des forces envahissantes, c'est-à-dire qu'il doit être toujours vigilant, chercher toujours à tout instant à être conscient, toujours rejeter ces choses, refuser d'y prendre plaisir, appeler la Mère, provoquer la descente de la Lumière. S'ils reviennent avec persistance, il ne doit pas se décourager ; on ne peut pas changer la nature tout de suite, il faut longtemps. Si cependant il peut garder la conscience psychique au premier plan, ce sera beaucoup plus aisé, il y aura beaucoup moins de difficulté et de trouble dans la transformation. Cela peut se faire par aspiration et *abhyâsa* constants.

***

Il est difficile au chrétien ordinaire d'être d'une seule pièce, parce que les enseignements du Christ sont sur un tout autre plan que la conscience de l'homme intellectuel et vital formé par l'éducation et la société d'Europe — cet homme, même prêtre ou pasteur, n'a jamais été appelé à mettre tout à fait sérieusement en pratique ce qu'il prêche. Mais n'importe où il est difficile à la nature humaine de penser, de sentir et d'agir à partir d'un centre unique de véritable foi, croyance ou vision. L'hindou moyen considère la vie spirituelle comme la plus haute, révère le sannyâsin, est ému par le *bhakta* ; mais si un membre de sa famille quitte le monde pour la vie spirituelle, que de larmes, de discussions, de remontrances, de lamentations ! C'est presque pire que s'il mourait de mort naturelle. Ce n'est pas un manque conscient de sincérité mentale ; ils discutent comme des *pandits* et auront recours aux *shâstras* pour prouver que vous avez tort. C'est une inconscience, un manque de sincérité vitale dont ils ne se rendent pas compte et qui emploie le mental raisonneur comme complice.

C'est pourquoi nous insistons tellement sur la sincérité dans le yoga — et cela signifie avoir tout l'être consciemment tourné vers l'unique Vérité, l'unique Divin. Mais pour la nature humaine, c'est là une des tâches les plus difficiles, bien plus qu'un rigide ascétisme ou une piété fervente. La religion ne donne pas elle-même cette sincérité complète et harmonisée — seuls peuvent la donner l'être psychique et l'aspiration spirituelle de l'âme une.

***

Un échange humain vital ne peut pas être un vrai soutien pour la sâdhanâ ; il est au contraire certain de l'entraver et de la déformer, en conduisant à une auto-déception dans la conscience et à une fausse orientation de l'être émotif et de la nature vitale.

***

Si vous voulez changer, il faut d'abord résolument vous débarrasser des défauts de votre être vital, en persévérant avec continuité, si difficile que ce soit et si longtemps que cela prenne, en appelant toujours l'aide divine et en vous contraignant toujours à être entièrement sincère.

Quant à être capable ou incapable, nul n'est entièrement capable de faire notre yoga ; il faut le devenir par l'aspiration, *l'abhyâsa*, la sincérité et le don de soi. Si vous avez toujours désiré la vie spirituelle, c'est la partie psychique en vous qui l'a désirée, mais votre vital s'est toujours mis en travers. Établissez dans le vital une volonté sincère, ne laissez pas les désirs et exigences personnels, l'égoïsme et la fausseté se mêler à votre sâdhanâ ; alors seulement le vital en vous deviendra propre à la sâdhanâ.

Si vous voulez que votre tentative réussisse, il faut devenir toujours plus pur, plus stable et persistant. Si vous pratiquez sincèrement, vous obtiendrez l'aide dont vous avez besoin.

***

C'est l'habitude du vital dans le passé, qui vous fait retourner à maintes reprises dans la partie extérieure ; il faut persister et instaurer en vous l'habitude opposée de vivre dans votre être intérieur, qui est votre être vrai et de tout regarder de là. C'est de là que vous aurez la vraie pensée, la vraie vision et compréhension des choses, de votre moi et de votre nature.

***

L'être vital a toujours l'habitude de découvrir des choses par lesquelles il persuade le mental et justifie ses désirs ; et les circonstances prennent généralement la forme qui le justifie plus encore. Car ce que nous avons en nous crée les circonstances autour de nous. Ce qui importe, c'est que dans l'avenir vous preniez intérieurement une attitude différente.

***

Lorsque c'est possible, ce qui aide le mieux à la concentration dans le cœur, c'est le pouvoir et la lumière qui descendent d'au-dessus de la tête.

Ne cédez pas au *tamas* ; plus vous lui céderez et plus il s'accrochera.

Pour toutes ces choses, la voie est le détachement, se tenir en arrière ; séparez-vous du désir, observez-le, refusez de l'approuver et appliquez une volonté tranquille et persistante à le faire cesser, en demandant en même temps à la force de la Mère de dissoudre et d'éliminer l'appétit, le désir, l'attachement, l'obscurité ou l'inertie. Si cela est fait avec sincérité, persistance, et de la manière juste, cela finira par réussir, même s'il y faut du temps.

***

Le rapport de gourou à disciple n'est que l'un de ceux (parmi beaucoup) que l'on peut avoir avec le

Divin, et dans notre yoga, qui vise à la réalisation supramentale, on n'a pas coutume de lui donner ce nom ; le Divin y est plutôt considéré comme la Source, le Soleil vivant de Lumière et de Connaissance et de Conscience, et de réalisation spirituelle ; tout ce que l'on reçoit est ressenti comme venant de là, l'être entier étant remodelé par la Main divine. C'est un rapport plus vaste et plus intime que celui du gourou et du disciple humains, qui est davantage un idéal mental limité. Si néanmoins l'esprit a encore besoin de cette conception mentale plus familière, on peut la conserver aussi longtemps qu'on en a besoin ; mais ne laissez pas l'âme se limiter par elle, ne la laissez pas limiter l'influx d'autres rapports avec le Divin et de plus vastes formes d'expérience.

***

Les livres parlent beaucoup de renoncement, disent qu'il faut renoncer à ses possessions, renoncer à ses attachements, renoncer à ses désirs. Mais je suis arrivé à la conclusion que tant que vous avez besoin de renoncer à quelque chose, vous n'êtes pas sur cette voie-ci ; car tant que vous n'êtes pas complètement dégoûté des choses telles qu'elles sont, tant que vous devez faire un effort pour les rejeter, vous n'êtes pas prêt pour la réalisation supramentale. Si les constructions du Surmental (le monde qu'il a construit et l'ordre existant qu'il soutient) vous satisfont encore, vous ne pouvez espérer prendre part à cette réalisation. C'est seulement lorsque vous trouverez un tel monde dégoûtant, insupportable et inadmissible que vous serez prêt pour le changement de conscience. C'est pourquoi je n'accorde aucune importance à l'idée de renonciation. Renoncer signifie que vous devez abandonner ce que vous appréciez, que vous devez rejeter ce que vous estimez valoir la peine d'être conservé. Ce qu'il vous faut sentir, au contraire, c'est que le monde est affreux, stupide, brutal et plein de souffrances intolérables ; une fois que vous sentirez de la sorte, tout le physique, toute la conscience matérielle qui ne veut pas que ce soit tel, voudra que cela change, et s'écriera : « Je veux autre chose — quelque chose qui soit vrai, beau, plein de délices et de connaissance et de conscience. » Tout ici flotte sur une mer de sombre inconscience. Mais lorsque vous voulez le Divin avec toute votre volonté, votre résolution, votre aspiration et votre intensité, il vient certainement. Mais il ne s'agit pas simplement d'améliorer le monde. Il y a des gens qui réclament un changement de gouvernement, des réformes sociales, des œuvres philanthropiques, en croyant qu'avec cela ils peuvent rendre le monde meilleur. Nous, nous voulons un monde nouveau, un monde vrai, une expression de la Conscience-Vérité. Et il viendra, il faudra qu'il vienne — et le plus tôt sera le mieux.

Il ne faudrait pas, cependant, que ce fût uniquement une transformation subjective. La vie physique entière doit être transformée. Le monde matériel ne se contente pas d'un simple changement de conscience en nous. Il nous dit en substance : « Tu te retires dans la béatitude, tu deviens lumineux, tu obtiens la connaissance divine, mais cela ne me change pas ; je reste toujours l'enfer que je suis en fait ! » Le vrai changement de conscience est celui qui transformera les conditions physiques du monde et en fera une création entièrement nouvelle.

***

Apparemment vous êtes appelé, et vous êtes peut-être propre au yoga ; mais il y a différents sentiers, dont chacun a devant lui une fin et un but différents. Il est commun à tous les sentiers de triompher des désirs, de mettre de côté les rapports ordinaires de la vie, et d'essayer de passer de l'incertitude à une perdurable certitude. On peut aussi tenter de triompher des rêves et du sommeil, de la faim et de la soif, etc. Mais il ne fait pas partie de mon yoga de n'avoir rien à faire avec le monde ou avec la vie ou de tuer les sens ou d'inhiber totalement leur action. L'objet de mon yoga est de transformer la vie en y faisant descendre la

Lumière, la Puissance et la Béatitude de la Vérité divine et ses certitudes dynamiques. Ce yoga-ci n'est pas un yoga d'ascétisme qui s'écarte de la vie, mais un yoga de vie divine. Par contre votre but ne peut être atteint qu'en entrant dans le *samâdhi* et en y cessant tous rapports avec l'existence du monde.

***

Pour le mode de méditation dont nous avons parlé, aspiration, prière, concentration et intensité en font naturellement partie. Ceux qui l'emploient vont plus vite et développent leur sâdhanâ, une fois qu'ils s'y sont fixés, beaucoup plus aisément et avec beaucoup moins de heurts que par un labeur entaché d'abattement, de doute et d'anxiété, avec des révulsions de découragement et qui s'écarte de l'espoir et de l'effort. Nous avons parlé d'une ouverture constante au Divin, avec un flot de la force qui fait son œuvre dans l'*âdhâra*, une ouverture équilibrée avec un mental paisible, un cœur plein de confiance et le soleil de l'assurance ; où trouvez-vous que nous ayons parlé d'une attente sans aide qui doive être votre programme ?

Quant à la légèreté et à l'insouciance, une indifférence légère est la dernière chose que nous recommanderions à n'importe qui. La Mère a parlé d'être joyeux, et si elle a employé l'expression « le cœur léger », cela n'a pas été au sens de gaîté ou d'insouciance légère ou frivole — bien qu'une gaîté plus profonde et plus fine puisse trouver place comme l'un des éléments du caractère yoguique. Ce qu'elle indiquait, c'était une égalité contente, même en face de difficultés, et il n'y a là rien de contraire à l'enseignement yoguique ni à ce qu'elle pratique. La nature vitale en surface — les profondeurs du vrai vital sont différentes — est attachée d'une part à une allégresse et une jouissance superficielles, de l'autre au chagrin, au désespoir, à la mélancolie et à la tragédie — car ce sont dans la vie les lumières et les ombres qu'elle chérit ; mais une paix claire ou vaste ou libre ou une intensité d'*ânandamaya*, ou mieux encore, la fusion des deux en une est le véritable point d'équilibre à la fois de l'âme et du mental — et aussi du vrai vital — dans le yoga. Il est parfaitement possible à un *sâdhak* très humain d'atteindre cet équilibre ; il n'est pas nécessaire d'être divin avant de pouvoir y arriver.

Il est tout à fait vrai que s'élever en une conscience plus haute que la conscience humaine ordinaire est la bonne voie vers la transformation. Rester simplement dans la conscience inférieure ordinaire et, de là, essayer de rejeter les faux mouvements ne peut produire aucun résultat permanent ou complet. Mais il y a ici plusieurs points qu'il vous faut noter, sinon cette perception peut être accompagnée par une erreur.

(1) Comme vous l'avez vu vous-même ensuite, toutes les parties et les personnalités qui composent l'être doivent participer à la conscience supérieure, sans quoi les anciens mouvements continueront, sous divers prétextes.

(2) Vous parlez de rejeter le vital inférieur, mais on ne peut rejeter que les mouvements non régénérés du vital inférieur ; vous ne pouvez pas vous débarrasser du vital inférieur lui-même, car c'est un élément nécessaire de la nature manifestée, tout comme le vital supérieur ou le mental. Il faut le transformer dans le pouvoir de la conscience supérieure, non pas le laisser à lui-même ni vous en séparer.

(3) Si vous ne le changez pas ainsi, si vous vous contentez simplement de vivre intérieurement dans le psychique ou dans une autre conscience supérieure, vous courez le risque de faire comme ceux qui sont satisfaits d'avoir des expériences et quelque quiétude ou *ânanda* intérieurs, mais laissent inchangés la nature extérieure et les mouvements actifs de surface, soit qu'ils les jugent sans importance, soit qu'ils les justifient en prétendant que le psychique ou la conscience spirituelle est derrière eux.

***

C'est une erreur de penser qu'on peut progresser en ayant peur ou en étant malheureux. La peur est toujours un sentiment à rejeter, parce que ce que vous craignez est précisément la chose qui a des chances de vous arriver. La crainte attire ce qui est l'objet de la crainte. Être malheureux réduit les forces et nous expose davantage aux causes de souffrance.

On peut être paisible, heureux, joyeux, sans être tout cela de façon légère ou creuse — et le bonheur n'a pas besoin d'amener des réactions vitales. Tout ce qu'il faut, c'est que vous observiez et que vous soyez vigilant — veiller de telle sorte que vous ne puissiez donner votre consentement à de faux mouvements ou au retour des anciens sentiments, de l'obscurité, de la confusion, etc. Si vous restez vigilant, alors, avec l'accroissement de la Force qui vous soutient, viendront un pouvoir de maîtrise de soi, une faculté de voir et de rejeter la mauvaise orientation ou la mauvaise réaction lorsqu'elles se présentent. D'être craintif et malheureux ne vous donnera pas cela. Cela ne viendra que par cette vigilance accompagnée par une ouverture à la Force qui soutient et qui guide. Ce que vous décrivez comme une capacité de choisir ce qui est juste, une sensation de force ou de puissance qui peut arrêter le mouvement faux et se saisir du juste dès qu'elle les reconnaît, c'est précisément cette maîtrise et cette vigilance. C'est par cette maîtrise et cette vigilance soutenues par la Force que vous pouvez aussi empêcher l'amour et la dévotion de se mêler de désirs égoïstes et d'impuretés ou d'être remplacés par eux. Plus vous vous ouvrirez et plus ce pouvoir augmentera en vous.

***

Jusqu'à présent, aucun homme libéré n'a eu d'objection au *gourou-vâda* ; en général ce sont seulement les gens qui vivent dans le mental ou le vital et qui ont l'orgueil du mental ou l'arrogance du vital qui trouvent incompatible avec leur dignité de reconnaître un gourou.

***

Renoncer à la retenue serait donner libre cours au vital et ce serait permettre à toutes sortes de forces d'entrer. Tant qu'il n'y a pas la conscience supramentale pour diriger et pénétrer toutes choses, dans tout l'être, et depuis le Surmental jusqu'en bas, il y a un jeu ambigu de forces, et chaque force, si divine que soit son origine, peut être utilisée par les Puissances de lumière ou interceptée, quand elle traverse le mental et le vital, par les Puissances de ténèbres. Vigilance, discrimination et maîtrise ne peuvent être abandonnées tant que la victoire complète n'a pas été remportée et la conscience transmuée.

Chapitre quatrième

Bases de la sâdhanâ

C'est parce que, dans le cours de la sâdhanâ, votre conscience est entrée en contact avec la nature physique inférieure et la voit telle qu'elle est en elle-même lorsqu'elle n'est pas contenue ou maîtrisée par le mental, le psychique ou la force spirituelle. Cette nature est en elle-même pleine de désirs bas et obscurs, c'est la partie la plus animale de l'être humain. Il faut entrer en contact avec elle afin de savoir ce qui s'y trouve et de la transformer. La plupart des *sâdhaks* ancien modèle se contentent de s'élever dans les domaines spirituel ou psychique et de laisser cette partie à elle-même — mais dans ce cas elle reste inchangée, même si elle est en majeure partie paisible, et aucune transformation complète ne peut se faire. Vous n'avez qu'à rester paisible et non troublé et laisser la Force supérieure travailler à la transformation de cette nature physique obscure.

***

Lorsqu'on a la conscience cosmique on peut sentir le Soi cosmique comme étant le sien propre, on peut se sentir un avec d'autres êtres dans le cosmos, on peut sentir toutes les forces de la Nature comme se mouvant en soi, tous les « moi » comme son propre moi.

Il n'y a pas d'explication, sinon que c'est ainsi, puisque tout est l'Un.

***

Lorsqu'on parle de l'étincelle divine, on pense à l'âme en tant que fragment du Divin, descendu d'en haut dans la manifestation, plutôt qu'à quelque chose qui s'est séparé du cosmos. C'est la nature qui s'est formée à partir des forces cosmiques — le mental à partir du mental cosmique, la vie à partir de la vie cosmique, le corps à partir de la Matière cosmique.

Pour l'âme, il y a trois réalisations : (1) la réalisation de l'être et de la conscience psychiques comme l'élément divin dans l'évolution ; (2) la réalisation du Soi cosmique qui est un en tout ; (3) la réalisation du Divin suprême d'où sont venus à la fois l'individu et le cosmos, et de l'être individuel (*jîvâtman*) comme un éternel fragment du Divin.

***

La sâdhanâ repose sur le fait qu'une descente de Forces des plans supérieurs et une montée de la conscience inférieure aux plans supérieurs est le moyen de transformer la nature inférieure — bien que naturellement cela prenne du temps et que la transformation complète ne puisse venir qu'avec la descente supramentale.

***

La sâdhanâ est la pratique du yoga. La *tapasyâ* est la concentration de la volonté pour obtenir les résultats de la sâdhanâ et pour triompher de la nature inférieure. L'*ârâdhanâ* est adoration du Divin, amour, don de soi, aspiration au Divin, appel du nom, prière. *Dhyâna* est concentration intérieure de la conscience, méditation, entrée au-dedans dans le *samâdhi*. *Dhyâna*, *tapasyâ* et *ârâdhanâ* font tous partie de la sâdhanâ.

***

Un mental pur signifie un mental paisible et libre de pensées ayant un caractère inutile ou troublant.

***

Lorsqu'on est à la recherche du Soi impersonnel, on se meut entre deux principes opposés : le silence et la pureté de l'Atman inactif impersonnel et l'activité de la Prakriti ignorante. On peut entrer dans le Soi, en laissant la nature ignorante ou en la réduisant au silence. Ou encore on peut vivre dans la paix et la liberté du Soi et observer en témoin l'action de la Nature. On peut même, par *tapasyâ*, imprimer une sorte de direction sattvique à l'action de la Prakriti ; mais le Soi impersonnel n'a pas le pouvoir de transformer ou de diviniser la nature. Pour cela, il faut aller au-delà du Soi impersonnel et chercher le Divin qui est à la fois personnel et impersonnel et au-delà de ces deux aspects. Si néanmoins vous vous exercez à vivre dans le Soi impersonnel et si vous pouvez réaliser une certaine impersonnalité spirituelle, vous croîtrez en égalité, en pureté, en paix, en détachement, vous obtiendrez le pouvoir de vivre dans une liberté intérieure non affectée par le mouvement de surface ou la lutte de la nature mentale, vitale et physique et cela devient d'un grand secours lorsque vous devez passer au-delà de l'impersonnel et transformer aussi la nature troublée en quelque chose de divin.

Quant à l'offrande des actions au Divin et à la difficulté vitale que cela soulève, il n'est pas possible d'éviter cette difficulté ; il faut y passer et en triompher. Car dès que vous faites cette tentative, le vital se dresse, avec toutes ses imperfections inquiètes, pour s'opposer au changement. Il y a néanmoins trois choses que vous pouvez faire pour atténuer et abréger la difficulté.

(1) Détachez-vous de ce physique-vital, observez-le comme quelque chose qui n'est pas vous-même ; rejetez-le, refusez votre assentiment à ses prétentions et ses impulsions, mais paisiblement, comme Purusha témoin dont le refus d'approbation devra finalement l'emporter. Cela ne devrait pas être difficile pour vous, si vous avez déjà appris à vivre de plus en plus dans le Soi impersonnel.

(2) Lorsque vous n'êtes pas dans cette impersonnalité, utilisez cependant votre volonté mentale et son pouvoir d'approuver ou de ne pas approuver — non pas dans une lutte pénible, mais de la même façon, tranquillement, en rejetant les prétentions du Désir, jusqu'à ce que, par manque d'approbation et d'assentiment, ces prétentions perdent leur pouvoir de revenir et soient de plus en plus faibles et extérieures.

(3) Si vous prenez conscience du Divin au-dessus de vous ou dans votre cœur, appelez-le à l'aide, demandez-lui lumière et pouvoir pour transformer le vital lui-même, et en même temps faites pression sur ce vital jusqu'à ce qu'il apprenne à prier lui-même pour obtenir cette transformation.

Finalement la difficulté sera réduite à ses plus simples proportions dès que vous pourrez — par la sincérité de votre aspiration au Divin et de votre don de vous-même — éveiller l'être psychique en vous (le Purusha dans le cœur secret), de telle sorte qu'il vienne en avant et reste en avant et déverse son influence sur tous les mouvements du mental, du vital et de la conscience physique. Le travail de transformation restera à faire, mais à partir de ce moment, il ne sera plus si dur et si pénible.

***

Dans le cours ordinaire du Yoga, cette force physique est remplacée par une force yoguique ou puissance vitale yoguique qui maintient le corps et le fait travailler, mais en l'absence de cette force le corps est dénué de pouvoir, inerte et tamasique. On ne peut y remédier qu'en ouvrant l'être tout entier à la Yoga-Shakti dans chacun de ses plans : force mentale yoguique, force vitale yoguique, force corporelle yoguique.

***

Le premier résultat, lorsque les forces surmentales se déversent, est très souvent d'exagérer l'ego, qui se sent fort, presque irrésistible (bien qu'il ne le soit pas en réalité), divinisé, lumineux. La première chose à faire, lorsqu'on en a quelque expérience, est de se débarrasser de cet ego magnifié. Pour cela il faut se reculer, ne pas se laisser emporter dans ce mouvement, mais veiller, comprendre, rejeter tous mélanges, aspirer à une lumière et une action plus pures et encore plus pures. Cela ne peut se faire parfaitement que si le psychique vient en avant. Le mental et le vital, et surtout le vital, quand ils reçoivent ces forces, ont peine à repousser cette tendance à s'en emparer et à les utiliser pour les fins de leur ego, ou alors, ce qui revient pratiquement au même, ils mêlent les exigences de l'ego avec le service de quelque chose de plus haut.

***

Pranava-japa (1). Ce *japa* est supposé avoir une force à lui, bien que cette force ne puisse pleinement agir sans méditation sur sa signification. Mais d'après mon expérience, il n'y a pour ces choses pas de règle invariable, et cela doit dépendre de la conscience ou de la capacité de réponse chez le *sâdhak*. Chez certains cela reste sans effet, chez d'autres l'effet est rapide et puissant, même sans méditation, chez d'autres encore la méditation est nécessaire pour qu'il y ait un effet quelconque.

***

Comment se débarrasse-t-on complètement de la colère ?

Quand c'est le psychique qui dirige tous les mouvements de l'être, elle disparaît complètement, et aussi lorsque l'équanimité de la conscience supérieure prend entièrement possession du vital inférieur. Jusque-là, on peut établir une maîtrise, diminuer la colère et la réduire à un contact qui ne produit pas d'effet extérieur ou à une vague qui passe sans expression vitale.

(1) Répétition, avec ou sans chapelet (*japa*) de la syllabe sacrée AUM (*pranava*).

***

Emporte-t-on le subconscient dans la vie suivante ?

Non, le subconscient est l'instrument pour la vie physique et il disparaît. Il est trop incohérent pour être une existence organisée qui dure.

***

Dans cet état il y a moins une puissance réelle qu'un sentiment d'avoir de la puissance. Il existe quelques pouvoirs mélangés et tout à fait relatifs — parfois un peu efficaces, parfois inefficaces — qui pourraient être développés pour devenir quelque chose de réel si on les plaçait sous la direction du Divin, si on en faisait abandon. Mais l'ego intervient, exagère ces petites choses, les présente comme quelque chose d'énorme et d'unique, et refuse d'en faire abandon. Alors le *sâdhak* ne fait pas de progrès — il erre dans la jungle de ses propres imaginations, sans discrimination ni sens critique, ou fait intervenir un jeu de forces confuses qu'il est incapable de comprendre ou de maîtriser.

***

C'est parce que l'énergie est manifestée dans le travail. Mais à mesure que s'intensifient la paix et le contact, il peut se développer une double conscience : une qui est engagée dans le travail, et une autre par derrière, silencieuse, qui observe ou qui se tourne vers le Divin. Dans cette dernière on peut maintenir l'aspiration même pendant que la conscience extérieure est tournée vers le travail.

***

Y a-t-il « vastitude » dans le psychique ?

La vastitude vient lorsqu'on dépasse ou que l'on commence à dépasser la conscience individuelle et que l'on s'étend en direction de l'universel. Mais le psychique peut être actif même dans la conscience individuelle.

***

Comment se produit la « rupture du voile »?

Elle se produit toute seule avec la pression de la sâdhanâ. On peut aussi la provoquer par une concentration et un effort spécifiques.

Il vaut certainement mieux que le psychique soit conscient et actif avant qu'il y ait enlèvement du voile ou écran entre la conscience individuelle et la conscience universelle, ce qui se produit lorsque l'être intérieur est amené en avant dans toute sa vastitude. Car alors il y a moins de risque des difficultés provenant de ce que j'ai appelé la Zone intermédiaire.

***

En soi, l'impersonnalité n'est pas le Divin. Toutes ces erreurs peuvent être commises — et le sont — par beaucoup de gens qui se prétendent dans une conscience impersonnalisée. Une force peut être universelle tout en étant une force mauvaise. Bien des gens pensent qu'ils sont impersonnels et libérés de l'ego parce qu'ils obéissent à une force ou à quelque chose de plus grand que leur propre personnalité, mais cette force ou ce quelque chose peut être tout autre que le Divin et peut les tenir par un élément de leur personnalité et de leur ego.

***

En réalité, il n'y a ici qu'une Force ou Énergie ; ce qu'on appelle l'énergie individuelle n'appartient pas à l'individu, mais à l'unique Pouvoir universel.

Dans l'unique Énergie infinie elle-même, il faut faire une distinction entre la Force divine qui descend d'au-dessus du mental et l'Énergie universelle inférieure avec toutes ses formes, tous ses mouvements, vagues et courants divers qui viennent en vous du dehors. L'Énergie inférieure procède de la Shakti divine, mais elle a chu de la vérité de sa source et n'en est plus directement guidée.

Lorsque ces énergies universelles entrent en contact avec la Force divine, se lèvent à sa rencontre et la laissent s'emparer d'elles, les occuper et les changer, elles sont purifiées, élevées, transformées et deviennent un mouvement de la Force divine.

Quand elles ne sont pas en contact avec la Force divine et ne lui obéissent pas, mais agissent pour elles-mêmes, elles sont inéclairées, dévoyées, impures, mêlées et confuses — ce sont des pouvoirs de l'Ignorance.

Restez donc toujours en contact avec la Force divine. Le mieux pour vous est de faire cela simplement et de laisser la Force faire son œuvre ; partout où c'est nécessaire, elle s'emparera des énergies inférieures et les purifiera ; à d'autres moments elle vous en videra et vous emplira d'elle-même. Mais si vous laissez votre mental prendre la direction et discuter et décider ce qu'il faut faire, vous perdrez le contact avec la Force divine, et les énergies inférieures commenceront à agir par elles-mêmes et tout ira en confusion et en faux mouvements.

Il est encore pire de vouloir attirer ces énergies universelles inférieures de ceux qui vous entourent et d'entretenir avec eux un échange vital ; que peut-on y gagner ? Cela conduit au contraire à une confusion plus grande et cela amène même toutes sortes de dégâts et de troubles.

Souvent l'association de ces énergies universelles avec d'autres est une erreur de votre mental. Votre mental essaie toujours de les fixer sur quelqu'un, et souvent il les fixe sur tel ou tel au hasard, ou encore d'après de vieilles expériences qui ne sont plus valables. Par exemple ce que vous appelez la force de X n'était pas à lui, c'était une force universelle hostile qui a utilisé X à un moment donné ; d'après une association qui s'est prolongée dans votre esprit, elle se présente toujours à vous comme lui appartenant, mais il se peut que maintenant elle n'ait plus rien à voir avec lui. En conservant cette ancienne association, vous ne faites que donner à cette énergie indésirable une plus grande occasion de venir sur vous.

Suivez toujours l'unique règle de vous ouvrir directement à la Force divine, et pas aux autres ; si vous gardez le contact avec elle, tout le reste s'arrangera peu à peu.

***

Il ne peut y avoir de vie physique sans un ordre et un rythme. Quand cet ordre est modifié, il faut que ce soit par obéissance à une croissance intérieure et non pour le plaisir de la nouveauté extérieure. Seule une certaine partie de la nature vitale inférieure de surface cherche toujours pour eux-mêmes la nouveauté et le changement extérieurs.

C'est par une croissance intérieure continue que l'on peut trouver dans la vie une nouveauté constante et un intérêt qui ne faiblit pas. Il n'y a pas d'autre voie satisfaisante.

***

Ce que vous sentez à propos de remplacement est tout à fait juste. La transformation procède dans une large mesure par l'enlèvement ou l'expulsion du vieux moi superficiel et de ses mouvements, et leur remplacement par un nouveau moi plus profond et son action véritable.

Peu importe si les sentiments supérieurs, la dévotion, etc., vous apparaissent parfois comme une influence ou une coloration. Cela paraît tel lorsque vous vous sentez dans le physique extérieur ou le vital extérieur ou le mental extérieur. Ces sensations sont en réalité celles de votre Soi le plus intérieur, votre âme, le psychique en vous, et lorsque vous êtes dans la conscience psychique elles deviennent normales et naturelles. Mais lorsque votre conscience se déplace et devient plus extérieure, ces actions de l'âme ou de la conscience divine sont ressenties comme étant elles-mêmes extérieures, comme n'étant qu'une influence. Malgré cela il faut vous ouvrir à elles constamment ; alors, de plus en plus, ou bien elles pénètreront progressivement, ou bien elles viendront en vagues ou en flots successifs, et elles continueront jusqu'à ce qu'elles aient empli le mental, le vital, le corps. Vous les sentirez alors toujours comme étant non seulement normales, mais parties de votre Soi lui-même, comme étant la vraie substance de votre nature.

***

Dans l'état ordinaire du corps, si vous obligez celui-ci à faire trop de travail, il le peut avec l'appui de la force vitale. Mais dès que le travail est fait, la force vitale se retire, et alors le corps éprouve la fatigue. Si on fait cela trop et trop longtemps, le surmenage peut amener une débâcle de la santé et de la force. Pour se remettre, il faut alors prendre du repos.

Si cependant le mental et le vital prennent l'habitude de s'ouvrir à la Force de la Mère, ils sont alors soutenus par cette Force et peuvent même en être pleinement emplis — la Force fait le travail et le corps n'éprouve ni tension ni fatigue avant ou après. Mais même dans ce cas, à moins que le corps ne soit lui-même ouvert et ne puisse absorber et conserver la Force, il est absolument nécessaire d'intercaler dans le travail des repos suffisants. Sinon, bien que le corps puisse continuer ainsi fort longtemps, il peut y avoir à la fin un danger d'effondrement.

Le corps peut être soutenu longtemps quand l'influence s'exerce pleinement, et qu'il y a dans le mental et le vital une foi et un appel ne visant qu'un seul but ; mais si le mental ou le vital est troublé par d'autres influences ou s'ouvre à des forces qui ne sont pas celles de la Mère, il se produira un état mélangé et il y aura parfois de la force, parfois de la fatigue, de l'épuisement ou de la maladie, ou un mélange des deux à la fois.

Enfin si non seulement le mental et le vital, mais aussi le corps est ouvert et peut absorber la Force, il peut sans se briser accomplir en matière de travail des choses extraordinaires. Néanmoins, même là le repos est nécessaire. C'est pourquoi nous insistons pour que ceux qui ont une impulsion au travail maintiennent un équilibre convenable entre repos et effort.

Il est possible d'être complètement libéré de la fatigue, mais cela ne vient que lorsqu'une complète transformation de la loi du corps a été opérée, par la pleine descente d'une Force supramentale dans la nature terrestre.

***

Dans chaque individu la conscience du mental, de la vie et du corps est ordinairement refermée sur elle-même ; elle est étroite et non pas large, elle se voit comme le centre de tout, elle juge toutes choses d'après ses propres impressions — elle ne connaît aucune chose telle qu'elle est en réalité. Mais lorsque par le yoga on commence à s'ouvrir à la vraie conscience, cette barrière commence à se démolir. On sent le mental qui devient plus vaste ; finalement même la conscience physique devient de plus en plus vaste, jusqu'à ce que vous sentiez toutes choses en vous-même, que vous ne fassiez qu'un avec toutes choses. Vous devenez alors un avec la Conscience universelle de la Mère. C'est pourquoi vous sentez le mental s'élargir. Mais il y a aussi beaucoup au-dessus du mental humain, et c'est cela que vous sentez comme un monde au-dessus de votre tête. Ce sont là des expériences courantes dans notre yoga. Ce n'est qu'un commencement. Mais afin que cela puisse continuer à se développer, il vous faut devenir de plus en plus paisible, de plus en plus capable de tenir tout ce qui vient sans devenir trop avide ou excité. La paix et le calme sont la première chose, et avec eux la largeur ; dans la paix vous pouvez supporter n'importe quel amour ou *ânanda* qui arrive, n'importe quelle force qui vient, ou n'importe quelle connaissance.

Chit est la conscience pure, comme dans Sat-Chit-Ananda.

Chitta est la matière de la conscience mélangée mentale-vitale-physique, d'où s'élèvent les mouvements de pensée, émotion, sensation, impulsion, etc. Ce sont ces mouvements qui, dans le système de Patanjali, doivent être complètement arrêtés afin que la conscience puisse être immobile et entrer en samâdhi.

Le rôle de notre yoga est différent. Les mouvements de la conscience ordinaire doivent être apaisés, et dans la quiétude il faut faire descendre une conscience supérieure et ses pouvoirs qui transformeront la nature.

***

Si vous supprimez les *chitta-vrittis*, vous n'aurez plus du tout de mouvements du *chitta* ; tout sera immobile jusqu'à ce que vous ôtiez cette suppression, ou sera si immobile qu'il ne pourra plus y avoir rien d'autre que l'immobilité.

Si vous les faites cesser, le *chitta* sera paisible, et quelques mouvements qui se produisent ne troubleront pas sa paix.

Si vous les maîtrisez, si vous vous en rendez maître, le *chitta* sera immobile quand vous voudrez, actif quand vous voudrez, et son action sera telle que ce dont vous voudrez vous débarrasser s'en ira, et que viendra seulement ce que vous admettrez comme vrai et utile.

***

Les moyens négatifs ne sont pas mauvais ; ils sont utiles pour leur but — qui est de s'écarter de la vie. Mais du point de vue positif, ils sont désavantageux parce qu'ils se débarrassent des pouvoirs de l'être au lieu de les diviniser pour la transformation de la vie.

***

Ce que la vie a mis dans le réceptacle vital, on peut l'en sortir en le renversant, en le tournant vers le Divin et non vers soi-même. Vous trouverez alors que le vital est aussi excellent comme instrument qu'il est mauvais comme maître.

***

Cela ne fait pas de mal de se concentrer parfois dans le cœur et parfois au-dessus de la tête. Mais la concentration dans un lieu ou dans l'autre ne signifie pas que l'on garde son attention fixée sur un point particulier ; il vous faut placer votre conscience en l'un ou l'autre de ces points et vous y concentrer, non pas sur le point, mais sur le Divin. Cela peut se faire avec les yeux ouverts ou fermés, selon ce qui vous convient le mieux.

Vous pouvez vous concentrer sur le soleil, mais il vaut mieux se concentrer sur le Divin que sur le soleil.

***

La seule intensité de la force ne prouve pas que ce soit une puissance mauvaise ; la Force divine œuvre souvent avec une grande intensité. Tout dépend de la nature de la force et de son jeu : que fait-elle, quel semble être son but ? Si elle travaille à purifier et à ouvrir le système, ou qu'elle amène avec elle lumière ou paix, ou qu'elle prépare le changement de pensée, d'idées, de sentiments, de caractère, dans le sens d'une orientation vers une conscience plus haute, c'est la bonne force. Si elle est sombre ou obscure ou qu'elle trouble l'être par des suggestions rajasiques ou égoïstes, ou excite la nature inférieure, c'est une force adverse.

***

Pourquoi penser que la Mère n'approuve pas l'expression — à condition que ce soit l'expression vraie de la chose vraie — ou supposer qu'il y a contradiction entre le silence et l'expression vraie ? L'expression la plus vraie émane d'un silence intérieur absolu. Le silence spirituel n'est pas un simple vide ; et pour le trouver il n'est pas indispensable de s'abstenir de toute activité.

***

Lorsqu'une forme d'en haut descend sur un plan plus bas, elle est diminuée et modifiée par la substance inférieure, la puissance moindre et les mouvements plus mélangés de ce plan plus bas. Ainsi, lorsque la Puissance surmentale œuvre à travers le mental illuminé, une partie seulement de sa vérité et de sa liberté se manifeste et devient effective — seulement ce qui peut traverser cette conscience moins réceptive. Et même ce qui traverse est moins vrai, est mêlé d'autre matière, est moins surmental, plus facilement altéré en quelque chose qui est partie vérité et partie erreur. Quand cette force indirecte diminuée descend plus bas encore, dans le mental et le vital, il reste en elle quelque chose de la Vérité surmentale créatrice, mais cela se mélange fâcheusement avec des formations mentales et vitales qui la défigurent et la rendent seulement à moitié efficace, parfois inefficace.

***

C'est — parfois directement et parfois indirectement — par le pouvoir du Surmental libérant le mental de ses étroites compartimentations que la conscience cosmique s'ouvre chez celui qui cherche, et qu'il prend conscience de l'esprit cosmique et du jeu des forces cosmiques.

***

C'est du plan surmental, ou tout au moins à travers ce plan que s'effectue dans le monde le préarrangement originel des choses : car de lui viennent les vibrations déterminantes. Mais il y a des mouvements correspondants sur tous les plans, le mental, le vital et même le physique ; il est possible, dans un état très clair ou illuminé de la conscience inférieure, de prendre conscience de ces mouvements et de comprendre le plan des choses, et d'être, soit un instrument conscient, soit même dans une mesure limitée, une Volonté ou Force déterminante. Mais la matière des plans inférieurs se mêle toujours aux forces surmentales et en diminue, ou même en fausse et en pervertit la vérité et la puissance.

Il est même possible au Surmental de transmettre aux plans inférieurs de conscience quelque chose de la Lumière supramentale ; mais tant que le Supramental ne se manifeste pas directement, sa Lumière est modifiée par le Surmental lui-même, et modifiée davantage encore dans l'application par les besoins, les exigences, les possibilités délimitantes de la nature individuelle. Cette Lumière diminuée et modifiée ne peut pas réussir de manière aussi immédiate et absolue que ne le ferait une action supramentale pleine et directe, par exemple pour purifier le physique ; son succès est encore relatif, conditionné par la nature individuelle et l'équilibre des forces universelles, contrarié par les forces adverses, frustré de son résultat parfait par la répugnance qu'ont à cesser les jeux inférieurs, limité dans sa portée ou son efficacité par l'absence d'un total assentiment dans la nature physique.

***

La conscience cosmique n'appartient pas spécialement au Surmental ; elle couvre tous les plans.

L'homme est actuellement enfermé dans sa conscience individuelle de surface et ne connaît le monde (ou plutôt sa surface) qu'à travers son mental et ses sens extérieurs, en interprétant leurs contacts avec le monde. Par le yoga peut s'ouvrir en lui une conscience qui arrive à ne faire qu'une avec celle du monde ; il prend directement conscience d'un Être universel, d'états universels, de Force et Pouvoir universels, de Mental, Vie et Matière universels, et vit en rapports conscients avec ces choses. On dit alors qu'il a la conscience cosmique.

***

Fixer un moment précis est impossible excepté dans les deux régions de certitude : la purement matérielle qui est le domaine des certitudes mathématiques, et la supramentale qui est le domaine des certitudes divines. Dans les plans intermédiaires, là où la vie a son mot à dire et où les choses doivent évoluer à travers heurts et tensions, le Temps et l'Énergie sont en changement trop continuel et peuvent secouer la rigueur d'une date ou d'un programme fixés d'avance.

Chapitre cinquième

Foi

Ayez foi dans le Divin, dans la Grâce divine, dans la vérité de la sâdhanâ, dans le triomphe ultime de l'esprit sur ses difficultés mentales et vitales et physiques, dans le Sentier et le Gourou, dans l'expérience de choses autres que ce que contiennent les écrits philosophiques de Haeckel, de Huxley ou de Bertrand Russell, parce que si ces choses ne sont pas vraies, le yoga n'a pas de sens.

***

L'anormal abonde dans ce monde physique, et le supranormal y est aussi. Dans ces matières, en dehors de toute question de foi, un homme véritablement rationnel, avec un esprit libre (qui n'est pas, comme les rationalistes ou les soi-disant libres penseurs, ligoté à chaque point par la triple corde de l'incroyance irrationnelle a priori) ne doit pas s'écrier aussitôt : « Fumisteries! mensonges! », mais attendre pour juger d'avoir l'expérience et la connaissance nécessaires. Nier dans l'ignorance ne vaut pas mieux qu'affirmer dans l'ignorance.

***

La foi qu'on demande au *sâdhak* d'avoir dans les choses spirituelles n'est pas une foi ignorante, mais une foi lumineuse, dans la lumière et non dans les ténèbres. L'intellect sceptique l'appelle aveugle parce qu'elle refuse de se laisser guider par les apparences extérieures ou ce qui semble être des faits — car elle cherche la vérité qui est derrière — et parce qu'elle ne s'appuie pas sur les béquilles de la preuve et du témoignage. C'est une intuition, une intuition qui ne se borne pas à attendre que l'expérience la justifie, mais qui conduit vers l'expérience. Si je crois au pouvoir d'auto-guérison, je trouverai au bout de quelque temps le moyen de me guérir moi-même. Si j'ai foi dans la transformation, je peux finir par poser le doigt sur le principe de transformation et le démêler. Mais si je commence avec le doute et que je continue avec plus de doute encore, jusqu'où ai-je des chances d'avancer?

La foi ne dépend pas de l'expérience ; c'est quelque chose qui est là avant l'expérience. Quand on commence le yoga, ce n'est pas en général en se basant sur l'expérience, mais sur la force de la foi. Il en va ainsi non seulement dans le yoga et la vie spirituelle, mais aussi dans la vie ordinaire. Tous les hommes d'action, les découvreurs, les inventeurs, les créateurs de connaissance procèdent par la foi ; jusqu'à ce que la preuve soit faite ou la chose accomplie ils continuent en dépit des déceptions, des échecs, des réfutations, des dénégations, parce que quelque chose en eux leur dit que cela est la vérité, la chose qu'il faut suivre et faire. Râmakrishna a même été jusqu'à dire — alors qu'on lui demandait si la foi aveugle n'était pas mauvaise — que la foi aveugle était la seule espèce qu'il faille avoir, car la foi ou bien est aveugle ou bien n'est pas de la foi, mais autre chose (1) : inférence raisonnée, conviction prouvée ou connaissance vérifiée.

La foi est le témoignage de l'âme à quelque chose qui n'est pas encore manifesté, accompli ou réalisé et que pourtant le Connaissant en nous, même en l'absence de toute indication, sent être vrai ou valoir suprêmement qu'on le suive ou qu'on le réalise. Cette chose

(1) L'Enseignement de Râmakrishna, § 725.

qui est en nous peut durer alors même qu'il n'y a pas dans le mental de croyance établie, alors même que le vital se débat et se révolte et refuse. Y a-t-il quelqu'un qui pratique le Yoga et qui n'ait pas ses périodes, ses longues périodes de déception et d'échec et d'incroyance et d'obscurité ? Mais il y a une chose qui le soutient et qui même continue malgré lui, parce qu'elle sent que ce qu'il poursuivait était cependant vrai, et elle fait plus que le sentir, elle le sait. La foi fondamentale dans le yoga, c'est ceci — inhérent à l'âme — que le Divin existe, et que le Divin est l'unique chose à rechercher ; par comparaison avec lui, rien d'autre dans la vie n'a aucune valeur. Tant qu'un homme a cette foi, il est marqué pour la vie spirituelle, et je dirai que même si sa nature est pleine d'obstacles, bourrée de négations et de difficultés, et même s'il doit se débattre pendant de longues années, il est marqué pour réussir dans la vie spirituelle.

C'est cette foi que vous avez besoin d'acquérir — une foi qui concorde avec la raison et le bon sens — la foi que si le Divin existe et vous a appelé sur le Sentier (ce qui est évident), il *doit* y avoir une Direction divine derrière tout cela, et vous arriverez à travers toutes les difficultés et en dépit d'elles. Ne pas écouter les voix hostiles qui disent que vous avez échoué, ni les voix de la hâte vitale impatiente qui leur font écho, ne pas croire que, parce qu'il y a de grandes difficultés, il ne peut y avoir réussite, ou que parce que le Divin ne s'est pas encore révélé il ne se révélera jamais, mais prendre l'attitude que chacun prend quand il fixe son esprit sur un but grand et difficile. « Je persévérerai jusqu'à ce que je réussisse — en dépit de toutes les difficultés. » A quoi celui qui croit au Divin ajoute : « Le Divin existe, ma quête du Divin ne peut pas échouer. Je continuerai à travers tout jusqu'à ce que je le trouve. »

***

Je ne demande à personne une foi « sans discernement » ; tout ce que je demande, c'est une foi fondamentale, protégée par un discernement patient et tranquille, parce que ce sont ces éléments qui sont le propre de la conscience du chercheur spirituel, ce sont eux que j'ai moi-même utilisés. J'ai constaté qu'ils écartent toute nécessité de ce dilemme parfaitement gratuit : « il faut, ou bien douter de tout ce qui est supraphysique ou bien être entièrement crédule », dilemme qui est le répertoire de base de l'argumentation matérialiste. Votre doute, à ce que je vois, revient constamment à la charge et répète toujours cette formule en dépit de ma contradiction — et cela confirme ce que je disais, que l'on ne peut convaincre le Doute, parce que par sa nature même il refuse de se laisser convaincre; il continue à toujours ressasser la même chose.

***

Je ne vois pas comment on peut comparer la méthode de la foi dans les cellules à « manger une tranche de la lune ». Nul n'a jamais obtenu une tranche de la lune, mais la guérison par la foi dans les cellules est un fait réel et une loi de la nature qui a été démontrée assez souvent, en dehors même du yoga. Le moyen pour obtenir la foi et tout le reste, c'est de s'acharner à les avoir et de refuser de se relâcher ou de désespérer ou d'abandonner avant de les avoir — c'est de cette manière que l'on a tout obtenu depuis que notre terre difficile a commencé de porter des créatures pensantes douées d'aspirations. C'est de s'ouvrir toujours, toujours vers la Lumière et de tourner le dos aux Ténèbres. C'est de se fermer aux voix qui s'obstinent à dire : « Tu ne peux pas, tu n'arriveras pas, tu es incapable, tu es le jouet d'un rêve », car ce sont les voix ennemies qui, par leurs clameurs stridentes, vous coupent du résultat qui venait et qui ensuite donnent triomphalement la stérilité du résultat comme preuve de leur thèse. La difficulté de l'entreprise est chose connue, mais le difficile n'est pas l'impossible ; c'est le difficile qui a toujours été réalisé, et le triomphe sur les difficultés constitue tout ce qui a de la valeur dans l'histoire de la terre. Il en sera de même dans l'effort spirituel.

Il suffit que vous vous mettiez résolument à abattre le *râkshasa* et les portes s'ouvriront devant vous comme elles se sont ouvertes devant beaucoup d'autres qui étaient retenus par leur propre mental ou leur propre nature vitale.

Chapitre sixième

Amour – Bhakti – Émotion

Sur la voie de l'*ahaitukî bhakti*, tout peut être converti en un moyen ; la poésie et la musique par exemple ne sont plus seulement de la poésie et de la musique, ni même seulement une expression de *bhakti* ; elles sont elles-mêmes un moyen pour amener l'expérience de l'amour et de la *bhakti*. La méditation elle-même devient, non pas un effort de concentration mentale, mais un flot d'amour, d'adoration, de culte.

***

Le but même du yoga est un changement de conscience. C'est en acquérant une conscience nouvelle ou en dévoilant la conscience cachée de l'être vrai au-dedans et en la manifestant progressivement, en la rendant plus parfaite, que l'on obtient d'abord le contact et ensuite l'union avec le Divin. *Ananda* et *bhakti* font partie de cette conscience plus profonde, et c'est seulement quand on vit en elle et croît en elle qu'*ânanda* et *bhakti* peuvent être permanents. Jusqu'alors on ne peut avoir d'*ânanda* et de *bhakti* que des expériences, non l'état constant et permanent. Mais l'état de *bhakti* et le don de soi constamment croissant ne viennent pas à tous dès les débuts de la sâdhanâ ; beaucoup de gens, la plupart même, doivent accomplir un long voyage de purification et de *tapasyâ* avant que s'ouvre la *bhakti* ; des expériences de ce genre, d'abord rares et espacées, ensuite fréquentes, marquent les étapes de la progression. Celle-ci dépend de certaines conditions, qui n'ont rien à voir avec la plus ou moins grande capacité pour le yoga, mais plutôt avec une prédisposition du cœur à s'ouvrir, comme vous dites, au Soleil de l'Influence divine.

***

Pour être proche du Divin, il n'est pas nécessaire de n'avoir ni amour, ni sympathie. Au contraire un sens de proximité et d'unité avec autrui est une partie de la conscience divine où le *sâdhak* pénètre par rapprochement avec le Divin et par sentiment d'unité avec le Divin. Un rejet complet de tous rapports est en fait le but final du *mâyâvâdin*, et dans le yoga ascétique on considère la perte totale de tous rapports d'amitié, d'affection, d'attachement au monde et aux êtres vivants qui l'habitent comme un signe prometteur de progrès vers la libération, *moksha*. Même là cependant, un sentiment d'unité et de sympathie spirituelle sans attachement pour tous est, à mon avis, au moins un stade qui précède le dernier, comme la compassion chez le bouddhiste, avant que l'on se tourne vers *moksha* ou vers le nirvâna. Dans notre yoga, le sentiment d'unité avec autrui, l'amour, la joie et l'*ânanda* universels forment une partie essentielle de la libération et de la perfection qui sont le but de la sâdhanâ.

Par contre, la société humaine, l'amitié, l'amour, l'affection et la sympathie humains reposent habituellement, dans la plupart des cas — pas entièrement ni dans tous les cas — sur une base vitale et sont en leur centre sous l'emprise de l'ego. Si les hommes aiment, c'est en général à cause du plaisir d'être aimés, du plaisir qu'ils éprouvent à élargir l'ego par contact avec autrui, par interpénétration des esprits, par la gaieté des échanges vitaux qui nourrissent leur personnalité — et il y a aussi d'autres mobiles, encore plus égoïstes, qui se mêlent à ce mouvement essentiel. Il y a naturellement des éléments supérieurs spirituels, psychiques, mentaux, vitaux, qui interviennent ou peuvent intervenir ; mais le tout est très mélangé, même dans les conditions les plus favorables. C'est pourquoi à un certain stade, avec ou sans raison apparente, le monde, la vie, la société humaine, les rapports humains et la philanthropie — qui est tout autant que le reste dominée par l'ego — commencent à perdre leur attrait. Il y a parfois une raison apparente : une déception du vital de surface, le retrait de l'affection d'autrui, la perception que ceux que l'on aime, ou les hommes en général, ne sont pas ce que l'on pensait, et une foule d'autres causes ; mais souvent la cause est une déception secrète d'une partie de l'être intérieur, qui ne s'est pas traduite, ou pas bien traduite dans le mental parce qu'on attendait de ces choses ce qu'elles ne peuvent pas donner. Tel est le cas de beaucoup de gens qui se tournent vers la vie spirituelle ou y sont promis. Pour certains, cela prend la forme d'un *vairâgya* qui les pousse vers l'indifférence ascétique ou leur donne l'aspiration profonde à *moksha*. Ici, ce que nous estimons nécessaire, c'est que ce mélange disparaisse et que la conscience s'installe sur un niveau plus pur (non seulement spirituel et psychique, mais une conscience mentale, vitale et physique plus pure et plus haute), où ce mélange n'existe pas. Là, on doit sentir le véritable *ânanda* d'unité, d'amour, de sympathie, de communion, en sa base spirituel et existant en soi, mais s'exprimant à travers les autres parties de la nature. Si cela doit se produire, il faut évidemment qu'il y ait un changement ; la vieille forme de ces mouvements doit tomber et faire place à un moi nouveau et plus élevé pour laisser paraître sa propre voie d'expression et de réalisation de soi-même et du Divin à travers ces choses — telle est la vérité intérieure de cela.

Je comprends par conséquent que l'état que vous décrivez est une période de transition et de transformation, négative en ses débuts, comme ces mouvements le sont souvent pour commencer, afin de créer un espace vacant où le nouveau positif puisse apparaître, qu'il puisse habiter et remplir. Mais le vital, qui n'a pas une expérience longue et continue, ou aucunement suffisante ou complète, de ce qui doit remplir cet espace vide, ne ressent que la perte et la regrette, alors même qu'une autre partie de l'être, une autre partie même du vital, est prête à laisser partir ce qui disparaît et n'a même pas envie de le conserver. N'était ce mouvement du vital (qui dans votre cas a été très fort et vaste et avide de vie), la disparition de ces choses n'amènerait — tout au moins après la première sensation de vacuité — qu'un sentiment de paix, de soulagement, et une attente paisible de choses plus grandes. Ce qui est destiné en premier lieu à remplir ce vide vous a été indiqué dans la paix et la joie qui sont venues à vous comme le toucher de Shiva. Naturellement cela ne serait pas tout, mais un commencement, une base pour un moi nouveau, une conscience nouvelle, une activité d'une nature plus grande ; comme je vous l'ai dit, ce sont un calme et une paix spirituels profonds qui constituent le seul fondement stable pour une *bhakti* et un *ânanda* durables. Dans cette nouvelle conscience, il y aurait une base nouvelle pour les rapports avec autrui ; en effet une aridité ascétique ou une solitude désertique ne saurait être votre destinée spirituelle, puisque cela ne s'accorderait pas avec votre *svabhâva*, qui est fait pour la joie, l'amplitude, l'expansion, un mouvement compréhensif de la force vitale. Ne vous découragez donc pas ; attendez le mouvement purificateur de Shiva.

***

L'émotion est un bon élément dans le yoga ; mais le désir émotif devient facilement une cause de trouble et un obstacle.

Dirigez vos émotions vers le Divin, aspirez à ce qu'elles soient purifiées, elles deviendront alors une aide sur le chemin et non plus une cause de souffrance.

Ne pas tuer l'émotion, mais l'orienter vers le Divin, telle est la voie juste dans le yoga.

Mais elle doit devenir pure, reposer sur la paix et la joie spirituelles, être capable de se transmuer en ânanda. L'égalité et le calme dans le mental et les parties vitales et une émotion psychique intense dans le cœur peuvent parfaitement aller de pair.

Par votre aspiration, éveillez dans le cœur le feu psychique qui brûle régulièrement vers le Divin — c'est l'unique moyen de libérer et de réaliser la nature émotive.

Chapitre septième

Couleurs – Symboles – Visions

La vision fréquente de lumières telles que celles qu'il décrit dans sa lettre est généralement un signe que le « voyant » n'est pas limité par sa surface extérieure ou sa conscience de l'état de veille, mais a une capacité latente (qui peut être développée par l'entraînement et la pratique) pour pénétrer dans les expériences de la conscience intérieure — dont la plupart des gens ne sont pas conscients, mais qui s'ouvre par l'exercice du yoga. Par cette ouverture on prend conscience de plans subtils de l'expérience et de mondes d'existence autres que le matériel. Pour la vie spirituelle, il faut encore une autre ouverture en une conscience intime par laquelle on devient conscient du Soi et de l'Esprit, de l'Éternel et du Divin.

***

Le pouvoir de vision occulte existe chez tout le monde, la plupart du temps à l'état latent, souvent près de la surface, quelquefois, mais beaucoup plus rarement déjà à la surface. Si on pratique le *trâtak*, ce pouvoir apparaîtra à peu près certainement tôt ou tard — bien que pour certains ce soit difficile et qu'il faille du temps ; ceux chez qui il se montre immédiatement ont toujours eu ce pouvoir de vision occulte près de la surface et il émerge à la première pression directe.

Les rayons que vous avez vus projetés par les arbres sont toujours là, seulement ils sont voilés à la vision matérielle ordinaire. J'ai dit que le bleu et l'or ensemble indiquent la présence combinée de Krishna et de Dourgâ-Mahâkâlî ; mais l'or et le jaune ont des significations différentes. Dans l'indication des forces, le jaune désigne le mental pensant, *buddhi*, et le rose (modifié ici en un vermillon pâle) est une couleur psychique ; leur combinaison signifiait probablement le psychique dans le mental.

Quand vous interprétez ces phénomènes, il faut vous rappeler que tout dépend de l'ordre des choses qu'indiquent les couleurs dans un cas particulier. Il y a un ordre de significations où elles indiquent divers dynamismes psychologiques, par exemple la foi, l'amour, la protection. Il y a un autre ordre de significations où elles indiquent l'aura ou l'activité des êtres divins, Krishna, Mahâkâlî, Râdhâ, ou encore d'autres êtres surhumains ; il y en a un autre où elles indiquent l'aura autour d'objets ou de personnes vivantes — et cela n'épuise pas la gamme des possibilités. Pour percevoir dans chaque cas la signification véritable il faut une certaine connaissance, des expériences, une intuition grandissante. Il est aussi très nécessaire d'observer et de décrire exactement ; car les gens disent parfois « jaune », par exemple, quand ils veulent dire « or », et inversement ; en outre il y a beaucoup de sens différents possibles pour des nuances différentes de la même couleur. Par ailleurs, si vous voyez une couleur près d'une personne ou autour d'elle, ou lorsque vous la regardez, cette couleur n'indique pas nécessairement l'aura de cette personne ; ce peut être quelque chose d'autre près d'elle ou autour d'elle. Dans certains cas, elle peut ne rien avoir à faire avec la personne ou l'objet que vous regardez, et qui peut jouer uniquement le rôle d'une toile de fond ou d'un point de concentration — comme lorsque vous voyez des couleurs sur un mur, ou que vous regardez un objet brillant.

***

Quant au symbolisme exact des couleurs, il n'est pas toujours facile de le définir exactement, parce qu'il n'est pas rigide et précis, mais complexe, son sens variant avec le champ, les combinaisons, le caractère et les nuances de la couleur, le jeu des forces. Un certain jaune, par exemple, est pris par beaucoup d'occultistes comme indiquant l'intellect, *buddhi*, et il a souvent ce sens-là, mais lorsqu'il se présente dans un jeu de forces vitales, on ne peut pas toujours l'interpréter ainsi, ce serait trop rigide. Dans ce cas-ci, tout ce qu'on peut dire, c'est que le bleu (ce bleu particulier que vous avez vu, et non pas n'importe quel bleu) indiquait la réponse à [l'appel de] la Vérité ; le vert — ou ce vert-là — est très communément associé à la Vie et à une émanation ou action généreuse de forces — souvent de force vitale émotive ; et c'est probablement ce que cela indiquerait ici.

***

Couleur et lumière sont toujours proches l'une de l'autre — la couleur étant plus indicatrice, la lumière plus dynamique. La couleur incandescente devient lumière.

A son degré le plus intense, l'or indique quelque chose qui vient du Supramental, ou autrement une vérité surmentale ou une vérité intuitive qui dérive orginellement de la Conscience-Vérité supramentale.

***

La lumière d'or est généralement une lumière du Supramental — une lumière de Connaissance-Vérité (ce peut être quelquefois la Connaissance-Vérité supramentale transformée en vérité surmentale ou intuitive). L'orange indique souvent le pouvoir occulte. Vous avez un fort pouvoir de formation créatrice (subjective), surtout, à ce que je crois, sur le plan mental, mais en partie aussi sur le plan vital. Ce genre de faculté formatrice peut être utilisé pour des résultats objectifs s'il s'accompagne d'une bonne connaissance des forces occultes et de leur jeu ; mais par lui-même il aboutit le plus souvent à ce qu'on se construise un monde intérieur à soi dans lequel on peut vivre parfaitement satisfait, tant qu'on vit en soi-même, sans contact étroit avec la vie physique extérieure ; mais il ne résiste pas à l'épreuve de l'expérience objective.

***

Cela signifie la couleur de la conscience divine (la Conscience de la Mère, lumière blanche) dans le vital. Le bleu est le mental supérieur, l'or la Vérité divine. C'est donc le vital avec la lumière du mental supérieur, et en lui la Vérité divine qui émet la lumière de la Mère.

***

Il y a dans le mental un obstacle qui se brise sous la pression de la Force, et chaque fois il y a une lueur et un mouvement de la Force.

***

L'étoile est toujours une promesse de la Lumière à venir ; l'étoile se change en un soleil quand il y a descente de la Lumière.

***

Les Lumières que l'on voit dans la concentration sont les lumières de diverses puissances ou forces, et souvent des lumières qui descendent de la conscience supérieure.

La lumière violette est celle de la divine Compassion (*karunâ*, Grâce) ; la lumière blanche est la lumière de la Mère (la Conscience divine), en laquelle sont contenues toutes les autres et d'où elles peuvent se manifester.

Pourpre est la couleur de la puissance vitale. Le « rouge » dépend du caractère de la couleur, car il y a beaucoup de rouges — ici ce peut être la couleur de la conscience physique.

***

La vision de la Lumière et la vision du Seigneur sous la forme de Jagannâth sont toutes deux des indications qu'il a une disposition pour le yoga et qu'il y a un appel du Divin à son être intérieur. Mais la disposition ne suffit pas ; il faut aussi la volonté de chercher le Divin et le courage et la persévérance de suivre le sentier. La crainte est la première chose qu'il faille rejeter, et ensuite l'inertie de l'être extérieur qui l'a empêché de répondre à l'appel.

La Lumière est la lumière de la Conscience divine. Le but de notre yoga est d'abord d'entrer en contact avec cette conscience et ensuite de vivre dans sa lumière et de permettre à la lumière de transformer la nature tout entière, afin que l'être puisse vivre en union avec le Divin et la nature devenir un champ d'action pour la Connaissance divine, la Puissance divine et l'Ananda divin.

Il ne peut y réussir que s'il en fait le but suprême de sa vie et s'il est prêt à subordonner tout le reste à ce but unique. Sans quoi tout ce qu'on peut faire, c'est seulement une certaine préparation dans cette vie-ci — un premier contact et quelque transformation spirituelle préliminaire partielle de la nature.

***

(a) Cela signifie la Force essentielle de la Mère (lumière de diamant) ;

(b) la lumière de diamant procède du cœur de la Conscience divine et amène, partout où elle va, l'ouverture de la Conscience divine ;

(c) la descente de la Mère avec la lumière de diamant est la sanction qu'imprime le Pouvoir suprême au mouvement en vous ;

(d) la lumière de diamant de la Mère est une lumière de pureté et de puissance absolues ;

(e) la lumière de diamant est la conscience et la force centrales du Divin.

***

Dans chaque plan il y a un côté objectif aussi bien qu'un côté subjectif. Ce ne sont pas seulement le plan et la vie physiques qui sont objectifs.

Quand vous avez le pouvoir de formation dont je parlais, pour tout ce qui est suggéré au mental, celui-ci en construit et en installe une forme en lui-même. Mais ce pouvoir est à double tranchant ; il peut donner au mental la tentation de construire de simples images de la réalité et de les prendre pour la réalité elle-même. C'est l'un des nombreux dangers d'un mental trop actif.

Vous faites en vous-même une formation dans votre mental ou sur le plan vital — c'est une sorte de création, mais uniquement subjective ; elle n'affecte que votre propre être mental ou vital. Par des idées, des formes-pensées, des images, vous pouvez créer en vous-même ou pour vous-même tout un monde ; mais cela ne va pas plus loin.

Certains ont le pouvoir de créer consciemment des formations qui vont au-dehors et affectent le mental, les actions, les mouvements vitaux, les vies extérieures d'autrui. Ces formations peuvent être destructrices aussi bien que créatrices.

Enfin il y a le pouvoir de créer des formations qui deviennent des réalités effectives dans la conscience terrestre ici-bas, dans son existence mentale, vitale, physique. C'est ce que nous entendons généralement par création.

***

Une sensation de fraîcheur indique généralement un toucher ou une descente de la paix. Cela est ressenti comme très froid par le vital humain parce que ce dernier est toujours dans une fièvre d'agitation.

***

Le serpent est un symbole de force, très souvent de force hostile ou mauvaise sur le plan vital.

La mer est un symbole d'un plan de conscience.

La lumière blanche est une manifestation de la force divine pure qui descend de l'un des plans de vérité conduisant au Supramental.

***

Quand vous voyez un carré, c'est un symbole de création complète ; quand vous voyez un buffle qui se précipite sur vous et vous manque, et que vous sentez avoir échappé à un grand danger, c'est une transcription : quelque chose a eu lieu en fait, et la ruée sans effet du buffle en a été la transcription faite par votre mental — l'assaut de quelque force hostile représentée par le buffle.

***

La flèche est le symbole de la Force qui va vers son but. Or = la Vérité, jaune = le mental, vert = l'énergie vitale. La flèche de la Vérité spirituelle utilisant le mental et l'énergie vitale.

***

Toutes les visions ont une signification d'un genre ou d'un autre. Ce pouvoir de vision est très important pour le yoga et il ne faut pas le rejeter, bien qu'il ne soit pas la chose la plus importante — car la chose la plus importante est le changement de conscience. Tous autres pouvoirs, comme celui de la vision, doivent être développés sans attachement comme parties du yoga et aide pour le yoga.

*
* *

Dieux. Ce sont des Puissances qui se tiennent au-dessus du monde et transmettent les actions divines.

Brahmâ est le Pouvoir du Divin qui se tient derrière la formation et la création.

Ganesha est le Pouvoir qui écarte les obstacles par la force de la Connaissance.

Kârttikeya représente la victoire sur les forces hostiles.

*
* *

Ceux qui étaient avec Krishna étaient, selon toutes les apparences, des hommes comme les autres hommes. Ils parlaient et agissaient les uns avec les autres comme des hommes avec des hommes, et ceux qui étaient autour d'eux ne les considéraient pas comme des dieux. Krishna lui-même était connu par la plupart comme un homme — quelques-uns seulement l'adoraient comme le Divin.

*
* *

Le jeune garçon avec la flûte est Shrî Krishna, le Seigneur qui est descendu de l'Ananda divin dans le jeu du monde ; sa flûte est la musique de l'appel qui cherche à transformer le jeu inférieur ignorant de la vie mortelle et à amener en lui, à installer à sa place la Lîlâ de son divin Ananda. C'est l'être psychique en vous qui entendait l'appel et le suivait.

*
* *

La vision signifie simplement que lorsque vous vous accrochez à quelque chose et que vous essayez de le faire vôtre avec un sens égoïste de possession, si belle et merveilleuse que soit cette chose, elle perd sa valeur et devient banale.

***

Les visions que vous décrivez sont celles qui viennent aux tout premiers stades de la sâdhanâ. A cette étape, la plupart des choses que l'on voit sont des formations du plan mental, et il n'est pas toujours possible de leur attribuer une signification précise, car elles dépendent du mental individuel du *sâdhak*. Plus tard le pouvoir de vision devient important pour la sâdhanâ, mais au début il faut continuer sans attacher aux détails une importance excessive — jusqu'à ce que la conscience se développe davantage. Cette ouverture de la conscience à la Lumière, la Vérité et la Présence divines est toujours l'unique chose importante dans le yoga.

***

Les rêves ou visions sur le plan vital sont généralement :

(1) soit des visions vitales symboliques ;

(2) soit des faits qui se produisent en réalité sur le plan vital ;

(3) soit des formations du mental vital, provenant soit de celui qui rêve, soit de quelqu'un d'autre avec qui il est en contact dans son sommeil, soit d'êtres ou de puissances de ce plan. Il ne faut pas avoir trop grande confiance dans ce genre d'expérience, car même les premières n'ont qu'une valeur relative, ou de suggestion, tandis que les deuxièmes et les troisièmes souvent nous induisent tout à fait en erreur.

***

(1) L'ouverture du couvercle du crâne signifie que l'être mental s'est ouvert à la Lumière divine ; les flammes indiquent que l'aspiration, emplie de la Lumière, s'élève pour joindre la partie mentale à ce qui est au-dessus du Mental.

(2) La Lumière divine d'en haut est de diverses cou-

leurs. Le blanc est la Puissance divine de pureté, le bleu la lumière de la conscience spirituelle, l'or la teinte de la connaissance supramentale ou de la connaissance provenant des plans intermédiaires.

(3) L'OM (d'or) s'élevant au ciel signifie la conscience cosmique spiritualisée s'élevant vers la Conscience transcendante.

(1) et (2) indiquent soit quelque chose qui se produit en réalité, soit une potentialité qui s'efforce de se matérialiser.

(3) symbolise le processus du yoga qui sera suivi si cette potentialité se réalise et se poursuit jusqu'à son but naturel.

Glossaire

A

abhyâsa	Pratique du yoga, application persévérante.
achanchalalâ	Quiétude.
âdhâra	Vase, véhicule. Combinaison du mental, de la vie et du corps considérée comme un réceptacle pour la conscience et la force spirituelles.
advaïta	Monisme, non-dualisme ; moniste.
advaïta vedânta	L'école moniste du Védânta.
ahaïtukî bhakti	Dévotion qui ne dépend d'aucune condition ; dévotion absolue.
âjnâ chakra	Centre de la volonté. Cf. *chakra.*
anâdi	Qui n'a pas de commencement.
anâhata	Cf. *chakra.*
ânanda	Félicité, béatitude ; félicité divine ou spirituelle.
ânandamaya	Plein de félicité.
ananta	Qui n'a pas de fin.
anityam-asukham	Passager et malheureux.
antarâtman	Moi intérieur, âme.
antaryâmin	Celui qui surveille intérieurement.
anubhâva	Expérience.
anumanta	Celui qui donne une sanction.
aparâ prakriti	La nature inférieure ; la nature dans la manifestation inférieure de l'ignorance.
ârâdhanâ	Adoration du Divin.
âsana	Position, posture (dans le yoga) ; siège.
âtman, âtmâ	Le Soi ou Esprit, sous ses deux aspects : (*a*) universel, le *paramâtman.* (*b*) individuel, le *jîvâtman.*
âtmaratih	Paix et joie inhérentes au Soi.
avatâra	Descente du Divin dans une forme humaine.
avidyâ	Principe cosmique de l'ignorance.

B

bhakta	Adorateur, celui qui suit le chemin de la dévotion.
bhakti.............	Dévotion.
bhartâ	Celui qui soutient, supporte.
Brahmâ	Dieu comme Créateur ; un des éléments de la Trinité.
Brahman	Réalité spirituelle, universelle et suprême.
brahmacharya	Pureté sexuelle.
brahmânda	Cosmos, univers.
brahmique (conscience)	Conscience absolue, qui se rapporte à Brahman.
buddheh paratah ...	Sur les plans mentaux supérieurs.
buddhi	Intelligence.

C

chaitya purusha ...	Être psychique, âme.
chakra	Centre, nœud, plexus. Les sept lotus ou centres psychologiques du corps subtil sont :
mûlâdhâra	Centre à la base de l'épine dorsale.
svâdhishthâna ...	Centre abdominal.
manipura ou *nâbhipadma*	Centre ombilical.
anâhata ou *hridpadma*	Centre du cœur.
vishuddha	Centre de la gorge.
âjnâ	Centre entre les sourcils.
sahasrâra ou *sahasradala*	Lotus aux mille pétales, au sommet de la tête.

D

damana	Suppression.
Devî	Déesse ; la Puissance suprême.
dharma	Loi de l'être ; principe fondamental de l'activité.
dhîra	Constant, qui ne vacille pas.
Dourgâ............	La Mère divine comme Protectrice et Promotrice.

G

Ganesha...........	Puissance qui ôte les obstacles par la force de la Connaissance.
guna..............	Qualité, mode de la nature.
gourou	Maître spirituel.
guruvâda	Culte du gourou.

H

hridpadma	Cf. *chakra*.

J

jada	Inerte.
Jagannâtha	Seigneur du monde.
japa	Répétition de sons ou de mots ou d'un nom déterminé comme prière ou invocation.
jîva (a)	*Jîvâtman*, le Soi individuel.
(b)	Un être vivant. Par exemple : le *jîva* de Krishna est la créature de Krishna, c'est-à-dire la créature de Dieu.
jîvanmukta	Libéré dans la vie actuelle.
jîvâtman	Le Soi individuel qui, dans sa réalité, est au-dessus de la naissance et de la nature.
jnâna	Sagesse, connaissance.
jyoti	Lumière, le principe de la lumière spirituelle dans la Nature supérieure ou divine.

K

karma	Action, l'œuvre ; force résultant d'actions accomplies dans le passé, surtout dans les vies antérieures.
Karma-yoga	Système de discipline spirituelle qui prend pour base le travail [dédié au Divin].
Kârttikeya	Dieu qui commande en chef l'armée des êtres divins, victorieuse sur les puissances hostiles.
karunâ	Grâce.
kartâvyam karma	Travail qui doit être fait.
kevala	Absolu, sans mélange.
kim âsîta vrajeta kim	« Comment vit-il, comment se meut-il ? » (Bhagavad-Gîtâ).
kundalinî Shakti	Pouvoir qui se trouve enroulé ou enfermé dans le centre inférieur, à la base de l'épine dorsale ; il est éveillé par le yoga et se soulève pour se joindre au Pouvoir divin ou à la Présence divine dans le *sahasradala* ou septième centre.

L

laya	Dissolution de l'être individuel se fondant dans l'unique Existence.
lîlâ	Jeu du Divin dans l'univers.

M

madhura bhâva	Rapports d'amour et de tendresse [avec le Divin].
Mahâkâlî	La Mère divine comme Force omnipotente.
manipura	Cf. *chakra*.
manomaya purusha	Être mental.
mano pubbangama dhamma	« Le mental précède tous les *dharmas* » (Dhammapada).

mantra	Combinaison de mots ou de sons ayant une signification et un pouvoir spirituels.
Mâyâ	Puissance d'illusion.
mâyâvâdin	Celui qui considère le monde comme une illusion.
mâyique	Qui se rapporte à la puissance d'illusion.
moksha	Libération spirituelle hors du sentiment de l'existence personnelle ; délivrance hors de l'existence cosmique.
mûlâdhâra	Cf. *chakra*.

N

nâbhipadma	Cf. *chakra*.
nânyah panthâ vidyate ayanâya	« Il n'y a pas d'autre voie que celle-ci. »
nidra	Sommeil.
nirvâna	Extinction spirituelle du moi individuel séparé.
nirvikalpa	Dans lequel rien ne peut changer.
nishchala niravala	Silence dans l'immobilité.

O

ojas	Force concentrée.
OM	Son originel représentant la Réalité spirituelle suprême.

P

Panis	Puissances non-divines dont parlent les Védas, qui dérobent la lumière et la cachent dans les « cavernes des montagnes ».
Parameshvara	Suprême en tant que Seigneur et Maître de l'univers.
parâ prakriti	Nature supérieure ou divine.
parâ prakritir jîvabhûtâ	Nature supérieure qui est devenue les « soi » individuels.
prakriti	Nature, énergie active et exécutive du cosmos, qui se distingue de l'âme ou être conscient qui observe et soutient (*purusha*).
pralaya	Dissolution du cosmos ; toute dissolution des choses sacrées.
prâna	Vie.
prânâyâma	Exercice de respiration dirigée (Râja-Yoga).
prârabdha karma	Chaîne d'action déjà mise en mouvement.
purusha	Ame, Soi ou être conscient qui supporte par sa présence et son assentiment les opérations de la nature (*prakriti*).
Purushottama	Être suprême.

R

Râdhâ	Personnification de l'amour absolu pour le Divin (de la partie spirituelle la plus

	haute jusqu'à la partie la plus matérielle de l'être).
rajas	Un des trois *gunas* ; principe cinétique dans la nature, caractérisé par le désir, l'action et la passion.
rajasique	Plein de la qualité de *rajas*.
Râja-Yoga	Voie de discipline spirituelle qui procède par la maîtrise du souffle et la maîtrise de la substance mentale.
râkshasa	Puissance de ténèbres.
râkshasî mâyâ	Illusions créées par les *râkshasas*.
rasa	Ce qui dans les choses fournit une cause de jouissance ; goût intime.
retas	Sperme.
Ripus	Ennemis vitaux ; passions.

S

Sachchidânanda (*Sat-Chit-Ananda*).	Réalité suprême en tant qu'Être (existant en soi), Conscience et Béatitude.
sâdhak	Celui qui pratique la discipline du yoga.
sâdhanâ	(*a*) Méthode du yoga et discipline qui en dérive. (*b*) Pratique du yoga et de sa discipline.
sahasradala	Le lotus à mille pétales, septième centre au sommet de la tête.
sâkshi.............	Témoin, simple observateur.
samâdhi	Extase yoguique.
samarpana	Don de soi intégral, soumission, consécration.
samatâ	Égalité.
sânkhya	Système de philosophie et de pratique spirituelle basé sur une analyse détaillée de la nature et de la conscience : *purusha* et *prakriti*.
sâmrâjya	Empire.
samskâras	Formations mentales fixes, impressions de vieilles habitudes ou d'expériences accumulées dans les parties subconcientes.
sannyâsin	Celui qui a renoncé au monde.
sat-purusha	Le Soi comme être ou existence.
sattva	Un des trois *gunas*, principe de lumière et d'harmonie dans la nature.
sattvique...........	Plein de la qualité de *sattva*.
Shakti	Pouvoir divin, Force consciente du Divin.
shama	Tranquillité, repos ; principe du calme et de la paix dans la Nature supérieure ou divine.
shânti	Paix.
shishya............	Disciple.
Shiva	(1) Dieu comme destructeur, le troisième de la Trinité. (2) Le Seigneur de la renonciation et du bien suprême.
shrâddha	Cérémonie de l'offrande des oblations aux morts.

shûnya .... Vide, néant, zéro.
siddha .... Celui qui a réalisé en soi la vérité spirituelle.
siddhi .... (1) Réalisation, accomplissement.
(2) Pouvoir occulte que l'on acquiert par le yoga.
sthira .... Calme (adj.).
sthiratâ .... Calme (subst.).
sûkshma deha ..... Corps subtil.
sûkshma sharîra.... Enveloppe subtile.
Surya Savitri ..... Le Soleil créateur.
svabhâva .... Nature propre, de soi.
svâdhishthâna ..... Cf. *chakra*.
svarûpa .... Forme propre, de soi.
sve dame .... Chez soi.

T

tamas .... Un des trois *gunas*, principe d'obscurité et d'inertie dans la nature.
tamasique .... Rempli de la qualité de *tamas*.
tantra .... Chemin de discipline spirituelle basé sur le principe de Pouvoir-Conscience conçu comme la Mère en tant que Réalité suprême.
tantrique .... Qui se rapporte aux tantras.
tapas .... Énergie de la conscience ; principe de la puissance et de la force spirituelles dans la Nature supérieure ou divine.
tapasvin .... Ascète.
tapasyâ .... Effort spirituel par la concentration des énergies dans une discipline ou un processus spirituels ; pratique d'une discipline, et généralement d'austérités, pour une fin déterminée.
trâtak .... Fixation du regard sur un point unique afin de concentrer la conscience sur ce point.

U

udâsina .... Établi au-dessus, détaché.
upari budhna esaham .... « Les fondements de ces choses sont en haut. »

V

vairâgya .... Détachement ; fait de se détourner de la vie ; aversion pour le monde et la vie.
védânta .... Système de philosophie et de discipline spirituelles dérivé du « Livre de la connaissance », qui est la dernière partie des Védas (les saintes Écritures les plus anciennes de l'Inde), la partie initiale étant connue sous le nom de « Livre des œuvres ».
vichara .... discrimination.

vijnâna .... (1) Connaissance par compréhension, par opposition à *prajnâna* qui est la connaissance qui saisit.
(2) Gnose, Supramental.

vishishtâdvaïta ..... Monisme qualifié, l'une des écoles du Védânta.

vishuddha .... Pur. Cf. *chakra.*

Y

yoga .... Union avec le Divin ; discipline par laquelle on entre, à travers un éveil, en une conscience intérieure plus haute.

Yoga-Shakti ...... Puissance qui vient avec l'éveil de la conscience intérieure plus haute.

yoga-siddhi .... Accomplissement ou réalisation des buts du yoga.

Table des matières

I

LES BASES DU YOGA

II

LUMIÈRES SUR LE YOGA

III

NOUVELLES LUMIÈRES SUR LE YOGA

Numérisation et impression en septembre 2017
par CPI Firmin-Didot
Éditions Albin Michel
22, rue Huyghens, 75014 Paris
www.albin-michel.fr

ISBN : 978-2-226-17314-0
ISSN : 0755-1835
N° d'édition : 02450/14. - N° d'impression : 143271.
Dépôt légal : mars 2007.
Imprimé en France